「女孩要富养」

培养完美

男孩和女孩的方法

孙云 张飞◎编著

「男孩要穷养」

中国文联出版社

图书在版编目（CIP）数据

培养完美男孩和女孩的方法／孙云，张飞编著．
－北京：中国文联出版社，2011.12
ISBN 978－7－5059－7319－0

Ⅰ．①培…　Ⅱ．①孙…　②张…　Ⅲ．①性别差异－家庭教育
Ⅳ．① G78

中国版本图书馆 CIP 数据核字 (2011) 第 211123 号

书　　名	培养完美男孩和女孩的方法
编　　著	孙 云 张 飞
出　　版	中国文联出版社
发　　行	中国文联出版社 发行部 (010－65389150)
地　　址	北京农展馆南里 10 号 (100125)
经　　销	全国新华书店
责任编辑	郭　锋
印　　刷	三河市华东印刷有限公司
开　　本	787×1092 1/16
印　　张	16.25
版　　次	2011 年 12 月第 1 版 2012 年 10 月第 3 次印刷
书　　号	ISBN 978－7－5059－7319－0
定　　价	35.00 元

您若想详细了解我社的出版物
请登陆我们出版社的网站 http://www.cflacp.com

[前 言]

PREFACE

作为父母，我们都希望自己的孩子是健康的、优秀的，培养完美的男孩或者女孩是每个父母的心愿。但是现实中的男孩和女孩又带有他们不同的先天特点和性别特征，也就是说，"完美"对于男孩和女孩有着不同的要求。

说到男孩，我们会联想到聪明、大胆、坚毅、倔强等一系列的词汇；说到女孩，我们会联想起娇柔、美丽、乖巧、细致等一系列的形容。

在生活中，男孩富有个性，爆发力强；擅长抽象思维，具有很强的立体空间认知能力；有团队精神，喜欢竞争，也愿意与人协作；有主见，不受别人看法的左右。女孩则性格平和，做事细致；擅长形象思维，语言能力出色；善于沟通，有天然的亲和力；能变通，善于听取他人意见。

每一个孩子都是一粒神奇的种子，所蕴含的先天的生命信息，决定这是一棵小苗或是一朵小花。而土壤、阳光和水分，则决定其最终的生长状态。

教育，就是培养完美男孩和女孩的土壤和阳光。

相对于学校和社会的教育，家庭教育是"一对一"的模式，将奠定孩子一生的发展基础。男孩的坚强大度和女孩的温柔聪颖，是先天的密码，也是父母精心养育的结果。

我们家庭教育的目标，是为了让最终让孩子独立面对社会优胜劣汰的选择。当前，尽管有"花样美男"和"中性美女"的存在，但在主流社会和正式的职业场所，人们的价值观念更倾向于传统意义上的男性和女性。

符合大众性的价值观，无疑会使我们的孩子人生之路更顺畅一些，个人发展也更有前途。

"让男孩像男孩，女孩像女孩""男孩当男孩养，女孩当女孩养"，这是"差别教育"对家长提出的要求。这种顺应孩子的自然特点、因势利导的教育方法，可以充分挖掘男孩女孩的先天优势。从优势上建立信心，弥补短板，在学习和成长上更上一层楼。同时，"差别教育"也是为了使孩子对自己的性别产生认同感和自豪感，成就幸福快乐的人生。

上世纪八十年代以前，孩子们是在拥有兄弟姐妹的大家庭里长大的，父母对儿女的性别角色期待不会混乱。独生子女则承担了父母的多重期待，造成独生子女群体的"中性化"现象。

培养符合各自性别特征的完美的男孩和女孩，实施"男女分教"势在必行。教育男孩"成材"，要先教育男孩"成人"。所以，无论家境多好，对男孩绝对不能宠，让男孩从小多一些经历、多一些锻炼，从小培养他们能吃苦、勇敢、坚韧、独立、有责任感、真诚坦率、机智果断的品质，仁义孝道的思想。如此，将来方可顶天立地，担负起社会和家庭的重任。对于女孩，父母则要给孩子创造条件，使她们开阔视野与见识，在良好的环境中成长。古时候要求女子琴棋书画样样精通，现在的女孩子应该培养她们广泛的兴趣爱好，德智体美劳全面发展。让女孩懂得美，懂得欣赏与鉴别，懂得自我保护，而不会被外界轻易诱惑，从而造就一个独立、有主见、在任何情况下都能够保持精神高贵的女性。

在今天，作为独生子女的年轻的父母们，缺乏对不同性别孩子教养的了解和经验。如果男孩的父母，可以在管好男孩的同时了解女孩的成长轨迹；女孩的父母，可以在管好女孩的同时了解男孩的成长道路，那么这就有助于我们走出教养盲点，走出教养误区。

开阔的视野、独到的观念、实用的方法是本书特色，希望家长们可以从男孩女孩身体发育、个性发展的比较发现问题，找到通过差别教育培养完美的男孩女孩的门径。让我们携手努力，分享成长的喜悦。

[目录]
C O N T E N T S

第一篇　男孩和女孩的先天差异

第1章　生命的种子携带着不同的密码

新新人类的"中性化危机" // 002

差别教育的核心是因材施教 // 005

染色体决定女孩的成长需求 // 007

神奇的睾丸激素影响男孩的天性 // 009

来自火星的男孩和来自金星的女孩 // 012

第2章　男孩与女孩的先天优势在哪里

女孩与男孩的大脑差异 // 016

开发男孩的数学逻辑智能优势 // 018

强化女孩的语言表达优势 // 021

运动影响男孩女孩个性的发展 // 024

鼓励男孩的竞争天性 // 026

保护女孩纯净的爱心 // 029

第3章　未来社会的要求和选择

远离"变态"，培养合格的男孩和女孩 // 032

男孩面临前所未有的危机 // 035

针对女孩的性别歧视依然存在 // 037

男孩穷养的教育规划 // 039

女孩富养的教育规划 // 042

第二篇　男孩的野生化穷养

第1章　精神穷养法，让男孩有勇气

"粗放式"教育更适于男孩 // 046

不要满足于把男孩培养成听话的乖宝宝 // 049

高压政策不可取，要给孩子成长空间 // 051

有一点冒险精神，家长不必过分担心 // 053

知难而上，男孩不能畏难 // 056

让孩子敢于提出反对意见 // 059

第2章　生活穷养法，让男孩有活力

小布什的"花花少年"阶段 // 062

男孩的性格培养从服饰开始 // 065

男孩要有良好的生活习惯 // 067

适当让男孩进行一些吃苦训练 // 070

帮助男孩建立合理的消费观 // 072

第3章　问题穷养法，让男孩有品格

价值观决定男孩一生的选择 // 076

引导孩子自觉自愿做一个诚信的人 // 079

帮助男孩通过责任感的考验 // 081

是男孩，就不能计较小事 // 084

鼓励男孩独立面对失败和挫折 // 086

关注男孩品行培养的盲点 // 089

第4章　学习穷养法，让男孩有能力

学习计划提升男孩的自控力 // 092

帮助散漫的男孩进行时间管理 // 095

正确看待男孩的"分数" // 097

训练男孩集中注意力 // 100

寓教于乐，提升男孩的学习兴趣 // 103

第5章　交流穷养法，让男孩有自信

父母要做好男孩的榜样 // 106

对男孩的管教要懂得"抓大放小" // 109

"偶像爸爸"和儿子共同成长 // 111

妈妈"示弱"，让男孩变强 // 114

"协商"使男孩体验平等与尊重 // 116

培养完美**男孩和女孩**的方法

第6章　男孩在穷养中成长的6种尝试

独自出一趟远门 // 120

进行一次有意义的社会实践 // 123

在人多的场合发一次言 // 125

学习一种自卫的法则 // 127

时常犯一下错误 // 130

找一个合适的时间亲近自然 // 133

第三篇　女孩的古典式富养

第1章　宠爱要多，富养的女孩自尊自信

尽量给女孩一个温馨和睦的家 // 138

女孩在本质上都是天使 // 141

信任和鼓励成就自信的女孩 // 143

重视美育，女孩不能靠粗陋征服世界 // 145

公主不一定都娇气 // 148

第2章　规矩要细，富养的女孩气质出众

从生活细节开始，培养气质女孩 // 151

妈妈要正确对待女儿的"爱美之心" // 153

女孩要"站有站相，坐有坐相" // 156

鼓励女孩大大方方地与人交往 // 158

家务，是劳动也是美德的培养 // 161

第3章　标准要高，富养的女孩纯真善良

拥有孝心，女孩更美丽 // 164

教导女孩在生活中要有规矩 // 167

好的性格让女孩终生受益 // 169

不要当着女孩议论他人的是非 // 172

女孩要善良，但不能总是迁就别人 // 174

第4章　教导要有针对性，富养的女孩冰雪聪明

创造让女孩安心学习的环境 // 178

女孩学数学从哪里入手 // 181

找到正确的方法，学好英语 // 183

引导女孩举一反三地思考问题 // 186

保持平常心，"小坡度、大发展" // 188

第5章　沟通要贴心，富养的女孩心胸开朗

富养女孩，家长要懂得一些儿童心理学 // 192

不要让女孩生活在恐惧与威吓中 // 195

爸爸可以给女儿提供什么样的正面影响 // 197

妈妈要告诉女儿的有关女孩的秘密 // 200

父母与孩子之间的爱互动 // 202

永远都要以欣赏的眼光看你的女儿 // 204

第6章　女孩在富养中成长的5种训练

女孩要多见识一下"大场合" // 208

体验一下相对复杂的手工制作 // 210

进行一次最向往的自助旅行 // 213

培养一些"管钱"的能力 // 215

独立处理一些突发的"危机" // 218

第四篇　男孩女孩的交流与成长

第1章　融入和谐平等的社会性"集养"

感恩是一种良好的健康心态 // 222

时常给孩子敲敲警钟，增强"免疫力" // 225

孩子有问题时，家长与老师的沟通方式 // 227

允许孩子有自己的"社会偶像" // 230

不要过分限制孩子的网络自由 // 232

第2章　让同龄的男孩女孩共同成长

孩子需要同龄人的友谊 // 236

引导孩子正确与异性相处 // 238

男孩女孩要学会彼此欣赏 // 241

以"早练"的眼光看待"早恋" // 243

保护童心，不培养"假绅士"和"假淑女" // 246

培养完美**男孩和女孩**的方法

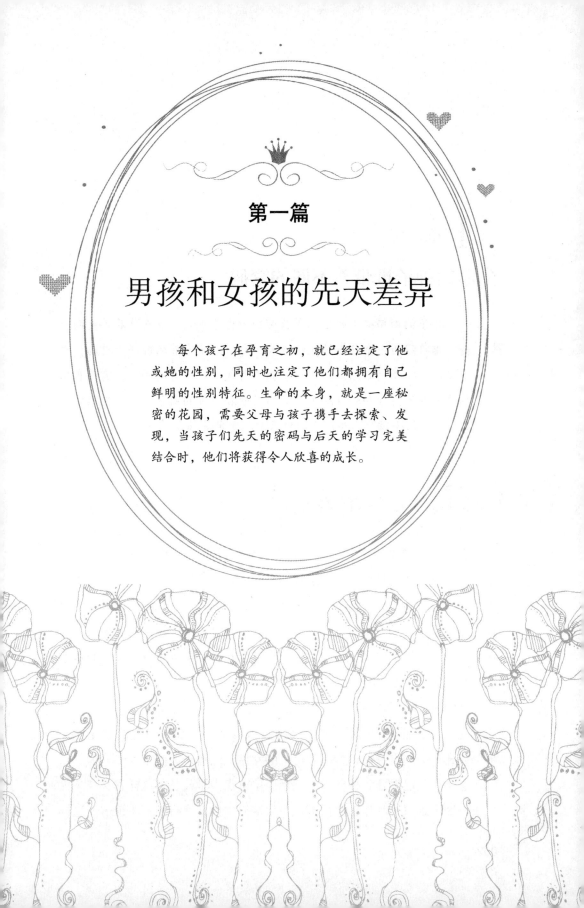

第一篇

男孩和女孩的先天差异

　　每个孩子在孕育之初，就已经注定了他或她的性别，同时也注定了他们都拥有自己鲜明的性别特征。生命的本身，就是一座秘密的花园，需要父母与孩子携手去探索、发现，当孩子们先天的密码与后天的学习完美结合时，他们将获得令人欣喜的成长。

第 **1** 章

生命的种子携带着不同的密码

孩子们由襁褓中的婴儿成长为阳光少年或婀娜少女然后再走向社会，都将经历一个让人惊叹的成长历程。这是自然的规律和恩赐，也是父母精心养育的结果。每一个孩子都是一粒神奇的种子，需要我们据其本身的天性和特点给予贴心的关爱和正确的引导，让"男孩像男孩，女孩像女孩"，为一生的快乐幸福奠定基础。

新新人类的"中性化危机"

有人这样总结说："上世纪五六十年代的孩子是玩着泥巴长大的；七八十年代的孩子是在学习和游戏中长大的；九零后乃至零零后的孩子，是在虚拟的网络世界里长大的。"从中不难看出，孩子们所要面对的世界在飞速发展，他们的生活越来越"现代"，同时也越来越狭窄。缺少了同性和异性玩伴的孩子，就如同是生长在非自然环境中的花草，许多原本不成问题的问题，却逐渐显现出来。

其中最为典型的问题，就是"新新人类"的中性化倾向。

社会上的各种选秀活动中，那种比女孩子还要精致漂亮的"花样美男"，和因中性作风被称为"某哥"的女生比比皆是，而且大受追捧。同时，这种风气已漫延到校园里，北京一位重点中学校长曾这样感叹："男生说话细声细气，动作扭扭捏捏；女生装扮中性，言行粗犷泼辣……这样

培养完美**男孩和女孩**的方法

的情况在中学校园里已经不是少数现象。真不知道现在的孩子都怎么了。"

　　的确，如今的孩子们，自有他们的一套见识。留长发、扎蝴蝶结、穿长裙的淑女形象被评价为"老土"。很多女孩子性格直爽开朗，喜欢宽大的运动装、牛仔裤，她们钟情于对抗性运动，不屑于一些纯女孩的游戏。另一方面，一些男孩子却性格细腻敏感，被女生欺负得只能掉眼泪也并非罕见。

　　某小学读三年级的男孩子小卫是班里的学习委员，一向斯斯文文，聪明又有礼貌。然而小卫的妈妈却有点担心儿子：儿子放学后最喜欢看的书竟然是妈妈的时尚杂志！儿子对于杂志里的各种化妆品、时装都很有兴趣，每天早上上学前，也总要在镜子前反复照几次才能走出家门，"这不是女孩子喜欢做的事吗？"小卫的妈妈很担心："儿子会不会是有什么心理问题啊？"

　　九零后乃至零零后的孩子的中性化倾向，有着多方面的因素。一是社会文化因素的影响，使得孩子们不知不觉地朝着这个时尚方向走；二是教育环境因素，现在我们的教育是"保护性"教育，让女孩子能够自我保护，让男孩子拥有柔性的一面；三是个人心理因素，处于标新立异的心理需求，青少年穿奇怪的衣服标榜自己很特别，想通过异性的装扮去尝试做异性的感觉。

　　从家庭教育的角度说，独生子女承担"双重角色"是主要诱因。

　　统计表明，目前独生子女群体的"中性化"现象要普遍重于非独生子女。专家认为，这是由于独生子女在家庭中承担的"双重角色"决定的。在多子女家庭，父母对儿女的性别角色期待不会混乱。但是对于独生子女，因为只有一个孩子，所以家长出于社会竞争、家庭利益等多方面考虑，往往自觉或不自觉地采用中性化教育。假如是女孩子，则会要求女孩子能够独立自主，于是便向着男性化的方向去培养她们。同样，假如是男孩子，潜意识里又希望儿子也能当女儿用，会要求男孩子细腻细心，于是便多多少少朝着女性化的方向施加影响。

对于孩子的中性化倾向，家长首先不必过分担心，从正面意义上讲，不论是男孩还是女孩，都应在发挥自己性别优势的基础上，注意向异性学习，克服自己性格上的弱项，促进身心的全面发展和人格完善。只要没发生性别的心理错位，中性化也并非是不可接受的洪水猛兽。但是我们要把握一种原则，男女两性有其基本的社会角色内涵，男性不可娇弱、不独立，女性不可过于强悍、失之温柔。一旦"中性化"发展过了界乃至酿成行为偏差，将不利于青少年的成长。教育子女应该要"成才先成人"，建立正确的性别意识是"成人"的重要部分。

一般说来，在社会现实中，男孩都肩负着"像男子汉那样"的期待，女孩也承担着"像个女孩样"的期望。既然有了性别角色的区别，因而也就有了性别角色的期待。人们会按照这些期待去要求、评价和决定是否接纳现实中的每一个人。如果一个年轻人不符合人们对其角色的期待，别人就会说他"不像个男人"或是"没有个女孩样"，因而在态度上不尊重他，在情感上疏远他，在行为上排斥他。对于他自己来说，因为得不到他人的肯定、认同和接纳，就会在内心中产生一种孤独、痛苦、迷惘的情绪体验，使其许多正常的心理需求如归属需要、受尊重的需要、爱与被爱的需要都得不到满足。这样轻则会导致他与生活难以融入，重则甚至会造成严重的心理障碍。错误的性别定位还会带来诸如婚姻、就业甚至是犯罪等社会问题，也会为孩子将来的发展带来层层阻碍。

加强孩子的性别教育并不是将性别模式化，让女孩穿红戴绿，说话细声细语，也不是要男孩像梁山好汉一样，勇猛高大，言行暴烈。而是要培养女孩细致、温柔，男孩勇敢、刚毅的性格。性别认同是孩子自我认知的重要部分，只有孩子对自己的性别感到满意，才会对同性的性别特征抱有好感，并希望拥有这些性别特征。如果家长由于孩子的性别没能满足自己的需求而把孩子搞混来培养，就会让孩子厌恶自己本身的性别而发生性别错位。

男孩和女孩，有着不同的教养方式和教养重点，作为合格的家长，应该掌握性别教育的基本原则和方法，让孩子的成长既遵循他们自然的天性，又符合未来社会的选择。

差别教育的核心是因材施教

17世纪末，在普鲁士王宫里，大哲学家莱布尼茨在向王室成员和众多贵族宣传他的宇宙观时提出："天地间没有两个彼此完全相同的东西"。听者哗然，不少人摇头不信。于是，好事者就请宫女到王宫花园中去找两片完全相同的叶子，想以此推翻这位哲学家的论断。结果，令他们大失所望，谁也没有找到这样的叶子。因为粗粗看来，树上的叶子好像完全一样，可是仔细比较，却是大小不等、厚薄不一、色调不一、形态各异。造成差异的原因，是他们本身所包含的本质的东西不同。

我们提倡"男女分教"的教育理念，不是说人为地干涉孩子的成长过程，而恰恰承认这种不同，发现这种不同，对每个孩子都因材施教。

孩子和树叶一样，每个孩子都是独一无二的，作为"一对一"的家庭教育，就是要善于捕捉和发现孩子的特性，适时地鼓励和支持，给孩子一个自我发展的空间，找到内心的真正自我，帮助孩子发挥其特长，扬长避短，使孩子的优点更闪亮，个性更张扬。这对孩子一生的发展是受益无穷的。

《成长的烦恼》是一部美国家庭教育类电视剧。主人公是永远充满活力的杰生夫妇及三个孩子，女儿卡萝尔，大儿子迈克，小儿子肯。

杰生夫妇是一对民主的夫妇，他们从来没有在孩子们面前摆过家长的架子。相反，他们把三个孩子当成是自己的朋友，总是以平等友好的态度对待三个孩子。

女儿卡萝尔聪明好学，是杰生夫妇的骄傲。在卡萝尔可以跳级升学时，杰生夫妇没有盲目高兴，也没有胡乱指挥，他们认真地与卡萝尔一起讨论这个问题，引导女儿自己做出正确的判断。

大儿子迈克是一个顽皮捣蛋的人，他经常做一些让人意想不到的事情，让杰生夫妇操尽了心，但是，杰生夫妇并没有斥责、打骂过迈克。他们总是坚持给迈克机会，让迈克在摔摔打打中获取自己的人生经验。

对于年幼的小儿子肯，杰生夫妇同样给予平等的态度，他们并不认为肯年幼而应该管制。在家里，肯是一个机灵鬼，他经常会想出一些古怪的主意，但是，杰生夫妇总是耐心地与肯讨论问题，鼓励肯独立做事。

杰生夫妇认为，孩子应该遵从自己的天性成长，成为能够适应社会，并受到欢迎的人。他们与孩子一起讨论遇到的每一个问题，用真诚、宽容和幽默来消除孩子成长过程中的烦恼，给家庭带来了欢乐。

在家庭教育中，一个非常重要的观念，就是要把孩子看成具有自觉的主观意识和独立人格的主体，给予他们具有针对性的引导。

孩子就像一颗稚嫩的幼苗，需要我们的精心栽培。幼苗所需要的生长条件是不同的，就像柳树要生长在湖边，松树却可以生长在岩石中一样。由于成长环境以及自身的原因，每个孩子有着不同的个性，能力也参差不齐。只有找到适合自己孩子个性发展的土壤，才能让孩子茁壮成长！

法国教育家保罗·朗格朗曾深刻地指出："一个儿童不单纯是一张表格上的一个数字，一个好的或坏的学生；或在数学上，或在语法上缺少天赋，最重要的他是一个人，一个有个性的人，他有他自己的灵魂，自己的社会意义，有他自己在一系列社会交往中的位置，自己的强烈愿望和习惯；一些路对他是敞开的，而另一些路对他则是封闭的。一个对儿童掌握着权力的成人没有具备观察儿童和理解与他情况相同的认识能力，不去引导而只是裁决，不去从每个人身上找出长处，而是惩罚他们身上的每个缺点，难道这些是可以想象的吗？"孩子的个性特点是孩子比较稳定的个性倾向和个性心理特征的总和。如果从孩子独一无二的个性特点出发施教，就会产生较好的效果。一方面，能充分调动孩子的积极性，挖掘其潜在能力。另一方面，能扬长避短，促进孩子的成长。

每个男孩和女孩，都有自己的长处和短处。家长不能看见其他的孩子聪明，就骂自己的孩子蠢；看见其他的孩子灵活，就嫌自己的孩子呆；看见其他的孩子细心，就骂自己的孩子马虎。孩子有什么长处，有什么爱好志向，我们应当尊重，然后根据孩子的个性采取科学合理的教育方法。千万别将孩子的优势当成个性缺陷而磨蚀掉，那样，孩子就将失去原有的灵性。要学会正确区分孩子个性中的优势劣势，并因势利导地培养孩子，使孩子有勇气、有力量不断完善自我，强化自己的个性优势，改善个性中的劣势，走出属于自己的成功之路。

每个做父母的都希望自己的孩子能成才，而不切实际的期望，则使孩子很难获得成功的体验，过早失去自信心。受一些功利因素的影响，很多家长不顾及孩子的兴趣，忽视他们在成长中的主动权，完全按照大人的意愿包办孩子的成长，严重影响了孩子独立人格的形成。每个孩子都是与众不同的，只有积极引导，顺势发展，让孩子在兴趣中快乐的学习，才能把孩子培养成才。

染色体决定女孩的成长需求

每一位父母，都对自己的孩子抱有深切的期望。他们希望自己的孩子既有健康的身体，又有聪明的大脑，然后又拥有一切美好的个性和品格。这是良好的愿望，也是应当支持的愿望，只是我们要提醒家长们对此不要操之过急。为人父母者，给孩子以爱，同时也要做好孩子的园丁，在孩子的成长过程中，我们可以帮他们修枝剪叶，但一定要顺应他们的自然属性。

每一个孩子从出生的那一天起，他或她的遗传密码里，已经拥有一条注定的成长轨迹。

人类具有23对46条染色体，其中22对44条染色体被称为常染色体，主要调控身体的发育，而与性别发育相关的被称为性染色体，通常用"X"和"Y"来表达。正常男性的性染色体的核型表现为：46，XY；正常女性的性染色体的核型表现为：46，XX。在人类胚胎的染色体中如果存在Y染色体，就发育成男孩；如果缺乏Y染色体，则发育成女孩。不要小看了这对性染色体，正是由于它的存在，女孩未来的成长轨迹基本上也就确定下来了。比如说，女孩会表现出很多不同于男孩的特点，例如，喜欢安静、善于人际交往等，女孩喜欢安定、平稳的成长环境，她们一般不会像男孩那样去冒险和竞争。

一般来说，女孩大都听话、乖巧，但是这不等于说对于女孩的教养就可以轻松随意，很多教育案例都表明，如果家长不注重与女孩的感情交流，女孩很可能就会变得非常敏感、多疑，甚至会出现严重的心理问题。

女孩子天生就是敏感的，从四五岁开始，当同龄的男孩还在拿着玩具枪扮酷的时候，她们已经能够清楚地认识到自己和周围世界的联系，比如谁在保护我，谁能伤害我，他们之间关系又是怎样的等等。

家庭关系不和谐，尤其是父母之间关系不和谐，会使女孩长期处于恐惧焦虑和无所适从的状态，这会严重影响女孩的身心发育。科学家研究表明，经常忧心忡忡、整天生活在紧张焦虑情绪中的女孩，会比具有快乐稳定情绪的女孩身材矮小，她们成年后身高一般低于其他同龄女性。英国研究人员证明，儿童期忧虑可影响一个人的身高。那些长期担心同父母分离或担心不被身边的人喜欢的小姑娘可能会因此造成内分泌紊乱。

家长们不要以为孩子是懵懂无知的，他们的内心其实很丰富，甚至于比成人的内心还要多情善感。7岁后的女孩已有许多担心的事，如父母关系、家庭经济、自己的容貌等。做父母的，既然把她们带到这个世界上，又怎能不尽心尽力，培育她们成长呢？

为了迎接女儿的出生，茜茜的父母早早就做好了准备，他们阅读了大量的家庭教育书籍，从中受益匪浅。在一本书里，他们看到这样一句话："孩子未来的成功与幸福取决于我们营造的环境，而不是所教授的技能。"

茜茜的父母认为这句话很有道理，并决定照此去做。因此，他们夫妻约定，要尽最大的努力让女儿相信爱，并让她感受到自己的爱，要让光明、温暖、坚信、乐观这些幸福的字眼占据女儿最初最柔弱而单纯的心灵，这些将变成女儿一生的信念。

茜茜的父母果真做到了，他们用相互之间的体谅和关心向女儿证明了爱情有多伟大。在这种环境中长大的茜茜虽然没有特殊的才能，但她总能用健康、积极、乐观的心态面对她所遇到的一切。

如果说孩子是一颗种子，那么家庭就是土壤，家庭氛围便是空气和水分。健康、和谐的家庭关系是父母给予女儿爱的证明和保证，这是女孩最需要的安慰，也是女孩幸福感、安全感的源泉。对于女孩的健康成长来说，父母送她再珍贵的礼物，都不如为她营造一种健康、和谐的家庭关系。

为了给女孩子一个良好的成长环境，家长们还应该注意对孩子不要期望过高，求全责备。父母对孩子的期望，能使孩子感受到父母的关心和爱，是激发孩子积极向上的动力。但脱离孩子实际水平的过高期望，会造成家庭教育对孩子的一种高压状态，一旦孩子达不到父母的要求，父母便失望、埋怨甚至打骂，影响家庭和谐的心理氛围。因此父母应实事求是地调整对孩子的期望，为孩子的幸福成长着想。

女孩的"XX"染色体，决定了她们对于父母的关爱有更多的需求。家庭氛围和谐、美好，女孩所看到的世界就是明亮的、健康的，同时，这些美好的感情也会反过来影响她内心，使她拥有快乐自信的个性。如果女孩小时候就深陷于矛盾重重的关系中，从小就对感情持怀疑态度，那么，她对爱的需求永远都不会得到满足；如果女孩从小就没有见过美好、宽容的感情，她往往也不会用正常的心态与人相处。

神奇的睾丸激素影响男孩的天性

说到雄性荷尔蒙，我们首先想到的就是成年男性，其实，在男人还是男孩的时候，荷尔蒙就已经在他的成长中占据重要地位。

当男孩还在妈妈肚子里时，他体内的睾丸素就开始形成了。出生后，男婴体内的睾丸素几乎相当于一个12岁男孩体内的睾丸素含量，这种激素不仅促使男孩的身体发育，而且促使男孩具备更多的男性特征。出生几个月后，男孩体内的睾丸素含量会下降到出生时的1/15。之后在男孩蹒跚学步的整个阶段内，体内的睾丸素含量一直都比较低。因此，蹒跚学步的男孩和女孩在行为上表现得特别相似。

当男孩长到4岁时，他体内的睾丸素激增——达到之前的两倍。长到5岁时，因为睾丸素的影响，小男孩会对战斗、英雄行为、冒险以及需要花费极大精力的游戏产生越来越浓厚的兴趣。

一般来讲，在睾丸素的影响下，男孩常常会表现出以下几种"过激行为"：

1. 精力过剩

与文静的女孩相比，男孩总有用不完的精力。他们很少有安安静静做自己的事情的时候，找机会搞些小动作，没事也大喊大叫一番，似乎这样才能找到精神的发泄口。

2. 破坏性

女孩常常会被看成细心的代名词，她们总会细心而又耐心地照顾自己的玩具。但在这一点上，男孩却表现得截然不同，他们常常会把自己的玩具大卸八块，有时，他们的破坏行为还会涉及到爸爸的手表、妈妈的首饰，以及家里的小家电。

3. 攻击性

男性的暴力倾向在很小的时候就初露端倪了，因为在他们眼中，手指会变成手枪、木棍会变成利剑……他们会用这些武器去攻击别人。在很小的时候，男孩就表现出了很强的攻击性。

4. 强烈的权力欲望

男孩的竞争心理很强烈，他们似乎总想与别人进行争夺权力的斗争。例如，当男孩对家长的教育不满时，他就会故意不听家长的话，以向家长的权力挑战。

家有男孩的家长们都会有这样一个感受：儿子精力过盛、调皮捣蛋，总是不停地在制造麻烦。其实，这一切都是睾丸素惹的祸。有些家长会对男孩的这种行为很担忧，孩子这样莽撞，长大后如何在社会上立足呢？

对于男孩，父母首先要理解他们，不要责怪他们爱管闲事，更不能责怪他们"惹是生非"。比如说当孩子因为打抱不平与别人打架时，做家长的要先表扬孩子的英勇行为，肯定孩子的打抱不平是正确的，满足孩子的英雄心理。然后再帮孩子分析，除了打架之外，还有更多的方法去帮助受欺负的弱者。如果父母引导得当，男孩的这种英雄情结，不仅有利于他们男性气质的培养，更能使他们尽快成长为真正的男子汉。

全球最大的连锁旅馆创始人希尔顿，是美国新墨西哥人。自1942年开创格拉西奥希尔顿旅馆后，"希尔顿"这一名字已遍布全球各地。

在少年时代，真正给予希尔顿影响的是他的父亲。

在希尔顿的少年时代，美国边陲的许多拓荒者手里都有枪，而希尔顿的父亲却一向拒绝带枪。对父亲的这种行为，希尔顿实在无法理解。因为，在当时，除了附近的印第安人经常袭击过往客人外，父亲还常常和一些酒鬼、亡命徒之流做生意，生命时刻受到威胁。

"听我说，康尼。"父亲有一回对希尔顿解释道，"我只有两条路可供选择，一种是永远带着枪，一种是永远不带枪。不带枪是靠你的智慧，带枪是靠你的拔枪速度。可是，只要你带枪，你就会拔枪，但是，有多少人因为拔枪慢了点儿永远倒下了。"

尽管父亲说的话很在理，但希尔顿认为在那种环境中带枪还是应该的。

有一天晚上，发生的事改变了希尔顿的看法。

那天晚上，希尔顿到酒店里去找父亲回来吃晚饭。希尔顿一踏进酒店的门，便被眼前的情景惊呆了：但见有一个喝醉了酒的农场工人正把枪口对准父亲的胸膛，并宣称再过一个祷告的时间他就要开枪。

空气似乎凝固了，每个人都张大着眼睛、屏着呼吸怔怔地看着。就在这时，但见父亲语气柔软而又理智地开始说话，虽然希尔顿站在门口听不清父亲在讲些什么，只见那个醉汉拿枪的手却开始抖动，最后枪掉在了地上，那个醉汉伏在父亲的肩上痛哭流涕，语无伦次地说爱父亲胜过自己的手足。

从此，希尔顿深深地认识到：文明终究会战胜并取代野蛮和无知。

许多年以后，当希尔顿在事业上遇到两难选择时，总能从那晚上发生的事情和父亲的话中寻找到答案。

作为男孩的父母，要理解他们的英雄情节，更要教育孩子真正的英雄不是打架打出来的，而是用自己坚强和正义的行为表现出来的。

我们要注意，家长过于敏感的态度会限制孩子自己的思维。而大人偏激的做法也会让孩子效仿，容易养成孩子攻击性的行为。这些家长往往还有另一个特点，当他们对孩子的攻击性行为无法忍受时，就会惩罚孩子，打屁股，打耳光，这又向孩子提供了一个攻击性行为的模仿原型，不但达不到控制攻击性的目的，反之变相地暗示孩子。当别人使你不满意时，应该怎样对待他？所以，常靠体罚约束攻击性行为的家长，他们的孩子在家庭之外往往是强侵犯性的。

神奇的睾丸素影响了男孩的天性，家长应当在此基础上正确引导，教他们掌握处理问题的技巧，以文明战胜野蛮，培养真正的男子汉。

来自火星的男孩和来自金星的女孩

曾经有本探讨两性关系的书风靡一时，那就是《男人来自火星，女人来自金星》。因为男人女人的性格倾向和思维方式不同，所以彼此的沟通理解障碍重重。其实男性与女性之间的差异，在他们的童年时代就已经开始了，小男孩身上有火星的特质，小女孩身上有金星的影子。

火星和金星是离地球最近的两颗星。火星，由于它火红的颜色而得名，希腊语称之为阿瑞斯，是战神；金星是已知行星中最亮丽的一颗，希腊语称之阿佛洛狄式，是指美和爱的女神。战神男孩和美神女孩从本质就有很大的差异，这使他们从很小的时候就体现出自己鲜明的性格特征来。

1. 饮食

总体来看，男孩比女孩胃口好。通常男孩皮实一点，活动量比女孩大，奔跑、跳跃、打斗等运动能耗较大，当然需要补充更多营养。女孩相对比较安静，也不会像男孩那样动不动就用大哭大闹来宣泄不满，所以体能消耗量较小，食物的需要量相应也较少。

2. 玩具与运动

在睾丸酮的刺激下，男孩生来就喜欢挑衅和冒险。他们喜欢快速移动的物体，如电视、电脑、电子游戏、汽车等；喜欢可以体现个人技术能力及可以进行比赛的玩具或游戏，比如射击、开车、走迷宫、使用工具。

女孩在女性荷尔蒙的驱动下，天生就会关心、爱护、照看他人，因此她们喜欢对玩具或游戏注入感情。千百年来，女孩就是从不断地照料虚拟宝宝的过程中慢慢长大，到自己真正做了妈妈后就开始照料真实的宝宝。

3. 与父母的关系

男孩一般都和妈妈很亲热，在生活上依赖妈妈的同时，对妈妈也有一种保护欲。许多小男孩在妈妈下班时间抢着去开门，有时候中途摔倒了也不在乎，对于帮干活、拎重物等事情热情也很高。

女孩通常爱对爸爸撒娇，视妈妈为竞争对手、要与妈妈比漂亮，小小年纪就会拿着妈妈的首饰在自己身上比划。

因为男孩女孩身上存在这种先天的差异，所以在教育上也不能"一视同仁"。目前，"男女分教"在澳大利亚、美国、英国、德国等国家已经开始盛行，并取得了很好的效果。在幼儿园里，提供给孩子们的图书分为男生系列和女生系列。女生系列以粉红为主色调，有蝴蝶、鲜花、裙子等女性特征明显的事物；而男生系列则以蓝色为主，用足球、汽车、武器等来吸引小男孩。给孩子的奖品也不一样，男生的奖品是代表威猛、力量的小恐龙，女生的奖品则是可爱、神秘的小天使。基于男孩女孩各自特点的、具有针对性的男女生分教，有助于孩子们在既有"同"又有"异"的环境中健康成长。

在家庭教育中，对于来自火星的男孩和来自金星的女孩，家长们要把握一个大的原则，那就是男孩需要更多的鼓励，女孩需要更多的爱。

"孩子需要激励，就如植物需要浇水一样。离开激励，孩子就不能生存。"激励的作用对教育孩子至关重要。因此，当孩子的成就感被一步步提升时，孩子的潜力也会被一点点挖掘出来。尤其是男孩子更是如此。

对那些表现欲、成就欲都很强烈的男孩子来讲，足够的肯定能使他们更加自信，从而把自己的潜能最大程度地发挥出来。因为在大多数情况下，儿童的自信和自卑感往往会受到父母的影响——男孩受到的表扬越多，他们对自己的期望就越高，就会产生很强的自信；相反，受到的表扬越少，男孩随之产生的自我期望和努力就越低，从而越来越不相信自己。

所以，对于一个负责任又懂教育的家长来说，一定不要忽视鼓励的作用。对于家中的男孩子要给予及时、准确、恰当的鼓励，使孩子的能力得到持续发展，成为真正的男子汉。

相对男孩子来说，女孩子更需要父母的爱。当女孩还在摇篮里时，就强烈地希望父母与她交流，因此，当一个女婴感受不到父母对她的爱时，她就会哭闹不止，但当父母凑到她面前。跟她讲上几句话时，女婴便会停止哭泣，转而用笑声和挥动的手脚来向世界宣告：她因得到了父母的爱而兴奋。

但是，女孩又是极为敏感的。我们都知道，女孩玩得最多的游戏莫过于"过家家"。在游戏中女孩扮演最多的是妈妈的角色，她们会学着妈妈的样子，奶声奶气地对洋娃娃说："宝宝，该吃饭了，来，妈妈喂你吃饭。"

有时，她们还会为自己的娃娃组成一个家庭：这是爸爸，这是妈妈，这是宝宝，然后一家人一起吃饭、一起看电视、一起做游戏。

当然，在女孩的这些"过家家"游戏中，虽然也有"宝宝"做错事受到"惩罚"的时候，但更多的时候是一家人在一起其乐融融的场景。这是女孩把现实生活搬进了游戏中，同时，这也是她的梦想：她希望爸爸妈妈永远爱她。

男孩的战神天性与女孩的爱与美神天性，需要父母给予满足和保护，然后，他们会以令人欣喜的成长，给予父母最好的回报。

第 **2** 章

男孩与女孩的先天优势在哪里

　　男孩擅长用右脑思考，女孩习惯用左脑思考，男孩与女孩，在感觉、体能、语言、思维等各方面都存在差异。这其中并不存在孰优孰劣、孰上孰下的问题，我们要做的是帮助孩子找到他的天赋优势，使其从优势项目中建立信心，带动短板的发展，唤醒孩子身上沉睡的力量，走向美好未来。

女孩与男孩的大脑差异

　　性别差异是天然存在的，我们没有必要非要人为地泯灭这种差别。男孩有男孩的优势，女孩有女孩的强项。作为父母，我们最重要的任务是识别、尊重并且保护孩子自然而独特的成长过程。我们不需要把孩子塑造成我们心目中的样子。然而，我们有责任明智地支持孩子，帮助他们发展自己的天赋和优点。

　　女孩比男孩更敏感。"听"是女孩得天独厚的心智能力，因此女孩对噪音的反应更强烈，同一个声音在女孩听来要比男孩听到的响亮两倍；在触觉方面，最不敏感的女孩也要比最敏感的男孩得分高；女孩的视觉记忆更好，在黑暗中女孩看得要比男孩清楚；女孩的味觉和嗅觉也比男孩敏感：女孩有更多的味蕾，更容易受到气味的吸引。正因为此，女孩更擅长

培养完美**男孩和女孩**的方法

调动自己的听觉、视觉、触觉、味觉和嗅觉等，捕捉到那些微妙的、不容易被人发觉的信息以及更为具体的细节，建立起自己的直觉系统。

由于激素水平的不均衡，女孩与男孩的性发育出现差别，具有各自不同的特征。例如，男孩会在跑步和跳高方面更胜女孩一筹。特别是青春期以后，这种差距渐渐扩大——男孩发育得更快、更健壮，在体格上拥有女孩所不能企及的优势。

与男孩相比，语言天赋是女孩很早就显示出的天赋之一。由于大脑结构的优势，女孩通常能够比男孩更早、更生动、更流利地使用语言。通常男孩到4岁半才能讲清楚自己想要表达的内容，而女孩3岁时就能做到了。等女孩到了16岁，她联系着大脑左右半球的神经纤维——胼胝体比男性大25％，这使她的左右脑半球交流更多，更容易用语言表达情感。甚至女孩大脑内负责语言和写作的区域也更活跃，所以女孩能使用更多词汇，写作也更生动、细腻。

正是由于女孩天生具有这种天赋，所以父母更应积极鼓励女孩说出自己的感受和体验、表达自己的观点。在这个时期，父母的鼓励，决定了女孩是否敢于发挥自己的语言天赋。

女孩子在艺术上，也有独特的天赋。十余岁的时候，是女孩大脑中控制思维、想象、语言创造能力的物质——大脑额叶的飞速发展期。这对于女孩的一生来说，是一个绝对关键的时期。一个小女孩在10至12岁左右时所经历的关系、亲情、体育运动、美术和音乐活动以及所学到的理论知识很有可能会在她以后的生活中"保持"或至少"重现"。如果你的女孩在12岁前学过弹钢琴，虽然她没有成为伟大的钢琴家，但她至少可以在以后的生活里保持乐感；如果你的女孩在12岁前读过很多书，那么她可能一生都喜欢读书。

在抽象思维、做事的条理性和实践能力上，女孩稍逊于男孩。另外，女孩天生不具有攻击性的倾向。当社会需要更多的进取、竞争和探险精神，而不仅仅是安静的听从指令，女孩就会觉得自己陷入被动。这些都是女孩的劣势，但同时她们也拥有男孩并不具备的优势。具体到每个女孩子，她们的优势与不足又有所不同，如何使自己的孩子在学习和生活中发挥最佳水平，是每个家长必须要面对的难题。

有些女孩的父母对孩子的能力弱项，总是耿耿于怀，因此认为孩子这也不行那也不行。家长应该明白：某种弱项，不是孩子不努力，而是天赋决定的，即使花再多的时间和精力也不可能使弱项变成强项。

那么如何处理弱项呢？对孩子的弱项，进行适当弥补，使其不至于影响到全面发展，不至于影响到长项和优势的发展就可以了。

中国家长普遍对孩子的能力弱项关注有余，对孩子的能力优势关注不足。在竞争如此激烈的当今社会，一个人只有靠他的能力优势来取胜，很少有人是靠他的能力弱项取得成功的。"全面发展"不等于"平均发展"。"全面发展"的含义应该包括：让优势更优，让弱势不太弱。

家长要明确"每个孩子都是独特的，每个孩子都是某方面的天才"。家长帮助孩子找到他自己的才智优势，找到他自己的天赋特长，支持他去做最喜欢、最擅长的事，让他自己最具竞争力的才能充分发挥出来，这才是成才、成功之道。

开发男孩的数学逻辑智能优势

虽然女孩与男孩在综合智力方面不相上下，但他们在不同领域的能力却存在很大的区别。我们都知道，人类的右脑主要负责导航、时空定位和抽象思维等。男孩由于联结他们大脑两半球的纤维束很少，所以在大多数情况下，男孩习惯用右脑思考。正是因为这种频繁的使用，又更加促进了男孩右脑的发达。女孩习惯用左脑，或者是左右两脑同时思考问题，所以，女孩右脑的开发程度要比男孩低得多。也正因如此，她们在抽象思维方面表现得比男孩差也就不足为奇了。

男孩擅长抽象思维，这对他们学习数学是大有裨益的。数学是一门逻辑性很强的基础科学，是一种思维方式。数学的魅力，不仅在于它的精确计算，而在于它是一种思维方式——因为数学可以把具体的问题上升为抽象的数学问题，然后再借助这个数学工具来解决具体的问题。比如：两个人要平分一堆糖块，我们可以先把糖块分成两份，然后比较它们并作调整，直到我们用肉眼看不出谁多谁少为止；我们还可以一块一块地分给两个人，这样可以保证两个人分到的一样多，但若是借助数学这个工具，我们则可以脱离具体的情节来解决一个抽象的问题，并最终解决这个实际问题。

因此，学习数学绝不是简单的数数和计算，数学还是"思维的体操"，数学学科是锻炼人类思维的重要学科，通过对数学理论的理解可以提高人解决问题的思考方式，通过解数学题可以提高人的意志力、分析能力。

男孩具有数学逻辑智能的天赋，但这不表示这种优势可以等量兑换他们在数理学习的成绩。在学习上，男孩大都属于"慢热"型，只有完全调动起他们的兴趣，让他们沉浸其中，天赋优势才可能开花结果。

从心理学的角度讲，学习兴趣是学习动机的主要心理成分，它是推动孩子探求知识并带有情绪体验色彩的意向，随着这种情绪体验的深化，就会进一步产生学习需要，产生强烈的求知欲。

家长们可以通过孩子实际生活中的情境巧设问题，诱发孩子的好奇心。并善于利用问题设疑来鼓励和激发孩子独立思考、积极探索，点燃其智慧的火花，从而培养其学习数学的兴趣。亚里士多德说过："思维自疑问和惊奇开始。"疑是思维的开端，是创造的基础，是产生求知欲望和兴趣的源泉。

一进家门，儿子就开心地向妈妈汇报："妈妈，我数学竞赛获奖啦！"

"是吗？功夫不负有心人，这和你平时认真学数学很有关系。"妈妈趁机问，"你班上有几个人获奖？"

"3个。"

"你班上有62个人吧？那么你班获奖人数占全班百分之几呢？"

儿子不假思索地说："3%。"

"不对吧，再想想什么叫百分比。"儿子还是不明白。

"62个人中有3人获奖，我们假设你班上有100个人，那么该有多少人获奖呢？"

在妈妈的点拨下，儿子在纸上认真地算了起来，最后说："约4.84%。"

"对了，凡事不要想当然，要认真思考。"

数学难学，初中以后，代数、几何的分化使学生们的数学课变得繁复起来，首先在心理上就给孩子造成了压力。对于男孩来讲，贪玩、粗心的本性使他们更会影响他们的数学成绩。这时，家长就是男孩最重要的引导者，帮助他们跨过这个槛，运用科学的方法使数学由难变易，让男孩爱上数学。

学习数学，还要提升孩子对数学语言的理解能力。数学里的符号、公式、方程式、图形、图表以及文字都需要通过阅读才能了解。好多家长可能会发现这样一个问题：孩子本来不会做的题，在家长读题后，孩子就会了，这是他们偷懒吗？其实不是的。其实，绝大多数男孩的计算能力都比较好，简单应用题也做得很好。但是，稍绕一点弯或是做文字式题就感到吃力，这说明孩子对表述数量关系的语言或图表的理解能力不够。

培养男孩对"数学语言"的理解力，家长应注意以下几个问题：

1. 切忌急躁，学好数学要有一个漫长过程。

2. "你怎么这么笨"、"这么简单的题都不会"——作为家长千万不要将这样的话说出口，说了会让孩子们产生自卑心理。如果时间长了，这会让孩子产生厌恶数学的情绪，而且年龄越小产生这种情绪的可能性越大。

3. 数学的每一个概念、法则、定义、原理应该让孩子自己讲给你听，只有讲明白了，道理讲通了，他们才能真正运用这些术语进行思维，思维才可流畅。家长切忌长篇大论的给孩子讲解，家长是解释明白了，可孩子更糊涂了。

培养完美男孩和女孩的方法

俗语说："千里之行，始于足下。"家长千万不要急于求成，数学基础还没有打好，就强迫孩子去做较难或高深的数学题，这样只会透支了男孩学习的兴趣。做好眼前的基础工作，课本才是最有参考价值的材料。数学讲究触类旁通，很多题都是课本上题目的变形或延伸。在学习数学的过程中，应以课本为核心，夯实基础，全面梳理知识、方法，注意知识结构的重组与概括，进而揭示其内在联系与规律。

强化女孩的语言表达优势

语言能力是女孩子最值得骄傲的优势之一，在社会上，女性拥有天然的亲和力与良好的交际沟通能力，就是因为她们可以很好地利用语言这个工具表达自己、打动他人。很多女孩在幼小的时候，就表现出语言表达的天赋。

一位家长讲述了这样一件事情：

一天，我带7岁的儿子和5岁的女儿一起去逛动物园。在回来的路上，我问他们："动物园里的大象是什么样的呀？"儿子说了一句"很高很大"就不再说话了，而我的女儿却说个没完："它的耳朵像一把大扇子，好像比我的小衣服还要大……还有，它的大腿像柱子那样粗，其他的小动物被它踩到了肯定会没命……"

在女孩很小的时候，大多数的家长都已经认同了女孩在语言方面表现出来的优势，但是他们却并不知道女孩产生这一优势的真正原因。

这还要从女孩的大脑结构说起，在婴儿期，女孩的大脑就比男孩发育快，并且她们在婴儿期就开始更多使用左脑来思考问题，所以大多数女孩的大脑左半球比男孩要发达。我们都知道，左半球是主管语言和推理的，由此可见，女孩在语言、阅读，以及写作方面表现出很大的优势就不足为奇了。

在家庭教育中，我们要因势利导，强化女孩的语言优势。培养女孩的语言能力，家长一定要重视的两个字就是：倾听。

楠楠妈是一家公司的销售主管，平时工作很忙。唯一的女儿楠楠从小就很独立，这一点本来很让楠楠妈自豪，但是这段时间她发现了一个问题，楠楠有时说话总是匆忙而急促，语调越来越快，有时却吞吞吐吐。不知什么时候开始，她说话还喜欢抢着说。于是楠楠妈就注意努力矫正她说话的速度，叫她慢慢地说，但没有什么效果。后来才逐渐发现，原来根子在自己身上。他们夫妻工作都很忙，就很少和孩子聊天。即使有了一点时间，也情愿坐在那里看书看报，或看电视，甚至觉得闭着眼睛休息一会儿也比和孩子谈话重要。而孩子心中的许多感受、疑问或喜乐，找不到机会表达。所以楠楠总是一有机会，就想对父母倾吐，又怕父母听不完她的倾诉就又有其他的事，所以就尽量快说，久而久之就养成说话又急又快的不良习惯。有时孩子又发现父母在听她说话时心不在焉，于是就又吞吞吐吐起来。

楠楠妈找到了孩子毛病的成因后，首先从自己着手，改变倾听孩子说话时的态度，对孩子的讲话表示了应有的热情与耐心，很快楠楠的讲话就不再那么匆忙急促了。

父母的倾听，会使未成年的孩子从小学会以自然和平等的心态与人建立联系，而她们的表达能力，就是在一次次沟通交流中锻炼出来的。

当我们的孩子的表达能力已经非常流畅时，家长就要有意识地指点她们将"说"和"写"联系起来。

有些家长会认为自己的孩子能说、会说、爱说，作文写得棒，那是顺理成章的事儿。但儿童心理学家认为，说是一种思维，写又是另一种思维，只有靠家长的正确引导，小女孩的语言天赋才会转变为写作的优势。

1. 让阅读丰富孩子的头脑

每一部书都可以让孩子从中经历一些东西，学到一些东西。杜威、陶行知等伟大的教育家都特别强调从生活中去学习。而每个人的生活都是有限的，不可能事事亲自参与，阅读实质上就构成了孩子对生活的参与性，构成他们经历上的丰富性。凡古今中外那些流芳几代的经典作品，不论它的内容是什么，其中一定包含着真善美的东西。这些真善美影响着一个人的价值观和思维方式，当然也影响着一个人的写作。

2. 重视读书的积累

读书在于积累知识，在孩子阅读的过程中根据自己的需要将有关的词、句、段乃至全篇原文摘抄下来，或对阅读的重点、难点部分画记号，作注释，写评语。家长在指导孩子进行课外阅读时，要让孩子随时把文章中富有教育意义的警句格言，精彩、优美的词句、片断、奇事、异闻摘录下来，积存进自己设立的"好词好句"本，同时还可以对自己订阅的报纸杂志，将其中的好文章剪裁下来，粘贴到自己的读书笔记中，广撷博采课外语言，并消化吸收，学以致用，在需要时参照或借鉴。

3. 写读后感

在做好摘录的同时，还要养成写读书笔记的良好习惯，每读完一本书或精彩段落，可写下不同形式的读书笔记，或书评，或心得，或随感，或感悟等。只有这样，才能把那些在阅读时划过自己脑际的稍纵即逝的思维之光抓住，保存下来，并为以后的写作打下基础。

4. 注重写作训练

阅读兴趣培养了，在阅读中积累了知识，还要善于表达。表达就是写，就是把阅读中积累的知识运用到写作中。光读不写等于纸上谈兵，画饼充饥，毫无收获。孩子在书本中学到的知识，积累的大量语言、词汇还是死的，家长还要教会孩子如何把这些死的语言词汇转化成活的语言词汇，这是关键。一方面，家长要鼓励孩子写日记、周记，把自己每天的所见、所闻、所感写下来，把生活中感兴趣的事写下来。时间久了，只要坚持练笔，就能提高孩子的写作能力。

说是一种思维，写是另一种思维。说的时候，边想边说，思维比较连贯，所以女孩子往往会说得有声有色。但是落实到写上，由于她们写字速度较慢，写完一句后再回来思索，就缺乏连贯性，所以往往会造成说与写的脱节。

随着女孩年龄的增长，这种状况就会慢慢得到改善。但要培养孩子的写作能力，还需家长有意识地去引导孩子把语言天赋转变成写作的优势。

运动影响男孩女孩个性的发展

每个人都应有一个健康的身体，都要经常参加体育锻炼。对于正发育的孩子来说，父母一定不可放松他们的体育锻炼，不可忽视体育锻炼对孩子成长的特殊作用。要积极参加体育锻炼，以此练就强健的身体。同时，许多在成人环境中必需的素质都可在运动的过程中得到培养：果断、坚韧、合作、自信以及自豪。虽然这些素质可以由任何一种智能中得到，但是那些身体好的孩子可以更加容易地获得这些素质。

对于现在的男孩女孩，运动的缺乏几乎成为他们的通病。

小安的妈妈十分发愁，别人家的孩子一个个精力旺盛、生龙活虎，整天蹦蹦跳跳，玩得特别开心。可是为什么小安却整天提不起精神，不管怎么哄、怎么逗，就是不爱动，显得懒洋洋的。小安的妈妈很担心：是不是小安身体有什么毛病了？得上医院去检查检查。

医生告诉小安妈妈，孩子的一切指标基本正常，他之所以这么无精打采，主要原因就是缺乏运动。

首先，许多孩子的家庭条件优越，自小就被宠爱，做任何事情都三天打鱼，两天晒网，缺乏持之以恒的意志力。锻炼身体实际上是很艰苦的，它不仅要劳其筋骨，而且要苦其心志，尤其是要养成风雨无阻的习惯。因此，这些孩子总是为自己寻找客观的理由，躲避身体锻炼之苦、之累，实际上是不能克服心理上的薄弱意志。锻炼一天身体很容易，难的是坚持长久锻炼身体。

其次，孩子学业压力过大，没有时间锻炼。在学校，由于应试教育的压力，体育课是副科，许多学校为了追求更高的升学率，干脆减少体育课。在家里，繁重的家庭作业和那些名目繁多的兴趣班，让孩子们忙得连睡觉的时间都被剥夺了，锻炼更是排不上日程。

"望子成龙"是每个家长的期望，但要想成龙，必须有健康的体魄。通过体育锻炼，孩子们的生长和发育可以更快，人体各种器官的功能也能得到增强。体育锻炼还与一个人的心理素质有密切的关系，身体健康的人患心理疾病的可能性也低，一些良好的道德和意志品质也能在体育锻炼中培养。为了能应对走入社会后激烈的竞争压力，在儿童时期打下一个好的身体基础至关重要。为孩子的成长提供良好的条件和营养是必要的，但帮助孩子们养成锻炼身体的习惯，而且让这个好习惯伴随孩子的一生更难得。

让孩子进行体育锻炼，并不是要让他们掌握多高的技能，只要增强了体质，锻炼了性格，我们的目的也就达到了。

适合孩子的运动项目其实有很多，不同的运动项目可以产生不同的锻炼效果。例如：提高速度能力可选择跑、骑儿童车等项目；增强耐力，可选择长时间跑的游戏、游泳、郊游、跳绳等；增加力量可选择跳、投等；提高灵敏协调能力，可选择跳舞、打秋千、拍球等游戏；提高柔韧能力可选择体操、按压等练习。

在选择锻炼项目时，要以孩子的生理特点、兴趣为基础。根据孩子的素质需求进行选择，身体哪方面素质欠缺就多练哪方面。对于不同性格的男孩女孩应选择不同的锻炼方式。比如：孩子不太合群、不习惯和同伴交往，建议选择篮球、排球以及接力跑等集体项目。这些活动可以帮孩子逐步改变孤僻的性格。孩子有些胆小、做事怕风险、容易害羞，建议选择游泳、溜冰、单双杠、平衡木等具有挑战性的项目，从而不断克服害羞、胆小等心理障碍，战胜困难。孩子经常犹豫不决、优柔寡断，建议经常带孩子参加乒乓球、羽毛球、网球、跨栏、跳远、跳高等运动，这些项目对于锻炼孩子的果断性具有很大作用。孩子做事不能正常发挥，容易紧张，可以多带孩子参加或观摩一些公开的、激烈的体育比赛，锻炼孩子冷静、沉着应对比赛的能力。

当然，如果孩子对哪一项运动感兴趣，只要生理上适宜做那项运动，就应该满足孩子的要求，因为兴趣才是真正的老师，孩子有兴趣，就一定会热爱上体育锻炼。

在具体的实施过程中，家长要根据孩子的不同状况，选择合适的方式。男孩子好动、喜欢上蹿下跳，但如果家长想让他真正地去锻炼身体，他往往会找出拒绝的理由。所以父母要经常带孩子到公共场所观看他人的运动，让他感受运动给人带来的活力，从中获得感染。有的场所要收费，这份钱该花，那里的气氛特别能带给男孩子阳刚之气和青春活力，孩子也能意识到运动是人的一种需要。

对于女孩，运动不可过分激烈，尤其是对于正处于生长发育期的少女来说，因身体各部分的机能还在不断的完善，运动时就应该更加注意，避免运动过于激烈造成身体的伤害。

专家建议，为了养成孩子体育锻炼的习惯，家长最好和孩子一起锻炼，让你的家庭成为全民健身运动的基地。比如，可以和孩子一起跳绳、踢毽子、跑步、打球、放风筝等等。既锻炼了身体又增加了亲情和兴趣，同时促进了孩子的性格培养。

鼓励男孩的竞争天性

对于孩子，竞争是与同龄人的比较。相对于女孩，男孩更喜欢与人争。比如说刚刚认识了一群新朋友，女孩会想我喜欢谁，讨厌谁，而男孩迫切需要知道的却是：谁是这群孩子的头？刚刚到了一个新的班级，女孩最关心的是这些新同学是不是很友好，男孩则会想自己以前的"威望"能不能延续，在新的集体中我将占据怎么的位置。

对于男孩的竞争心理，家长首先要持鼓励态度。

达尔文说过物竞天择适者生存。孩子无论是在学习中还是在生活中总是要面对各种各样的挑战，要和别人来比较的。男孩有争强好胜的品性是正常的，而不是随便就表示妥协。

　　培养孩子的竞争意识，鼓励孩子参与竞争，健康的竞争能够使我们的孩子学会很多生活的道理。对于孩子的健康发展具有重大意义。竞争会使孩子认识到只有具备知识和能力才能领先，可激发孩子强烈的求知欲望。竞争意识可克服孩子的胆怯心理、保守心理和自卑心理，可增强孩子的自信心，会使孩子对自己做出肯定的评价。孩子在竞争中所取得的成功感，会激发孩子进一步奋发向上。竞争可提高孩子的耐挫能力，因为竞争，就免不了要遭受挫折，孩子从小品尝竞争失利的滋味，可提高对未来可能遇到的挫折的承受力。竞争可使孩子看到集体的力量、群众的智慧，认识到团结的重要性。

　　在日常生活中做家长的还可以鼓励孩子参与个人竞争，比如绘画、演讲等，参加这些活动可以培养孩子各方面的能力，发挥孩子最大的潜力。他们能够在与别人的比较中，虚心寻找出自己的差距，发现别人的优势，把握别人的成功之道，进而确立自己的奋斗目标，相信自己有能力赶上或超过别人。他们把竞争当作"发动机"，激发自己的积极性和创造精神，在竞争中产生努力进取、奋发向上的雄心，在竞争中提高自己的实力，从而最终取得比别人更大的成功。同时也可以促使孩子以更直接、有时甚至是更痛苦的方式来品尝失败的痛苦与成功的喜悦。从而能更理智地看待成败，要让孩子深深懂得：人生充满了失败与成功，谁也不会一帆风顺地度过一生。在培养孩子的竞争意识的同时，要让孩子既要有竞争的勇气，又能恪守竞争规则，提高孩子的竞争道德水平。

　　让孩子"学会竞争"，培养孩子的竞争意识和竞争能力成为当前家庭教育的一项重要内容。心理专家认为，游戏对孩子性格的塑造非常重要，尤其是男孩，童年时参与的游戏，甚至能影响一生。

　　男孩必须多参加室外游戏。阳光的照射可以促进孩子体内激素的分泌，让孩子变得更有野性，性格更加外向，这对男孩子的心理健康是非常重要的。

室外游戏中体力类与竞技类游戏是不可或缺的，比如顶牛、摔跤、骑马打仗等，这些游戏可以提高孩子的兴奋度、主动性、竞争性、攻击性，对小男子汉来说，这些是非常必要的。在形成这些性格要素的时候，孩子的顽强毅力，抗挫折能力得到很大提高，一次输了，没关系，从头再来。即使摔倒了，在没摔坏的情况下，孩子也会笑着爬起来，坚强地继续玩。

尤其难得的是，这些看似"野蛮"的游戏，还可锻炼孩子的交流能力。在游戏中，他会明白怎么和小伙伴配合，这样才可以赢或者不输得难看，而对待对手，也会采取一些交流的方式，以保证游戏继续进行。在交流中，孩子的心态也会变得豁达，对自己的表现和对手的表现都能够包容。

我们要鼓励男孩参与竞争，同时，也要注意培养男孩正确的竞争心理。只要竞争的动力来自孩子自身，就可以听之任之。如果是父母的虚荣心在煽风点火，或者反之，父母禁止孩子与别人竞争，那都是有害的。缺乏斗志的孩子会面临很多的问题，有的甚至会用拒绝和逃避来对待挑战与责任，因为他们没有学会相信自己。孩子的竞争和大人的不一样，大人的标准大多是可量化的，而且常常由他人来决定竞争结果。而孩子之间的竞争是游戏式的，内容、规则和评判结果常常由他们自己决定。重要的是让小家伙们在游戏中竞争，以游戏的态度竞争，所以做父母的要避免说这样一些"鼓励"孩子的话："给他们点儿颜色看看"、"加油，你比他们强多了"……这样会使游戏变成了功利的较量，而且无形中给孩子带来了压力。所以，父母应该这样说："大胆去做吧，我们会支持你的！"这样孩子会懂得重在参与，名次并不重要。

要让孩子明白：竞争不应该是狭隘的、自私的，竞争者应具有广阔的胸怀，正确看待超越和反超越；竞争不应是阴险和狡诈、暗中算计人，应是齐头并进，以实力取胜；竞争不排除协作，没有良好的协作精神和集体观念，单枪匹马的"强者"是孤独的，也是不会成功的。成功了，不骄傲，不自封，居安思危，想到今后还会出现新的竞争；失败了，不灰心，更不嫉妒成功者，愉快地接受别人先于自己成功的事实。对别人的进步、成就和功劳，要发自内心的羡慕、佩服，并视为自己学习的榜样。要相信自己的潜能，激励自己加倍努力，多付出辛劳，发奋赶上别人，超过别人。实际上，孩子拥有了这样的心态，往往会优先于他人获得成功，倘若一时不能成功，终究也会取得成功！这样的男孩，肯定是生活的强者。

保护女孩纯净的爱心

女孩需要爱。尽管每个人都需要爱，但是孩子尤其是女孩更为需要，这就像一棵新生的树苗比一棵长大了的树更需要阳光和水分一样。孩子得到爱，才能去爱别人；得到爱，才能去爱生活。

有一个8岁女孩儿，她的性格忧郁、孤僻，在别人面前总是沉默寡言，于是母亲领着女儿去看心理医生。心理医生了解了女孩的成长历程后告诉这位母亲，在孩子的幼儿时期，母亲由于忙于工作和生活，忽视了与孩子的交流，忽视了亲子之间爱的传递，所以对孩子的性格产生了不好的影响。以后要多用语言和行动表达妈妈的关爱，慢慢地唤醒孩子的感情，培养她的性格。

一个女孩如果对自己得到的爱满足，她的心中就会充满种种美好的感情，不必任何说教，她就能自然融入周围的世界，获得别人的喜爱。

那么，我们如何才能让自己的孩子感受到温暖的、源源不断的爱呢？

国际感情专家、心理学博士约翰·格雷养育了三个可爱的女儿。他认为，孩子通过期待爱来感觉到被爱。要创造一些充满爱意的习惯，让孩子感觉到他们的价值以及与父母双方之间的独特联系。这些习惯无需花很多时间，只需要承认它们是独特的，然后就要一遍遍地重复。

格雷和妻子与女儿劳伦之间有一个特别的习惯：穿过森林走到城里，

然后休息，在当地的书店吃一块玛德琳饼干。在劳伦很小的时候，就把她放在婴儿车里，在她长大一点之后，就步行或者骑自行车。整个活动大约要二十五分钟。来回各十分钟，五分钟吃饼干并摸摸当地的狗。

当劳伦十几岁的时候，依然清晰地记得这些早期的童年经历，以及和父母之间充满爱意的联系。约翰·格雷认为："很多成年人不记得儿童时代的爱和欢乐，这是一个巨大的损失。能够记住被爱、被支持的感觉，会在以后的日子里给予我们深深的安全感。"

为人父母，对孩子要慈爱有加，让孩子在情感上有足够的温暖和归属感；要求孩子时要严格却不能严厉、凶恶；当孩子受了委屈、挫折、冷落的时候，要引导孩子乐观通达，让孩子感到如果用好的心态面对现实，现实就不会那么糟糕。总之，让孩子感到人生是一件让人开心的事情，感受幸福，学会快乐，是教育中再重要不过的事情。

对于敏感、善于观察的女孩来说，父母的非语言沟通方式，往往更能起到教育的奇效。这种沟通方式包括：

1. 拥抱

美国著名心理学家赫洛德·傅斯博士研究发现，拥抱可以让人更年轻、更有活力，它还能让人们之间的关系更加亲密。经常与父母拥抱的孩子心理素质明显高于与父母关系紧张的孩子。

拥抱是一种无言的力量，拥抱孩子可以让他们在身心放松的同时，感受了父母用肢体传递给他们力量，就像是你在对他说"宝贝儿，你一定能行！"在孩子受到压力时，这种潜藏在内心的力量就会推动他们尽快地把压力释放掉，轻装上阵，从容应对。聪明的家长应该考虑一下尽量多的使用这种即廉价又效果显著的交流沟通方式。

2. 抚摸

抚摸是孩子的一种心理情感需要，也是他们感受父母爱抚的一种非语言方式。父母可以通过抚摸孩子的手、脚、身体、头等部位向孩子无声地传达信息。

培养完美**男孩**和**女孩**的方法

轻轻抚摸孩子的头发，表示对孩子的无限爱意。父母帮助孩子梳理头发，并自然地抚摸一下，孩子会体会到父母传递过来的爱意，觉得非常的愉悦。对处于困难中的孩子来说，父母可以用这种方式来表示自己的爱，并鼓励孩子战胜困难。

3. 微笑

微笑是一种最为常见的心情表达方式。它会给人一种亲切、友好的感觉，对人微笑会让人感到善意、理解和支持。

生活中的微笑太多了，然而最特殊的还应该是母亲的微笑，这是任何笑容都无法比拟的，它包含了母亲对孩子纯洁无私的爱：受伤时，微笑会给孩子无限的关怀，抹去他们的伤痛；脆弱时，它又能给孩子信念，使他们坚强，让他们信心百倍地面对挫折；成功时，它可以作为褒奖，给孩子鼓励；犯错时，它可以作为宽容，让孩子自醒。

既然微笑作为一种表示理解、鼓励、欣赏、友善的姿态为人们所接受，就让我们收起那板起的面孔，慷慨地微笑吧！请记住，孩子需要你们的微笑，就像我们需要阳光、空气和水一样！

随着女孩儿一天天长大，头脑里的问题也多起来。当她们有了新发现时，就急于表达出来；当她们受了委屈时，就想找人安慰一下。这时候，如果没有父母或者代替父母角色的师长以充满爱意的胸怀接纳她们，她们就会产生一种被遗弃的感觉，逐渐出现一些心理偏差。所以在日常生活中，家长们要注意通过一些有效的沟通方式，向女孩传递家庭之爱、父母之爱，只要女孩的爱与被爱之心可以获得满足，许多成长中的心理问题便可以迎刃而解。

第 **3** 章

未来社会的要求和选择

在成人的世界里，对于男性和女性的欣赏标准，除了文明上进等社会人的共同要求外，男人的坚强大度，女性的温柔善良，更容易获得人们的认同。而这些性别特征，正是来自他们儿时所接受的教育。为人父母者，应当帮助孩子建立性别观念，强化性别优势，适应未来社会的要求。

远离"变态"，培养合格的男孩和女孩

孩子的性别教育，对于家长们来说似乎再简单不过：男孩就是男孩，女孩就是女孩，没有什么教导可言。但是，专家指出，对孩子进行正确的性别角色教育是非常必要的，这非但关系到孩子日后正常的社会交往、恋爱、婚姻、家庭生活，还会影响其心理发展。性别教育最终的目的就是帮助孩子养成健全的人格。

因为性别认同错位而造成的悲剧，在生活中时有发生。

据报道，成都一个17岁男孩小晓不顾家人反对，毅然决定接受变性手术，该新闻的标题为《穿裙子长大，女魔在他内心涌动》。新闻披露后，许多读者打进报纸热线，情绪都较为激烈。他们中有的担心孩子太小，生理、心理还不成熟，承担不起各种后果；有的则痛责医院居心不良，意在

炒作。可不管众人怎么说，小晓还是坚持要做手术。

　　小晓是独苗，父母极宠爱他，经常给他穿裙子，还在他的左耳打了两个耳洞，让他戴上耳坠。一同长大的堂姐也常为小晓梳扎辫子。从小在女人堆里长大，孩子的习性都是女性化的。因为变性的想法遭到家人反对，孩子曾在寒冬腊月绝望地跳入锦江。

　　虽然在妈妈受孕之日起，"Y"染色体已经决定了男孩的性别，虽然体内过多的睾丸素使男孩有着不同于女孩的行为特征，但家庭后天对孩子的性别教育，却决定了这个小男孩长大之后的心理发展。

　　研究表明，孩子的性别角色的经验主要是从家庭中得到的，对其人格的形成具有非常重要的意义。

　　一般说来，从孩子出生的第一天，儿童的性别角色社会化就开始了。家长总是根据儿童的性别区别对待，表现在护理、服饰、名字、玩具等方面。比如取名字，男孩的名字一般倾向于表现阳刚之气的，如"勇"、"毅"、"超"、"刚"等，女孩则是诸如"艳"、"静"、"丽"、"花"等温柔性的。父母总是鼓励男孩玩一些要求肌肉大运动的活动，如扔球、开车、玩沙子和石块等，而却鼓励女孩玩布娃娃、过家家、跳舞、剪纸等。各方面不同的要求和教养方式有意无意地促进了儿童性别定向和性别角色行为的形成，使他们渐渐地具有特定的活动倾向性。男女儿童的活动倾向出现之后，父母会继续通过各种方式予以强化。他们会对孩子作出的符合性别的行为（女孩玩洋娃娃、顺从、喜欢与人交往、感情丰富、富有同情心；男孩活泼好动、调皮捣蛋、主动性强、不愿受约束等）报以微笑、赞许和鼓励。而对他们认为不符合性别的行为则会加以阻拦和制止，这样，使男女两性的活动倾向越加明显。

　　性别认同是孩子自我认知的重要部分，只有孩子对自己的性别感到满意，才会对同性的性别特征抱有好感，并希望拥有这些性别特征。家庭是孩子早期生活环境的缔造者，也是孩子性别认同的启蒙者，孩子在性别认同上的正确与否，很大程度上取决于父母对性别教育重视与否。没有天生有错的孩子，只有不懂教育的父母。因此，家长应该尽快行动起来，给孩子送上这张重要的"明性片"。

在孩子"性别化"的过程中容不得半点的扭曲和造作。而且家长应该有意识的教给孩子自己的性别特征，比如告诉他："你是男孩子，所以要勇敢，打针的时候不要哭。""你是女孩子，要知道害羞，不要把裙子掀起来"。这样慢慢地引导孩子，孩子就会认同自己的性别，并且形成与之相称的性格特征和气质。

父母是孩子的第一任老师，而且又是一个绝好的性别角色榜样，孩子可以从妈妈身上认识女性角色，从爸爸身上认识男性角色，从父母身上发展对异性的信任，所以爸爸妈妈一定要注意自己身上的性别特征，甚至是性格特征、衣着打扮，这对孩子的影响是终生的。

同时，父母还应该从生活细节去影响孩子，如上厕所男孩最好由爸爸带着，女儿则由妈妈带着。尤其是在公共场合。不少妈妈觉得孩子还小，什么也不懂，往往会带着儿子一起去女厕所，这样容易给孩子造成一种混乱。当女孩长到1岁左右时，洗澡的责任就要落在妈妈肩上了。而男孩子，到三岁左右时就可以让他跟爸爸一起洗澡。让孩子从小知道，男孩的身体跟爸爸一样，女孩跟妈妈一样。这是孩子最早了解人体和性别的启蒙教育。

另外，家长还应该针对孩子的性格特点，根据现代社会对男孩或女孩的一般规范和对人才素质的要求，教育引导他们各自发挥个性上的优点，是男孩应该向现代的男子汉发展，是女孩应该成为现代的女性，实现男女角色的社会化。例如，对男孩，应该教育他坚强而不固执，勇敢而不莽撞，心胸开阔而不刚愎自用，目光远大而不鼠目寸光，开拓进取而不因循守旧，好胜好强而不恃强凌弱，机智而不狡黠势利，果断而不粗枝大叶；对女孩，应教育她温柔文静而不扭捏作态，活泼大方而不轻浮轻飘，柔中有刚而不软弱自卑，自然端庄而不妖不媚，感情丰富细腻而不多愁善感，精细内向而不多疑小心眼，自尊、自爱、自强、自立，而不自轻、自贱、自暴、自弃等。

男孩面临前所未有的危机

无论什么时代，男孩总会被寄予太多的期望。在古代社会，男性要"修身、齐家、治国、平天下"。在现代社会，不管男女有没有真正的平等，对于新一代的独生子女来说，男孩仍然面临很大的压力，社会竞争的激烈，对他们品德、能力都有更高的要求。

男孩要很"强"，但现实却又不那么尽如人意，如今社会上有种说法是叫"男人女性化，女性儿童化"，更有人表示，"二十年后，中国将没有男人"。面对这种情况，谁要为我们的男孩负责呢？

目前，幼儿园教师是清一色的女教师，家庭中母亲在早期教育中又是执行者。这样不可避免地女性的爱好、品质将给孩子极大的影响。例如在幼儿园里女教师容易偏爱温顺、恬静的女孩，而对好动、调皮的男孩感到头疼。节日里上台表演的女孩多，女教师往往以自己的心理类型来塑造孩子。当然孩子能学得女性那种温柔、细致、有耐心等特点，但明显感到缺少男子汉那种坚强、刚毅、宽宏等个性品质的影响。于是，在现实生活中有些男孩往往表现为信心不够，冲劲儿不足。

旅美华人、教育专家黄全愈博士，讲了这样一件事。

黄博士的儿子矿矿有一个同学叫麦德，矿矿和麦德都是学校足球队的队员，当初无论球技和身体条件，矿矿绝对比麦德强很多。矿矿的速度、身高和力量以及足球基本功都把麦德甩得远远的。慢慢地黄博士发现情况不对了，在这种"硬件"根本无法相比的情况下，怎么这两个孩子的进球数会交错攀升呢？

经过仔细观察，黄博士发现麦德在球场上表现得很自信，心理素质比矿矿强得多。

再进一步探究，麦德的父亲无论麦德在球场上是否进球、踢得好不好，他每次都大加赞赏，不断强化孩子的自信心，这样原来水平不高的麦德越踢越好。相反，矿矿无论表现多好，下来后，黄博士还是用中国人的思维习惯，挑毛病，责怪、批评他：那个球没有处理好，这个点球完全可以不失误……多次批评，使孩子在球场上患得患失，犹犹豫豫，信心大减，球技下降，越踢越差。

男孩精神面貌和意志品质如何，和他所受到的早期教育是密切相关的。我们的男孩长大以后，要面对小圈子的竞争，同时也要面对大环境的选择。为了提高他们的基本素质，我们必须从小保护男孩子的男性意识，不要磨灭他们的锐气、刚气，平时要注意培养男孩子积极、自信、敢于承担责任、勇于克服困难的道德意识和情感，从而产生道德行为。

现今家长大都溺爱自己的孩子，只重视孩子的观察力、想象力、创造力、记忆力等显性能力的培养，却忽视了意志力、自信心和勇敢等潜在能力的培养，而这些恰是提高显性能力的必要保证。

对于孩子来说，胆怯懦弱是普遍存在的，男孩也不例外。交往中，沉默寡言、孤僻拘谨，往往屈从于别人的意志；生活中，态度消极，往往缩手缩脚、唯唯诺诺；学习上，不奋力进取、力争上游，往往敷衍了事，容易满足。有些家长常常为自己的孩子懦弱退缩、缺乏勇气而焦急苦恼。其实，男孩也会恐惧，家长首先应该走出这样一个误区，不要因为你的孩子是男孩，就剥夺了他胆怯的权利。人人都有过胆怯，甚至连大人也不例外，但关键是面对孩子的胆怯和懦弱，家长应如何引导。勇敢和坚强是男孩子不可或缺的品质，因此，聪明的父母懂得，只有在孩子小的时候养成勇敢、坚强的个性，孩子才能在人生道路上战胜困难走向成功。

在孩子成长的道路上，总会遇到许多这样、那样的挫折。但是，每当遇到挫折时，他还没有反应过来是怎么回事，父母就已经把挫折"摆平"了。其实，家长们这样做并不是为孩子好，而是亲手为孩子挖了一口温柔的陷阱。掉进陷阱里的孩子，由于被剥夺了犯错误的机会，所以他们根本不懂得何谓坚强。有尝试才能有成功，只有经过勇敢的尝试才会有坚强的意志，因此，家长只有鼓励孩子大胆地去做事，不要害怕失败，只有经过这种反复的练习，才会使孩子变得勇敢而坚强。

培养完美**男孩和女孩**的方法

在生活中，家长可以让孩子长期坚持做某一项事情以锻炼意志力。在孩子"摔倒"时，不要急于去扶，而是让孩子直面人生，独立面对困难和痛苦，经受住锻炼和考验。只有这样，孩子才能勇敢而坚强地面对人生中的任何困难，才是一个真正的男子汉。

为人父母者，即使再爱你的孩子，也不可能庇护他一辈子。为了不让男孩在未来激烈的竞争中被淘汰，我们应该及早建立危机意识，培养能够抗击摔打、坚强自信的优秀男孩。

针对女孩的性别歧视依然存在

只要"男女平等"的口号还没有消失，就证明真正的男女平等还没有实现。在许多父系社会中，女性被视为"较软弱的一群"。现今社会中，所谓关于"女士优先"的"礼仪"，亦是将女性视为"需要被照顾的弱势群体"的一种对女性的歧视。在职业场合，虽然不至于有明显歧视女性的条款存在，但是我们会发现，在同等条件，男性的机会远远高于女性。

任何一种社会问题都有它历史的和现实的根源，要改变它不容易，那么，我们可以从自身做起，改变自己，当一个人很强大时，才没有人可以"弱视"他。这个道理，也适用于我们对于女孩的培养。

我们发现一个男孩胆子很小，通常家长们会鼓励他，想尽办法调教他的胆子；对于胆小的女孩，当父母的就不会太在意，他们认为女孩胆子小是自然现象，如果她们也和男孩一样胆大妄为、无拘无束，倒不像是女孩的风格了。

是的，女孩要有女孩的样子，不必向"野小子"路子发展，但女孩拥有沉静的气质，并不代表她的内心就是懦弱怕事、不敢出头的。如果你的女儿凡事不敢相信自己、做事没毅力，在一些陌生场合惊慌退缩，家长们就应该有意地练练她的胆子了。否则，将来以这种性格在社会上打拼，很难有出色的表现，只能是一个机构里可有可无的"花瓶"，一有什么变故，比如调整、裁员等，她将很难保住自己的位置。

孩子的可塑性其实是很强的，孩子一时畏缩，并不等于她将一直如此，只要我们的教育方法得当，她很快就能超越自己。

在生活中，有一种现象非常有趣：凡是妈妈能干，里里外外一把手的，他们的女儿长大后往往什么都拿不起来，连一些日常小事也弄得一团糟；如果当妈妈的松懈懒散，不那么"贤妻良母"的，女儿们却大都做什么像什么，工作生活，都游刃有余。

当然，我们不是说如今当妈妈的也什么都不管，一切全靠孩子"自力更生"，我们只是想传递这样一种观念：妈妈对于女儿，不要包办太多，别以为她一个娇弱的小公主离了大人不行，其实，她没有被开发出来的潜力多着哪！

对于今天的独生子女，像我们小时候那种完全大撒把的妈妈绝无仅有，管得太严的倒是随处可见。看到女儿在自己的眼皮底下，乖乖儿吃东西写作业，妈妈们才能把心放到肚子里。这对于女孩生活能力的发展，是一种严重的损伤。

丰富多彩的外界环境是智力和情绪等心理因素发展的必要条件，大脑的发育，人的成长成熟都是建立在与外界环境广泛接触基础之上的。我们应当让自己的孩子积极感受丰富多彩的外界环境，从环境中获得更多的知识和信息，从而发展自己的聪明才智。而相反，封闭的环境只会限制人的智力和个性的发展。

一篇题为《温柔的禁锢》的文章，讲了这样一件事。

在山东济南，一位8岁的小女孩有一次不慎迷路，这可把她的家人吓坏了。从她被找到之后，顾虑重重的母亲就辞职专门"照看"宝贝女儿，女儿不再允许外出，也不能与人交往，如此整整20年。令这位对女儿爱惜无比的母亲没有想到的是，正是她这种为女儿遮挡所有风风雨雨的行为，使得这位女孩感觉器官钝化，最终身心都产生废用性萎缩。

这是一个有些极端的例子，但是在我们的现实生活中，那种女儿上学她背着书包送到教室，女儿吃饭她把鱼挑了刺、鸡蛋剥了皮的家长并不少见。家长100分的付出，在孩子身上能收到100分的效果吗？显然不是这样的。父母的呵护，却培养出了依赖、挑剔、懦弱的女儿，难道我们还要坚持这种教养方式吗？

做父母，80分已经足够了，剩下的20分，可以给女儿一个发挥的空间。

以爱的名义过度保护孩子，这只会削弱孩子的自信心。在过度呵护下成长起来的孩子对自己缺乏信心，认为自己没有能力做任何事情。他们对于外界的批评非常敏感，并且极度依赖父母。成人后，在面临重大抉择时，他们往往会缺乏依赖而不知所措。

父母把女孩保护得风雨不透，她们就会成为温室里的花朵，在合适的温度湿度下，也会蓬勃生长，让父母意识不到这种教养方式的不妥。可是，女孩一旦长大成人，要离开父母的羽翼，要投入新的环境时，女孩懦弱无能的弊端，就会马上摆在面前。与其如此，不如一开始就放开手，早早地让女孩把翅膀练硬了。

男孩穷养的教育规划

教育男孩"成材"，要先教育男孩"成人"。所以，无论家境多好，对男孩绝对不能宠，让他在考验中生活，让他吃得苦中苦，从而使他的意志得到磨炼，培养其艰苦朴素、吃苦耐劳的作风，仁义孝道的思想，让他从小就明白生活的艰辛。如此，将来方可顶天立地，担负起社会和家庭的重任。

清代曾国藩被誉为"中兴第一名臣"。曾国藩的一生，谦虚诚实教子有方。他的儿子纪泽诗文书画俱佳，又自修英文，成为清末著名外交家；纪鸿研究古算学也取得了相当的成就，但他不幸早逝；他的孙辈也出了曾广钧这样的诗人；曾孙辈又出了曾昭抡、曾约农这样的学者和教育家。

曾国藩很重视自己的一言一行对自己孩子的影响。他在京城时见到不少高干子弟奢侈腐化，挥霍无度，胸无点墨，且目中无人。因此，他不让自己的孩子住在北京、长沙等繁华的城市，要他们住在老家。并告诫他们：饭菜不能过分丰盛；衣服不能过分华丽；门外不准挂"相府"、"侯府"的匾；出门要轻车简从；考试前后不能拜访考官，不能给考官写信等等。因此，他的子女因为自己的父亲是曾国藩反而更担心自己的言行不够检点、学识不够渊博而损害自己父亲的声誉。所以他们磨砺自己，迎难而上、奋发图强。他日理万机，但一有时间，就给小孩子写信，为他们批改诗文；还常常与他们交换学习、修身养性的心得体会。他告诉子孙们，读书的目的在于明白事理。他致力于培养孩子们读书的兴趣，注意观察他们的天赋、潜能，在此基础上再进行培养雕塑。他认为一个人只要身体好，能吟诗作文，能够明白、通晓事理，就能有所作为，就不会没有饭吃，就会受到人们的尊敬。他认为当官是一阵子的事，做人是一辈子的事；官衔的大小不取决于自己，而学问的多寡则主要取决于自己。在教育孩子的过程之中，曾国藩既是父亲又是朋友；既是经师又是人师。他赢得了孩子们的尊敬和爱戴，他的孩子们都非常钦佩、崇拜他，把他视为自己的人生偶像和坐标。

对男孩不能无原则地溺爱，从小培养他们能吃苦、勇敢、坚韧、独立、有责任感、真诚坦率、机智果断的品质，让他们多经历风雨，多去实践，摔倒了自己爬起来，失败了重新再来。

当然，我们的"穷养"规划并非是要男孩吃糠咽菜，忆苦思甜，让男孩承受不必要的非人折磨和痛苦，而是让父母减少对男孩的娇生惯养、包办代替，让男孩从小多一些经历、多一些锻炼，培养他们坚韧、顽强的性格。让男孩从小多历练，多明白生活的艰辛，将来才能够肩负重任。

古话说："艰难困苦，玉汝于成。"男孩要成才，不回避"艰难困苦"，方能"玉汝于成"。让男孩过早地亲近"富"，远避"穷"，看似爱之，实则害之。所以，一定要让男孩在必要的"穷"和"苦"中得到锤

培养完美**男孩和女孩**的方法

炼，懂得以艰苦奋斗为荣，以骄奢淫逸为耻。

李嘉诚的儿子李泽楷在很小的时候就被送出国去，但是李嘉诚对孩子格外"吝啬"，他每个月给儿子很少的钱。初到国外的李泽楷很快就把父亲给的生活费用光了。他打电话回家求救，电话是母亲接的，李嘉诚就站在旁边。听见儿子要求再寄一点钱，李嘉诚立刻接过电话严厉地说："你自己将钱花完了，你就要想办法去赚，不能向我求救。"说完就挂了电话。

李泽楷被父亲无情地拒绝，心里非常难过。但为了赚钱养活自己，李泽楷只得去餐厅当服务生。很累的时候，他忍不住打电话回家向母亲诉苦，母亲听完直掉眼泪，但李嘉诚却"无情"地说："他是个男孩子，吃点苦应该的，没有什么好心疼的。"

李嘉诚严厉的教育方式把李泽楷锻炼成了一个十分优秀的人才，他回国后迅速地参与到父亲的事业中，并且不断地努力创新，创造出了很多惊人的业绩，被人们称为"小超人"。他之所以有这样的成就，和李嘉诚对他的教育是分不开的。

每个男孩经历成长到成熟的过程，都需要有自立自强的精神，面对困难时，要学会担当，用乐观、积极的心态去面对。男孩只有多经历风雨，多受些挫折和打击，多摔几个跟头，才能变得更加坚韧。男孩只有在小的时候多吃一些苦，才能在将来勇敢地面对生活中的困难。

对于我们的这些独生小男孩来说，父母的过分呵护难以遮蔽明天的风雨，如果父母不让男孩从小吃点苦，受点穷，将来他也难以为自己打拼出富裕的生活。

因此，对男孩要"穷养"，而不要过分庇护，需要父母"狠"下心来，加强对孩子的独立教育，帮助孩子树立敢于吃苦的坚定信念。在日常生活中，让男孩对自己的事情负责，独立完成起居、打扫房间、整理物品等日常事务；在学习过程中，独立思考，独立完成作业。同时，父母要有意识地设置一些难题，让孩子体验生活中的各种辛苦、学会自力更生，反而更能培养出令你们骄傲的男子汉！

女孩富养的教育规划

自古以来，我们便以"令爱"、"千金"、"掌上明珠"称呼女孩，女孩要富养，因为经济富足才能不贪图蝇头小利，见多识广才能拥有过人的睿智。富养的女孩，有一种安然自若的神态，优雅不凡的气质，一颦一笑尽显淑女风范。把女儿培养成一个高贵的"公主"几乎是所有父母的共同梦想。

富养并不单单代表金钱与物质生活的充裕，对于一个女孩子的富养，意味着要赋予女孩子自信、自强等强大的意志力量，要不断开阔女孩子的眼界，丰富她的知识内涵，要赋予女孩子理性思考的能力、判断的能力，让她的眼光更高远。如果仅仅是无微不至的呵护，很有可能会培养出一个娇纵、挑剔、禁不起任何打击、不能自立的柔弱女性，而概念更为博大的关爱，才真的会带给女孩子一生的富足、一生的幸福。

这种品质的培养，对于女孩子来说，其实是一种文化修养的投资，教育的富足，是对女孩子性情的陶冶和品质的培养，让女孩懂得美，懂得欣赏与鉴别，懂得自我保护，而不会被外界轻易诱惑，使之成为卓尔不群的、真正有气质有修养的女孩。

"富养女孩"的核心不是物质，所谓的教育投资不光指用财富打造女儿，还需要家长付出自己的精力，这是比财富更重要的东西，是"富养"的真正精髓所在，因为这样，即使是贫穷家庭的孩子也可以享受"富养"的精神理念。

家里的经济条件并不怎么样，看着自己可爱聪慧的女儿不能拥有漂亮昂贵的衣服、更多的玩具，妈妈也曾暗自垂泪。但是妈妈曾在心里暗自发誓，一定要把女儿培养成一个真正的小淑女，让她具有其他女孩都不具备的品质与气质。

在穿戴上，虽然不能给女儿买高档的服装，但妈妈编织的手艺却是一流的。因此，女儿的服装虽不昂贵，却件件博得同学、小朋友们的羡慕。女儿也很为自己的独特的时尚而感到自豪。

在日常生活中，妈妈更是严格要求女儿。为了让女儿养成干净整洁、有节制的习惯，妈妈不仅对女儿要求严格，而且还处处给女儿做榜样，让女儿从小耳濡目染。

为了增强女儿的知识修养，妈妈还带女儿一同去图书馆办理了一张借书卡，每个月妈妈都会陪女儿一同去图书馆一次或两次。

在妈妈的严格教育下，女儿不仅在学校是老师同学眼中的榜样，而且是左邻右舍眼中标准的小淑女。

"富养"不在刻意为之，而在顺其自然。美国著名心理学家特尔曼对来自全球的301位成功女性进行了调查研究。他发现，这些人在青少年时代，大都具有镇定自若、尊贵大气、坚强自主、勇往直前、乐观向上的性格特征。而这些性格特征的形成，与家庭为孩子们营造的环境息息相关。

从教育的观点上来说，富养应该是指教育投资方面的富足，父母给孩子创造条件，使她们开阔视野与见识，在良好的环境中成长。古时候要求女子琴棋书画样样精通，现在的女孩子应该培养她们广泛的兴趣爱好，德智体美劳全面发展。怀有诗书气自华，外在美和内在美的完美结合才是我们应该追求的目标。真正气质优雅、行为端庄、高素质的女性并不是物质养成的，而是内在美的一种体现。

无论女孩多么甜美、顺从、聪慧，她们都需要一些经历来增加她们的女性力量。富养的目的就是塑造一个独立、有主见、在任何情况下都能够保持精神高贵的女性。

女孩生来就不同于男孩，女孩没有男孩身上的那种阳刚之气，可以阻挡外界的伤害，女孩是娇弱的，就像是鲜花，在盛开之前，需要更多的精心呵护；女孩是温柔的代名词，在竞争激烈的世界里，如果女孩没有一个安定的生长环境，便难以拥有柔和的心灵，女孩如果不被爱，也就不会理解爱的内涵，更无法去爱别人。

　　所有种种说明，女孩需要"富养"。它不光是金钱上的培育，更是爱的呵护，是品质的精心培育。孩子的优秀品行不是从天上掉下来的，而是适应环境条件培养出来的。因此，从女孩子出生之后，父母就要尽可能地为她营造一个富足舒适的成长环境。如果家境好，不妨让女儿多见识繁华世界，眼界的开阔让女孩更聪明，注意和培养虚荣心区别开来。如果没有条件，那么多给她一些关爱，让她多看一些书，同样可以使女性获得内心的满足，发现外部世界的精彩。如此，她们在长大成人之后，才能更有品位地生活。

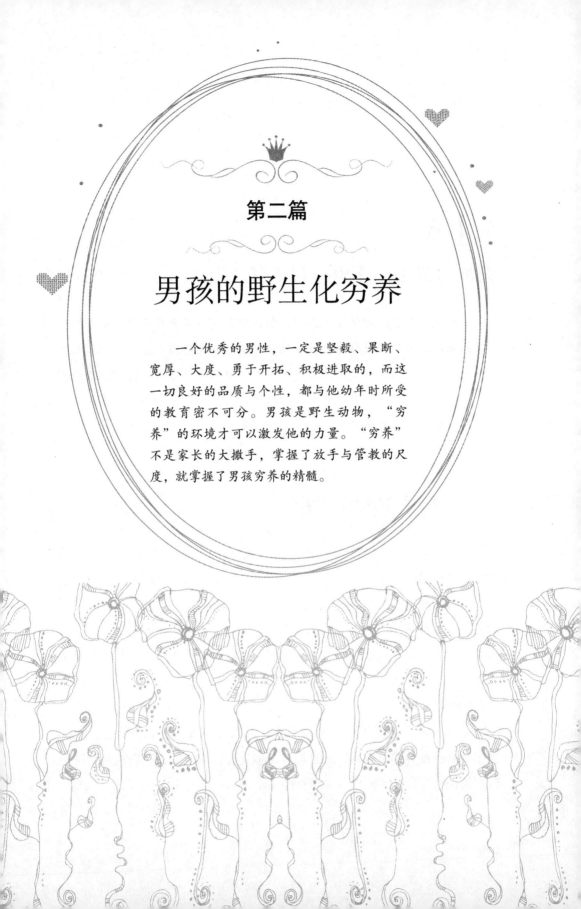

第二篇

男孩的野生化穷养

一个优秀的男性，一定是坚毅、果断、宽厚、大度、勇于开拓、积极进取的，而这一切良好的品质与个性，都与他幼年时所受的教育密不可分。男孩是野生动物，"穷养"的环境才可以激发他的力量。"穷养"不是家长的大撒手，掌握了放手与管教的尺度，就掌握了男孩穷养的精髓。

第 1 章

精神穷养法，让男孩有勇气

教育孩子是做父母的天职，但是这并不意味着孩子就是父母的私人物品，可以任意摆布。许多做父母的总会觉得孩子还小，什么都不懂，所以总想给孩子更多的庇护。其实这只会让男孩变得唯唯诺诺，一事无成。我们需要放开自己的思想，放开孩子的手脚，让男孩在体验、探索和思考中完成自己的成长历程。

"粗放式"教育更适于男孩

许多男孩子的父母，往往因为望子成龙心切，早早地就把孩子的前途、命运都设定好了。于是，除了学习，孩子交朋友、外出等等都会受到严格的控制和制止。他们不尊重孩子的合理要求，不考虑孩子自己的兴趣和爱好，而是将自己的意愿强加给孩子，让孩子按照父母的愿望行事。这种教育方式有碍于儿童性格的自然发展。在这种教育方式下成长起来的男孩子，就渐渐形成了一种服从、唯唯诺诺、胆小、缺乏朝气，人际交往比较差的性格。

以爱的名义过度保护和限制孩子，这只会削弱孩子的自信心。他们对于外界的批评非常敏感，并且极度依赖父母。成人后，在面临重大抉择时，他们往往会缺乏依赖而不知所措。

培养完美**男孩和女孩**的方法

美国有一个叫泰德·卡因斯基的人，他16岁进哈佛，20岁毕业在密执安大学获数学硕士、博士学位。接着，就到世界第一流的加利大学数学系任教。然而，卡因斯基虽然智力超群，但却从未培养社会技能、情感商数（情商）。整个中学时期几乎见不到他的影子，他不同任何人交往，更不能与人建立长久的关系。在大学里，他也如此，人们送他一个绰号"哈佛隐士"。

　　卡因斯基在制造炸弹方面有特殊才智。但他在社会方面却是低能儿，因长期压抑而导致心理异常。他不但对社会没有好的作用，并且用自己的炸弹杀死了3人，伤了22人。显然，智商高远非成功的惟一因素。

　　因为传统的观念，父母总是期望男孩子更出色一些，因而对男孩子的要求也就比较高。最起码的原则是学习成绩好，有礼貌，具有良好的道德品质，如果孩子做到了这一切，我们做家长的就会觉得自己教子有方，好像是成功了，可是做父母的有没有想一想孩子的情感世界是怎样的，他的性格，他对这个世界的认知，能给他带来幸福快乐吗？

　　对于男孩管教过多，要求过细，等于是在孩子与外部世界之间形成了一道保护膜，这反而不利于孩子品格和个性的发展。其实，孩子已经可以独立地完成的某些事情，而父母的一味包办却剥夺了孩子的独立自主行为。造成孩子在面对需要独立处理的问题时，不知所措，一筹莫展。这样，孩子将来在社会上也会很难立足。放开手，增加男孩的生活体验，锻炼他们的生活能力，是我们当前最应当去做好的事。

　　康健今年已经上初一了，他在别人眼中可是十足的好学生。无论是同学、老师或是邻居，一说起他总是一副赞不绝口的样子。可是在以前他可不是这样的，以前的他是一个不爱说话，有什么事情从不主动去解决的孩子。只因一次偶然的事件，才激发了他的"雄心壮志"，使他立志要当一个顶天立地的男子汉。

　　有一天，康健放学回家对他妈妈说："妈妈，我们老师说要组织一次野炊活动，可是经费得自己想办法，不能向家里要。可是我到哪里去挣钱呢？"

康健妈妈听了，心想这是一次锻炼孩子自己解决问题的好机会，于是就说："自己的问题可要自己解决。妈妈只能提个建议，要靠自己的真本事挣钱。"康健听了妈妈的一番话，觉得不是没有道理，再说自己已经是一个小小男子汉了，还怎么好意思再向妈妈伸手要钱呢？于是，他没再说什么，等到星期天的时候，他和几个要好的同学约好，替报社卖报纸，辛苦了一个周末，终于把野炊的钱挣回来了。

从此以后，康健遇到能自己解决的事情就自己解决，自己实在没办法解决的事情，他才会和妈妈说。久而久之，就变成了一个能果断解决事情的有主见的孩子，自然也讨得了周围同学、老师和邻居的喜爱。

"管"孩子，"管"不了一生。一个真正疼爱孩子的家长应关注的是孩子将来是否能自己应付外面的世界。将一个在父母庇护下、毫无自我生存能力的青年推入未来的社会是最为残忍的事，也是每一个爱孩子的父母不忍看到的结局。想使孩子能成功地走入外面的世界，必须从小开始培养孩子的自立与自信。如果我们替孩子做所有的事，便不能达到这一目的。在这样的抚养下成长起来的青年，外表人高马大，内心却是畏畏缩缩，缺乏勇气。这样做使他丧失了自信和勇气，也使他感到不安全，因为安全感是建立在能够用自己的能力去处理问题的基础上的。我们这种自以为无私的行为，剥夺了孩子发展自己能力的权利，但这恰恰是孩子成长最珍贵的要素。

因此，但凡孩子能独立完成的事就不要替他去做，就好像要让孩子学会走路，你得先放开手一样，当然，一旦决定"放手"了，就要坚持下去，不要看到孩子做不好事情就又去插手。

孩子总有一天是要独立的。作为父母，要有意识地培养孩子的自信和独立，并给孩子提供各种各样的学习机会，让孩子在不断的实践中增强自己的能力。

不要满足于把男孩培养成听话的乖宝宝

我们总是把"听话"当作一个孩子的优点，认为听话的孩子就是好孩子，一旦孩子与自己的意愿发生冲突，父母往往觉得自己的权威受到了挑战，就习惯采用"高压政策"来达到自己的目的。殊不知，高压政策往往会让孩子失去良好的判断力，形成一种"奴性"人格。因为屈从于父母，孩子处在劣势，往往就无法理性地思考，随之会产生垃圾情绪。没有理性的排解，找不到合适的宣泄途径，就会对孩子的心理健康造成难以修复的伤害。

于洋今年13岁，是初中一年级的学生，在家是父母心中"听话"的好儿子。他矮矮的个儿，白白的皮肤，一双大大的眼睛里却总透出一种似乎受了惊吓的神情。平时，于洋性格内向，不跟同学说话，也不跟同学玩耍，但是他看同学玩耍时的神情，却分明透露出一种渴望。看得出，他想与同学一起活动玩耍。虽然他不算聪明，但是学习却很刻苦努力，成绩也不错。

于洋是独生子，是他们家全部的希望所在，因此，父母对他有很高的期望，管教也非常严格，对他的学习抓得很紧。每天除了完成学校里的作业以外，还要做父母布置的许多课外练习。对于洋每次的测验考试成绩，父母从不满意，哪怕于洋考了班级第一名也不会表扬。平时，为了不影响学习，从来不许于洋和同学交往，而且不论什么事，都由父母说了算，更不允许于洋和父母顶嘴。

长此以往的家庭教育，导致于洋的交往技巧缺乏而且没有主见。他渴望与同学交往，但又缺乏交往的胆量和技能。在与同学的交往中，有时还会由于过于热情而引起同学的误解，认为他脑子有问题。很多同学都不愿意与他交往。久而久之，造成了于洋交往退缩，只能一个人独往独来，常常一个人坐在教室里发呆。

望子成龙几乎是每个家长的良好愿望，但是，家长却有些太过于功利了，他们往往忽视了男孩子的心理状态。其实，任何一个男孩都有很强的表现欲望，他们喜欢争强好胜、喜欢追求卓越，更喜欢来自父母的激励。而父母总是想让男孩子做的好一些，更好一些，因此，就会给男孩子提出更高的要求。总是希望男孩子"听话"，错误地认为只有"听话"的男孩子才能成才。当男孩子做得不让父母"满意"时，太多消极的话语、太多的打击、太多的功利思想，却会让他们吃不消，这些沉重的思想包袱往往会压得他们喘不过气来，最终促使他们放弃了追求更高成就的欲望……这种教育方式的结果最终会事与愿违。

　　孩子从出生那天起就是一个独立的个体，有自己独立的意愿和个性，"听话"不能成为培养孩子的最高标准。无论任何人，都没有特权去支配和限制孩子的行为，在大多数情况下都不能替孩子做选择，而是要使孩子感到他是自己的主人。我们建议家长从以下几个方面来培养孩子独立的习惯：

　　1. 帮助孩子发现自己的能力。父母们首先要相信自己的孩子是能够独立的，同时又要在生活中创造各种条件让孩子们去发现自己的能力。您可以先制定一些小的、容易实现的目标，让孩子在成功的体验中感受到独立的快乐。

　　2. 能放手的时候尽量放手。天冷的时候，父母们不要先对孩子说"该穿大衣了"，而要让孩子自己在感受中学会加衣服。为了孩子的独立，有时候父母不要对孩子无微不至。

　　3. 尊重孩子的选择是让孩子独立的前提。篮球巨星乔丹的母亲曾经深有体会地说："在放手过程中，最棘手、最不放心的问题，是让儿女自己追求自己的梦想，自己做出事关终身的决定，选择与我为他们确定的不同的发展道路。"这也恰恰是天下多数父母都担心的问题。可是，要想让孩子真正独立，父母一定要冲破这一关，这是孩子独立的关键所在。

　　4. 让孩子有独立的思想。独立的行为来自独立的思想，孩子的想法与父母不同时，父母不要急于否定他们的想法，而是要问他们为什么这样想。仔细听听他们的陈述，让孩子独立表达自己的见解。

男孩子应该具有自己的想法和认识，勇敢地按照自己的观念、原则和世界观去行动。父母应该鼓励自己的孩子相信自己，仔细发掘孩子的天赋之所在，然后加以耐心地引导，让孩子具有足以使自己在激烈的竞争中站稳脚跟的本领。那种只知服从师长而没有一点创造力的乖孩子，其实并不适合于这个时代的需要。

高压政策不可取，要给孩子成长空间

男孩难管，但是高压手段不是好的管教方法。每个孩子都需要一个属于自己心灵成长的空间，我们必须给他们自由，允许他自己去经历、去体验、去感受。孩子并非我们一贯认为的幼稚简单，他的内心世界是丰富的，有自己的想法、理解、感受和好恶。如果家长想当然地忽视孩子的内心成长，无视孩子丰富的内心，只会伤害他单纯的心灵，从而使亲子间产生隔膜。因此，我们除了关注孩子的行为举止，更要关注他的心理、情感变化，借此来更好地与孩子沟通，以便有针对性、因势利导地给孩子以相应的教育。

郑渊洁是中国的童话大王，其笔下的皮皮鲁、鲁西西、舒克、贝塔和罗克在中国拥有亿万读者，连成年人也被吸引，其童话被誉为"适合全家所有人阅读"的书。

郑渊洁教子的方法和思想与众不同，可以说郑渊洁是一个有点另类的父亲。但郑渊洁时常直言不讳地自夸，自己是一个善解儿意的好爸爸。

其子郑亚旗上幼儿园的时候4岁，老师没让说话的时候他说了，就被关在小黑屋里罚禁闭，一关就是几个小时。那天回家郑渊洁看出他不太高兴，就问他怎么回事。结果亚旗一说，郑渊洁就火了。"4岁正是孩子发展语言能力的时候，怎么能不让他说话呢？这不是摧残是什么？就算说话违反了课堂纪律，也不能关禁闭呀，他那么小，也不知道怎么和老师争辩，也没法给家里打电话……"一生气，郑渊洁就让亚旗退园了。

亚旗小学还没毕业，郑渊洁终于下决心不让亚旗上学了。他后来说："这事儿我想了三天三夜，我怎么能拿自己儿子做实验呢？其实不是不想上，而是找不到我理想中的学校。与其让亚旗去受摧残，还不如高高兴兴地让他做点喜欢的事儿。""上学是为了什么呢？说白了，上个好中学就是为了考个好大学，考上了大学拿到文凭，就能找个好工作。这是第一个用处；第二个用处，就是爹妈脸上好看，有面子，一定要让周围的亲戚朋友看到我的孩子比你的孩子有出息，无非就是这样。这两样，我觉得对于我来说都不重要：我不需要他为我争什么脸面，也相信他将来一定有能力自食其力。"于是，郑渊洁给亚旗请了三位老师，教授其数理化。郑渊洁自己捉刀上阵，客串语文老师。在他眼里，中国教育对孩子最大的摧残就是语文教育，而其中尤甚的就是写作文。"写作文最能发挥学生的想象力。可老师却不让他们在写作文时天马行空地想象，只能按照老师制定的框框行文。""不能通过文字随心所欲地想象和思想的人是人吗？老师为什么不遗余力地把我们往动物培养呢？"这是郑渊洁作品中的一句话。

亚旗从未满1岁开始，就对家里的电器产生了浓厚的兴趣，家里所有的电器都任他随意操作和拆卸。在他1岁时，已经能够熟练地操纵录音机。郑渊洁曾对记者说："我觉得，只要他感兴趣，就让他玩儿，然后几乎就能做到无师自通。这种学习，才是最有效的。"后来，郑亚旗在电脑方面很在行。在亚旗十四五岁的时候，郑渊洁曾接到一位找"郑老师"的电话。郑渊洁很自然地回答说，"我就是。"谁知对方不认账，说"不是找你，是找郑亚旗，要请教一些电脑方面的问题"。郑渊洁不得不诚惶诚恐地找"郑老师"接电话。

这些就是郑渊洁的教子思想，有点另类，有点超前，但也充满了智慧与哲理。

有人问郑渊洁："你觉得，对亚旗的教育方法可以推广吗？""当然不能。"郑渊洁回答说，"任何一个人的成功道路，对大多数人可能都是

培养完美**男孩和女孩**的方法

不合适的。我只是觉得，在教育上，应该加进更多人性和个性化的东西。"

郑渊洁的教子方法不一定适用于每一个家庭，但是我们可以获得这样的启示：杜绝千篇一律，杜绝高压政策，用人性化和个性化的思想与方法去教育孩子。

在美国，家长经常说的一句话是："你没有试过，怎么知道自己不喜欢呢？"所以，对于那些正处于人生成长阶段的孩子来说，积极地尝试不同的事情，比什么都重要。不要因为暂时不了解自己的长处而犹疑不决。要学会从尝试中吸取教训。只有敢于挑战自我，孩子才能充分地开发自身的潜力。

对于孩子自由支配的时间，父母不得干涉和束缚，孩子干什么，由孩子自己决定，独处也好，静思也罢，交友聊天、伙伴嬉戏、游玩赏景、自由漫步，甚至是静静地发呆和犯傻，尝试失败和挑战……表面看来，时间好像浪费掉了，实则不然，孩子正是通过自由支配时间，通过自主安排活动，来认识、感知生活和周围的世界，促进身心和谐发展，提高自身的各种素质和能力。

父母们应转变观念，给孩子足够成长空间，帮助孩子有效地利用时间，发现生活的乐趣，展示自己的才华，使其能够更健康更自然地成长。

有一点冒险精神，家长不必过分担心

父母们经常以成人的眼光和标准衡量孩子的行为，要求孩子达到其水准。在不经意中，扼杀孩子的创造力与尝试错误的能力。例如因为怕孩子弄脏衣服，而剥夺小孩玩沙的权利与机会；因为害怕危险，而禁止孩子玩一些具有冒险性的体能活动。冒险意味着危险，同时也意味着机会，只有冒险，才能得到别人所不能得到的收获。

人的生活中，其实处处都存在着危险：过马路要冒着被车撞倒的危险；一些对抗性的体育运动有弄伤身体的危险；孩子走入陌生的环境里，有发生一些意外的危险。但是我们不能因此就把孩子圈在家里不让动，相

反，我们还应当鼓励孩子积极尝试生活，在探索和冒险中学会保护自己，轻松应付复杂的环境。

中国人传统上一直要求孩子要静，总是想办法约束孩子的行动。其实，父母们应该明白，豪爽、勇敢、胆大、具有冒险意识是男孩的天性，他们需要广阔的空间和自由的行动，他们依靠运动和攀爬来燃烧体内的睾丸素和促使大脑健康发展。与女孩相比，男孩似乎更难教育。随着年龄的增长，男孩还会爱上一切富有冒险性的事物，如滑板、攀岩、滑翔、飙车等。因此，有儿童心理学家说，任何一个男孩在小时候都或多或少地受过外伤，男孩没受过伤而长大成人，只能是奇迹。

父母在限制男孩冒险的同时，也限制了他的胆量，限制了他能力的发展。让我们一起看一下下面的场景：

父母亲带孩子爬一座小山坡时，孩子显得胆子很小，他一步一回头，不停地看着爸爸，很想让爸爸把他抱上去，爸爸似乎有意要锻炼他一下，并不看他，只是不停地向上爬着。因为爸爸知道，虽然是第一次爬坡，可孩子是可以爬上去的，这是锻炼孩子胆量与技巧的一个好机会。妈妈却非常担心，她怕孩子摔下来，又怕他磨破细嫩的小手。母亲一会儿看看孩子，一会儿担心地嘱咐他一声，一会儿又喊前面的爸爸让他慢些，孩子最终胆怯了，不肯再往上爬，后来还是由爸爸抱上去，没有达到试试爬高的愿望。

本来孩子是有能力的，如果妈妈不是提心吊胆地在那里显出可怕的样子，孩子是可以爬上去的。这是一次孩子自己认识自己能力的机会，可是这个机会却被妈妈的善意破坏了。

现在都是独生子家庭，家长对孩子真是放在手里怕飞了，含在口里怕化了，就是怕孩子出危险，忽视了对孩子冒险精神的培养，这样会让孩子增强依赖性、削弱意志力，做事底气不足，责任感差，阻碍孩子的成长进步。也会扼杀孩子可贵的冒险精神，使孩子变得胆小懦弱。而富有冒险精

培养完美**男孩和女孩**的方法

神的孩子，一般也较有主意，敢想敢闯，不需要大人陪伴，也从来没有出过什么险情。孩子都是在不断地克服困难中坚定信心的。

比如孩子喜欢爬树，在父母看来这是一种危险，而对孩子来说却是有价值的危险。首先，孩子可以看到树的整体，判断自己是否能爬上去。如果认为能爬，就会想到下一步的方法，确定从何处往上爬，那个树枝能否支撑自己的体重，需要确认的项目很多。这样，当孩子根据自己的印象判断能够爬到树顶时，便决定进行实际爬树，当然有时也会从树上掉下来受伤。但是这是由于自己的判断不得法而产生的失败，这将成为下一次成功爬树的反面经验。

如果人一次也不体验危险性，也就不会产生回避这种危险性的智慧。如果父母只是考虑孩子的"安全"，让孩子回避冒险，孩子就不会更早地自立，就不能具有自己处理事务的能力。因为，有些危险，你越是担心，发生的可能性就越大。避免危险的最好方法是让孩子亲身体验，在体验中学会保护自己。如果孩子自作主张，干一些在你看来是冒险或出格的事情，作为父母，不要如临大敌，不要总是不厌其烦地提醒孩子"不要这样，不能那样，这个危险，那个可怕"，而是应该教孩子在冒险中磨练自己的能力。

冒险能够锻炼孩子的勇气，但也是对父母自身勇气的一个考验。如果父母对困难、对带有一些危险的活动害怕得很，很容易想象，这样的父母会带出什么样的孩子。有时父母仅仅是为孩子的安危担心，为防止万一，却牺牲了孩子锻炼的机会，这样做事实上是很自私的。父母更多的是为了保护自己的感情不受万一可能发生的危险的伤害，害怕自己不能承受由此而带来的打击，为求保险，而加倍保护，造成了孩子缺乏勇气的弱点。做父母的需要克服这种自私，为孩子的将来着想，大胆鼓励他们去做力所能及的事情，做一个勇敢的孩子。

孩子未必一辈子都能在安然的环境中生活，不让孩子面对小的冒险，就不能使孩子渡过人生的大冒险，应当尽量让孩子经受各种体验，让他们增加适应能力，这是父母应尽的责任。一个积极进取、不畏艰险的精神的孩子，是由既放心又放手的勇敢的家长培养出来的。

知难而上，男孩不能畏难

生活不会永远都一帆风顺，作为孩子在成长的道路上也会遇到很多棘手的问题，由于很多问题都是第一次经历，所以不免会有些低沉和气馁，这时他们最需要的是父母的鼓励，只有父母的鼓励与支持才能令他们重新拾起前进的信念，继往开来，大步向前。

一天，妈妈正在厨房做饭，突然发现儿子脸色不对，心事重重的，赶紧小心地问："什么事儿让你心情不好呀？"

"没什么，中午吃饭时把饮料洒了。"儿子低声说。

妈妈知道孩子不会因这么一点小事而闷闷不乐，他心里一定还装着什么事儿，于是放下手中的活，温柔地看着孩子，"就为这么一点小事郁闷呀？和妈妈谈谈吧。"

"妈妈，明天我们班要民主选举班干部，马宇、刘坤他们都不去参选，叫我也不去，说万一没选上，太丢人"儿子垂头丧气地说。

"那你想去吗？"

"想是想，但也怕没选上丢人。"儿子吞吞吐吐地说出了心里话。

"儿子，妈妈支持你去！不管成功与否，你都比同龄人多了一点经历，有经历就有经验。你还小，可能不明白妈妈说的道理，但你相信妈妈不会骗你的。"妈妈鼓励道，"来，儿子，妈妈为你分析一下实力！"妈妈仔细地询问了孩子在学校的情况，比如早上值日时是不是别的同学都去得早，平时和同学的关系好不好，学习有没有退步等。儿子经过认真思考后，觉得自己各方面都做得很好。

"同学们的眼睛是雪亮的，只要你真的各方面都表现得很好的话，他

培养完美**男孩和女孩**的方法

们一定会投你一票的。妈妈相信你一定能选上。"

"那我明天就参选去！"儿子听了妈妈的分析，一下子对自己有了信心，心情也轻松了很多。

"加油！不论成败，你都是一个勇敢坚强的孩子！"看着儿子信心十足的样子，妈妈感到很欣慰。

是知难而上，还是畏难而退，不仅决定着眼前的成败，而且将对孩子的一生产生深刻的影响。有位哲人说："自信心是每个人事业成功的支点，一个人若没有自信心，就不可能大有作为。有了自信心，就能把阻力化为动力，战胜各种困难，敢于夺取胜利。"对孩子来说，父母的轻轻的一句话"孩子，加油！"就会给他带来无穷的力量。

有克服困难的勇气，就能够度过任何难关。

艾森豪威尔是美国历史上第34任总统，生就一副典型的硬汉形象，可他小时候的确曾被母亲"授权"负责家中的伙食等事物。

父亲戴维·雅科布·艾森豪威尔半生艰难，后任一家煤气公司经理。母亲艾达·伊丽莎白·斯托弗是个虔诚的教徒。

艾森豪威尔童年时，父母曾经因为受骗蒙受经济损失，家里经济情况很困顿。也正是在这种艰苦的条件下，父母教会了小艾森豪威尔百折不挠、奋勇向前的可贵品质。

有一年，艾森豪威尔的弟弟染上了猩红热，家里的事情更加忙乱起来。妈妈把艾森豪威尔叫到跟前，郑重地把家里的一件"大事"委托给了他。这件事就是给全家人做饭。小艾森豪威尔此前根本不会做饭，但是，他想，很多本领就是给形势逼出来的，于是下定决心把饭做好。那个时候，医生要求他家里人和生病的弟弟隔离开，于是父亲便和几个儿子挤着住在楼下，妈妈则和邻居一位大妈一起照看弟弟。两个哥哥在外面帮工，所以烧水做饭的事情当然就落在了艾森豪威尔头上。开始，是母亲手把手地教他，怎样切菜怎样生火，每天吩咐好做什么饭，安排好了，他就在厨房里忙活一阵，还真的能行！因为从来没有做过饭，所以他感到还有几分新鲜有趣，做得极其认真仔细。刚开始手艺不精，常常饭菜做好了，家里人吃得皱眉头，叫嚷着难以下咽。后来，越做越熟练，还练就了一个拿手好菜，就是一种菜汤，家里人都非常喜欢喝。艾森豪威尔高兴极了。

后来，艾森豪威尔上了中学，遇上和同学一起出去郊游的事儿。他和另外一个面包师的儿子负责给大家烧饭。他凭着自己童年时的手艺，不但会烤土豆，还会烧牛排，尤其是做的馅饼令大家赞不绝口。大家诧异极了，这个毛手毛脚的小伙子还有这两下子！

直到了晚年，艾森豪威尔还对自己少年时期的这段经历记忆犹新。他常常津津乐道地给别人讲起这件事。他知道，父母在艰苦岁月中教会他的，又岂止是做饭呢？

在孩子的成长过程中，他们的任何一种行为模式和能力，都需要我们家长去为他积累相关的经验。让男孩不畏难，我们需要注意下面几点：

1. 做鼓励者和支持者

当孩子拉你去解决困难的时候，你会跟他一起研究和分析这个困难，然后跟他一起去解决并在事后告诉孩子在刚才的做法中，有哪些做得好的地方，并鼓励和赞赏他。还要告诉他，你相信他下次会做得更好，更棒的。

2. 建立自信心的拉拉队

多给予孩子为我们做事的机会，并在一旁为他鼓劲、加油，及时的加以引导，可以让他顺利地完成，从而增强他的自信心。

3. 焦点转移引导法

在孩子遇到困难时，家长不能做困难"放大者"和"恐吓者"。也就是说，当孩子遇到困难时，我们要做的是：让孩子把焦点、关注点放在如何解决困难上，而不是困难本身。

这样，我们就帮孩子建立了遇到困难就乐意去面对的成就机制——我可以！我很棒的！我会做！这样，我们的孩子就具备了这种遇到困难，去思考、去寻求解决问题的方法的思维模式，成为一个自信勇敢的男孩。

让孩子敢于提出反对意见

父母在孩子面前，百分之百是一种"指导者"的身份。家长们都喜欢孩子听话，百依百顺，容不得他们的反对意见，更容不得他们的反驳。而现在时代已经变了，再要求孩子百依百顺是很难做到的，而且也不一定就正确。有时孩子的反对或者有不同的意见并不一定就是什么了不起的错误，更不是对大人的不尊重和不敬。

从现代教育的观念来看，用"听话"作为教育孩子的目标，显然是一个误区，不利于孩子个性的发展和潜能的激发。一个人只有独立了，才能对自己负责，与他人合作。教育专家李开复认为，不能光要求孩子听话，还要做讲道理、有主见的孩子。听话的孩子可能只是盲从，却不见得懂道理。讲理的孩子会在你有理时才听话。这是新时期对孩子的新要求。

曾经有这样一件事：

一位法国教育心理学专家让法国的小学生和中国的小学生同时完成下面这道测试题：一艘船上有86头牛，34只羊，问：这艘船的船长年纪有多大？超过90％的法国小学生对这个题目提出了异议，认为这道测试题根本没办法回答，甚至嘲笑老师的"糊涂"。显而易见，这些学生的回答是对的。而中国小学生的回答情况恰恰相反：有80％的同学认真地做出了答案：86-34=52岁。只有10％的同学认为此题非常荒谬，无法解答。做出正确回答的同学竟然只有10％！这位法国教育心理学专家很惊讶，两国小学生的答案为什么会出现这么大的差别呢？他通过对中国这80％小学生的调查后发现，他们之所以做出令人匪夷所思的答案，是因为他们认为："老师平时教育我们，只有对问题做出回答，才可能得分；不做的话，就连一分也得不到。老师出的题总是对的，总是有标准答案的，不可能没办法做，也不可能没有答案。"由此可见孩子的怀疑精神是多么的重要！而作为父母，应该好好珍惜孩子的怀疑，而不是横加干涉，浇灭孩子怀疑的火种。

因此，我们可以这样说：听话的不一定是好孩子，不听话的也不一定是坏孩子。根据调查，在社会上取得成功的有所作为的人士，他们小时候几乎都是不听话的孩子，有的还非常调皮淘气。不听话的孩子有自己的主见，大脑思维活跃，对任何人或事情不随便屈从，自信心强，有独立处事能力，在恶作剧中学到各种知识等等。听话的孩子缺乏个性和独立性，遇事没有自己的主见，这样的孩子，其实在心理上是不健全的，反而有可能成为真正的"问题孩子"。

在信息传播迅速的今天，比尔·盖茨的名字可能已家喻户晓，但是却没有几个人知道汤姆·克鲁索。汤姆生于1955年，与比尔·盖茨同年出生。汤姆幼年时家境与盖茨相似，1963年小汤姆进入里奇景小学学习，就在这里他结识了盖茨，并与他一直保持着友谊。

现在汤姆常常和妻子说："上帝真不公平，在小学时代，比尔真的不如我啊。"在汤姆还是个孩童时，父母就给他提供了优越的生活和学习环境，汤姆的父母非常注重孩子的教育，经常要他学习各种各样的知识，当别的孩子在操场玩耍时，小汤姆通常在学习或是弹钢琴。汤姆的妈妈每天都会给小汤姆布置一些额外的家庭作业，而小汤姆也总是很听话地完成妈妈交给的任务。

进入小学，父母对小汤姆的教育很快收到了效果，几乎所有老师都喜欢这个乖巧的小男孩，汤姆对老师的话也言听计从，上课从不捣蛋，作业更是每次都完成得很好，没有一次不按老师的要求做，他认为按老师的话去做就是对的。

而汤姆的同桌比尔却是一个让老师头疼的学生，他很早就表现出一种不惧权威、乐于挑战的精神。上课时，他非常喜欢提问，老师有时会被他问得哑口无言。对于家庭作业，他更喜欢做那些还没有学过的习题。

比尔喜欢参加集体活动，比如50英里的徒步行军，哪怕脚磨破了，也决不半途而废。这样就有更多的机会同别人相处，在相处中得到各方面的锻炼。而汤姆更喜欢看电视或踢足球，他认为在炎热的阳光下背着重重的行李走那么远的路是自讨苦吃。

相同的成长环境，却有着不同的人生，也许，听话和不听话就是比尔可以突破一个又一个人生障碍最终到达顶峰，成为世界首富，而汤姆却一直默默无闻的原因吧。

著名教育家陶行知先生提出了"六大主张"，即："解放儿童的头脑，使其从道德、成见、幻想中解放出来；解放儿童的双手，使其从'这也不许动，那也不许动'的束缚中解放出来；解放儿童的嘴巴，使其有提问的自由，从'不许多说话'中解放出来；解放儿童的空间，使其接触大自然、大社会、从鸟笼似的学校解放出来；解放儿童的时间，不过紧安排，从过分的考试制度下解放出来；给予民主生活和自觉纪律，因材施教。"

如今时代变了，对人的培养模式也得随之而变。父母要尊重孩子的意愿和个性，无论任何人，都没有特权去支配和限制孩子的行为，在大多数情况下都不能替孩子做选择，而是要使孩子感到他是自己的主人。

第2章

生活穷养法，让男孩有活力

男孩教养的要求，应该是"文明其精神，野蛮其体魄"。我们的现代家庭教育，往往会重视孩子的智育发展，缺少对身体素质、心理发育的关注。男孩成材先成人，打不好素质的地基，多高的智能大厦，都将摇摇欲坠。

小布什的"花花少年"阶段

在男孩的教育、养育历程中，西方的观念是先让其自由玩耍、自由发展，进入大学之后再进行系统的学习和研究。我们的做法则完全相反，在孩子的幼年和中小学阶段严加管教，全力向更好的大学冲刺。然后，又相对放松，孩子们拥有了从未拥有过的自由。

这两种教育模式的优劣，至今没有确切的结论。但是有一点要提醒家长的是，男孩在少年阶段如果受到过多的禁锢，会对其个性及心理的发展产生不良影响，而"无所不为"、"无法无天"的少年阶段生活，却可以为他们的一生注入活力。

美国前总统小布什，从小就无拘无束，是个调皮顽野的孩子。他喜欢玩，喜欢闹，喜欢搞笑和搞恶作剧。小学4年级时，有一次上音乐课，他想模仿当时正走红的摇滚歌星猫王，就在课堂上在自己脸上画上一道道胡

培养完美**男孩和女孩**的方法

须，逗得全班同学哈哈大笑，令老师无法上课。结果，他被请到校长办公室接受训话。去校长办公室时，他大摇大摆，表现得毫不在乎。校长在给他一个警告后让他母亲来把他接回家。他回家后为此还挨了生性好强、脾气急躁的母亲的一顿板子。

小布什似乎从小读书就不是那么用功，学习成绩也不尽如人意。他的同学说他不是那种循规蹈矩、死啃书本的乖学生。他是那种喜欢爬墙上树，并会藏在树上，当你路过时突然从树上跳下来吓你一跳的淘气包、野小子。

小布什搬到休斯顿时，刚好13岁。这个年龄，正是所谓青少年开始具有反叛心理的年龄。这个年龄的孩子既有点懂事，又不懂事。在父亲经常不在家、没有严父在身边严格督促管教的情况下，原来就有些野的小布什这时变得更野了。他开始学会抽烟，有时还偷他母亲的烟抽。他也学会粗口骂人，欺负自己的弟弟，去教堂的时候，他对修女不是说："小姐，您早！"而是说："嗨，小姐，你看起来很性感。"他喜欢表现自己，爱出风头，但在功课学习方面却没有什么长进。特别是他的语言表达能力不是很强，他母亲有时还花不少时间亲自为他补习英文。在父母的眼里，小布什就像是一个永远长不大的顽野孩子。

用我们"好孩子"的标准来衡量小布什，他无疑是不合格的，但是这并没有妨碍他成年后建功立业，做出属于自己的成就。

对于男孩的教育，小布什不是标准的模板。我们只是想传递这样一种观念：成功的路千条万条，作为家长，我们应该有一个大的视野，用全面的、发展的眼光去看待自己的孩子。

使一个人成功的因素有千种万种，而"性格"就是其中一个不可忽视的主要因素。性格决定命运，好的性格是人才成长最积极的因素，而不良的性格所引发的恶习对男孩的成就及前途则是一种破坏性的力量。性格究竟如何成为男孩成功路上的绊脚石呢？

在情绪特征方面：

好的性格，与人和善，在学校里人缘很好，具有一定的自制能力；乐观、自信，是个天生的乐天派，好像什么事情都不会将他打败。

差的性格，不善于与他人相处，在学校里不能很好的融入班集体中，只有少数的一个或没有玩伴；性格躁且易怒，特别是男孩，如若碰到不如自己心意的事情很可能因为缺乏耐心和自制能力而大打出手。

在性格的意志特征方面：

好的性格，有自己的主见，颇有大将之风。在班集体中常常处于领导角色，易受到同学或朋友的拥护；这样的男孩大都敢于担当，面对眼前的困难大有不达目的不罢休之势。

差的性格，遇事顿失了主意，表现得手足无措；不谦虚，常常不听取大家的建议而一意孤行，遇到困难则不冷静自省而只知道怨天尤人，做起事情虎头蛇尾是他们最为常见的问题。

父母要成为称职的情感教练，本身必须具备基本的情商。随着孩子日渐成长，他们需要的情感教育也随着改变，父母应该始终能给以适当引导，帮助孩子提早充实情商的基本条件，包括学习认知、管理、驾驭自己的感情，培养同情心，人际关系的处理等。父母的引导对孩子的影响非同小可。擅长处理情感的父母与不擅长处理情感的父母比较起来，前者的亲子关系比较和谐，情感深厚，摩擦也较少。不仅如此，这些孩子也较善于处理自己的情绪，较懂得安抚自己，较少产生负面情绪。从生理上来看，这些孩子较常处于放松状态，压力荷尔蒙及其他情绪激昂的生理指标都较低，这种模式如果能持续一生，对健康很有帮助。其他还有很多社会性的优点，比如这些孩子在同学间人缘较佳，在老师眼中社交能力较强。父母与老师都认为这些孩子较少有行为上的问题，能够集中注意力，因此学习能力较强。

父母自身的情绪化行为对孩子的情商发展十分不利。高兴起来就会对孩子百依百顺，自己心烦的时候就对孩子严加苛责，忽冷忽热，忽东忽西，结果让孩子无所适从，最终必然导致孩子的逆反，在这样环境下培养的孩子十有八九性格都有问题。孩子的情绪往往受家长的影响，如果家长要用热情、乐观、友善等好情绪对待孩子和他人，孩子才会具有活泼、大方、快乐、关心他人的优良情绪和性格。

男孩的性格培养从服饰开始

男孩就应该有男孩的样子。男子汉应该有阳刚之气，说话落地有声，做事敢作敢当。过去把男孩子看成是家庭的"根"，未来家庭的支柱。但时代变了，家庭对男孩子期望值也发生了变化，对男孩子也不再委以重任。现在有些男孩唯唯诺诺、胆小怕事。做什么事都由父母去代理，表面上看去是宠爱，其实爱已被扭曲。

在服饰方面，各家只有一个孩子，便把这惟一的男孩当成"宠物"。家长也更喜欢把自己的孩子打扮的更漂亮一些，有时做妈妈的就在不经意间，把自己的男孩子在小的时候不加区分，随着自己的喜好给男孩子穿女孩儿的服饰，因孩子小，就会对自己服饰产生习惯性。可随着男孩子一天天长大，当有了自己的审美观时，在服饰上也会很随意，有时甚至于把自己打扮成另类。许多男孩在成年后所发生的性别心理错位、同性恋等问题，都和他幼年时的装扮、父母的养育态度有直接的关系。

男孩子就应从小有男孩子的样子，在服饰上就更应像个男孩子，家长们要在男孩子的心理上强化他们自己是男孩子的感觉。

孩子逐渐知觉到其他人的同时也知觉到他自己。他对自己的第一印象实际上就是对他身体的印象。他也以此来定义自己是男的还是女的。穿着对孩子而言，是了解性别的重要方式。一旦孩子对男性、女性的概念熟悉之后，他们也许会开始坚持要穿某种类型的衣服。运动衫、工作鞋、太空装、牛仔裤是男孩的标准偏好，同年龄的女孩常常会选择淑女式的裙装。

父母应该为男孩自我意识的萌发而高兴，我们应该鼓励他们按照同龄伙伴的穿着方式，让男孩自己选择自己的衣服款式，家长尤其是妈妈的，切不可以自己女性的标准，误导孩子挑选那些具有柔美气息的服装。

对于10岁左右的男孩，你不妨带孩子去逛街，让他挑选自己的衣服，他穿上自己所选的衣服要比穿你替他选的衣服高兴得多。家长可以适当给予他们这样的暗示："这件衣服太鲜艳，只适合女孩子"、"这件衣服你穿起来很帅，做运动也方便"。

以服饰为基点，男孩的性格培养需要家长有进一步的关注。

每个孩子都有自己的性格，对于那些天生不太合群的孩子，父母一定要给予更多的关注，让他们找到生活的乐趣，融入这个五光十色的大世界里去。

在今天，做家长的也不要认为把孩子放进学校就可以放手不管，为了孩子身心的健康，在工作之余，务必要抽出一些时间，尽可能地多陪伴孩子，与他做一些游戏，建立良好的亲子关系。如果因为工作忙，无法满足孩子的这点要求，请耐心向孩子作解释，以得到孩子的理解。

当孩子在外面受了委屈，与好朋友或心爱的宠物分离时，他细腻的小心灵会难过很长时间。假如看到孩子情绪低落，父母却只是一味地告诉他没关系、坚强一点、这没什么好难过的、你真没用、还敢哭……这样的结果只会让孩子觉得母亲根本就不能体会他的感受。如果换一种方式，以同情和理解的态度去对待孩子，站在孩子的立场去考虑他的心情，适时地给他以安抚，让他感受到亲情的慰藉，效果就会好得多。

但是，当孩子需要父母关心、陪伴的请求被拒绝以后，他会非常失望，会导致孩子烦躁、脾气多变，甚至他会通过摔打自己的玩具发泄内心的不满，成人之后很难与他人建立密切关系。父母不能很好地和孩子接触、不重视与孩子的交往，会导致孩子性格的孤僻、冷漠，产生攻击性和行为失控。

所以，尽管男孩可能已经不像小婴儿那样需要母亲更多的抚摸、拥抱等肌肤接触，但他们对父母情感上的需求却更多。做父母的都有这样的体会，自己的孩子特别喜欢父母与他一起做游戏、一起看图书，希望父母能有更多的时间和他在一起，给他讲故事、解答他的问题，能得到父母的赞

赏和鼓励是他最感快乐的事情。

培养优秀的男孩，就不能忽视他们在生活中的种种需求，那些一点一滴的生活细节，都是家长进行引导和教育的良好契机。

男孩要有良好的生活习惯

美国心理学家威廉·詹姆士说："播下一个行动，收获一种习惯；播下一种习惯，收获一种性格；播下一种性格，收获一种命运。"我国大教育家叶圣陶也指出："教育就是培养习惯。"由此可见，一个人的素质、能力、以至于人格，都与习惯紧密相关，良好习惯的培养，是帮助孩子走向成功最便捷的方法。

有这样一个故事：北京有家要求很高的外企招工，一些学历水平高，相貌、身高等客观条件均不错的年青人，过五关斩六将，进入了最后一关——面试。可是未曾想到，没有提问，没有出题，短短10分钟，他们都失败了。原来总经理借故离开了5分钟，这些年轻人便得意忘形，围着总经理的大写字台，看看这个材料，翻翻那个资料。10分钟后，总经理回来了，看到桌上书籍翻动的痕迹，当即做出了一个都不录取的决定。这些求职者就是因为从小养成了乱翻别人东西的不良习惯，到了职场竞争上也一败涂地。

人生就是命运，习惯决定命运。每个人人生的后面似乎有一只神奇的手在指挥着他们的命运，而这只神奇的手就是习惯。习惯是人的一种稳定的、自动化的行为。家庭是孩子练习游泳的水池。一旦孩子掌握了要领，整个海洋都将是他的舞台。好习惯的形成是一个长期复杂的过程，最终的形成需要家长做耐心细致的工作，只要常抓不懈、不断规范，孩子的良好行为就能得到巩固，使之由外部支配内化为自觉行为，最终成为孩子终生受益的好习惯。

1. 培养孩子良好的生活卫生习惯

少儿时期，孩子抵抗疾病的能力较差，容易得各种疾病。培养孩子良好的个人卫生习惯，不仅有利于孩子也防病保健康，而且有利于生长发育，孩子经常生病，大人辛苦孩子也发育不好。培养孩子良好的卫生习惯主要重视平时，重点做好"四勤、四要、四不要"。

四勤：勤剪指甲，勤洗头理发，勤洗澡换衣，勤漱口刷牙。

四要：让孩子养成早晚要洗手洗脸，外出回家、吃东西前要洗手的习惯。教育孩子饭前、便后要主动洗手，弄脏手、脸后要随时洗净。

四不要：不要喝生水喝吃没有洗净或削皮的瓜果。睡前不要吃零食，冬天不要蒙头睡觉，平时不要挖鼻孔和耳朵。

男孩不像女孩那样天生"爱干净"，卫生习惯的培养需要家长的督促。

2. 培养孩子按时作息的良好习惯

有规律的生活作息能促进儿童神经系统的发育，使身体各个器官系统得到和谐发展，从而保证儿童身体健康地发育成长。此外，生活有规律，还能够培养孩子良好的意志品质，防止孩子懒散。

孩子生活作息的内容主要包括学习、休息、进餐、睡眠、户外活动、体育锻炼、自我服务等。父母可与孩子共同制订一个作息时间表，将早晨起床后一直到晚上就寝这一天的活动做出科学的安排。作息时间一经制订，便要求孩子严格执行，父母也应以身作则做出表率，以使孩子养成按时作息的好习惯。

3. 培养良好的睡眠习惯

如果一个孩子每天的睡眠充足，那么他一整天都会显得精力旺盛、活泼好动；而睡眠不足的孩子则常常表现出烦躁不安、易激怒、肌肉松弛、体重减轻，同时消化吸收的功能也会降低，长此以往就会影响到孩子生理以及心理上的发育。因此，父母一定要保证孩子有充足的睡眠。一般而言，4～7岁的儿童每天睡眠10～11个小时，就能保证其生理和智力发展的需要；8～12岁的儿童每天必须睡足10小时，12岁以后的孩子要睡足8小时。同时还要让孩子养成早睡早起、每天午睡、独立入睡的好习惯。

4. 文明礼貌习惯的培养

德国大诗人歌德曾说过：一个人的礼貌就是一面照出他肖像的镜子。礼貌看起来是一种外在行为，但实际上他反映了人的内心修养，体现了一个人的自尊和尊重他人的意识，文明礼貌是一个合格的社会成员的基本要求。文明礼貌习惯必须从小培养。家长要教育孩子，学习使用礼貌用语，如：您好，再见，请，谢谢，对不起，请原谅等，同时要注意培养孩子的文明举止，见人要热情地打招呼，大人问话要认真听，有礼貌地回答，保持服装整洁，站有站相，坐有坐姿，遵守公共场合秩序，不随地大小便和吐痰，不损坏花草树木，爱护公共财产，遵守交通规则。当然要让孩子做到的，家长首先要做到，要以身垂范，给孩子做出好榜样。

5. 培养孩子自立的好习惯

要自立首先应从生活自理开始。生活自理是培养孩子自立能力的开始。根据孩子身心发展水平，做些力所能及的事情，主要要求是自己能做的事情自己做，比如：自己吃饭，自己穿脱衣服，自己收拾玩具、图书，另外帮助家长做些简单的家务活。年龄稍大一点的孩子可以学着收拾房间、洗衣服、做一些简单的饭菜等。

6. 培养孩子的学习习惯

一个良好的学习习惯是孩子追求知识的资本，孩子通过每天不断的积累和巩固，使得这个资本不断地发生增值，于是孩子的学习就产生了"滚雪球"效应，最终使得孩子的学习产生质的飞跃。良好的学习习惯包括：按时上学，按时完成作业，上课用心听讲，积极举手发言，爱动脑思考，保管和整理好自己的学习用品等。

总之，习惯对孩子的成长有着很重要的关系。我们必须培养小孩子有良好的各种生活习惯，不只是生理上的习惯，而且是心理上的习惯。要养成生理和心理上的习惯，不但要"慎在其始"，而且要"慎之于终"。只要家长多一些耐心、细心和恒心，就一定能教养出从小具有好习惯的孩子。

适当让男孩进行一些吃苦训练

孟子说："天将降大任于斯人也，必先苦其心志，劳其筋骨……"一句话，干大事必须吃苦，不吃苦干不成大事。吃苦是人生的一份财富。可以说，那些惧怕、逃避艰苦，一味贪图舒适，没有经受过挫折的人，往往是没有多大出息的。而世间一切成大器者，都是遇到挫折且愈挫愈勇的人。

在一些原始部族里，少年男子如果想拥有成年人的权利，被社会所接纳，必须要通过一次优胜劣汰的近乎残酷的考验。大人们把这些男孩放到一个没有人烟的、野兽经常出没的恶劣困境中，让他们品尝孤独和挫折的滋味，学会面对和战胜各种困难。只有经过千辛万苦奋力挣扎返回部族居住地的男孩，才能被证明已是个成年人，是个真正的男子汉，他才能享有成年人的一切权利。这种考验可视为人类早期吃苦教育的雏形。

哲人说："老年遭受艰难困苦是不幸的，而少年时未经艰难困苦也是不幸的。享乐在先，或许令人羡慕。但这只是一个过程，不会永远乐下去，走到终点便是苦。吃苦在先，同样也是一个过程，不会永远苦下去，走到终点便是甜"。

台湾首富王永庆的家教理念，认为教育子女一定先要孩子学会吃苦耐劳，让孩子接受磨炼，接受打击，帮助他独立，以培养成坚强的具有独立精神和奋斗力量的人。他认为这才是父母爱护子女的真谛所在。

王永庆教子十分严格，从小就培养他们养成吃苦耐劳的习惯，训练他们崇尚俭朴的生活，并培养他们独立自主的人格。王永庆的儿子王文洋13岁就被送到英国读书。在学校里，同学之间讲究服从与尊重，低年级的学生有时候要给高年级的同学洗衬衫和擦皮鞋，这是学校训练学生耐性和扶植合群的卓越成效的训练方式。

王文洋是学校里惟一的中国学生，经常受欺侮。王永庆当然知道这件事，但他还是鼓励儿子坚持下去。由于受父亲的教导与影响，为了改变现状，他只有学中国功夫展开还击。这样一来，他不但不再受欺侮，而且还获得了同学的尊重与拥护。

王文洋渐渐明白父亲对自己的良苦用心，明白在温室中成长的花朵是经不起风雨的。王永庆为儿子也仅仅提供了必要的生活开销，并没有因为家中的富有而负责到底，而是让儿子尽早地独立自立，学会珍惜时光珍惜生活。王永庆百忙之中经常给儿子写信，不断地鼓舞他并教导他做人做事的道理。

在王文洋取得企管硕士与化工博士两项学位之后，王永庆也没有让儿子进自己的公司。因为王永庆知道，知识不等于学识，学识不等于本事，儿子必须经过社会的锤炼才能独当一面。

王文洋毕业之后找了一份工作，自力更生，连买车的钱都是自己赚的。

王永庆虽然教子严厉，但是儿女对他却是诚心佩服，因为王永庆本身的言行就是儿女最好的楷模。

有一些年轻父母认为，现在生活水平提高了，再也不能让孩子像自己小时候那样"吃苦受累"了。因此，孩子过的是"衣来伸手，饭来张口"的生活，父母对孩子的一切大包大揽，使孩子成为温室之中的花朵，经不起风雨，见不了世面，结果非但成不了才，做不了大事，反而一事无成。

一位善良的老人，在草地上发现了一只蛹，于是好心的他便把蛹带回了家。过了几天，蛹壳上出现了一道小裂缝，里面的蝴蝶挣扎了好久，但它的身体被蜕皮卡住了，一时出不来。蝴蝶拼命挣扎着，老人不忍看着它再吃苦，便用剪刀把壳剪开，帮助蝴蝶脱壳而出。可令老人没想到的是，这只提早"修成正果"的蝴蝶却身躯臃肿，翅膀干瘪，根本就飞不起来，不久便死了。

蝴蝶为什么会死去？根本原因是蝴蝶失去了成长的必然过程。一只丑陋的蛹，必须经过漫长的在地下蛰伏的日子，经过蜕皮时痛苦挣扎的过程，才会练就强壮的翅膀，才会成为美丽的蝴蝶。

蝴蝶如此，人的成长又何尝不是。幸运的是，有许多父母意识到了竞争的危机，意识到应该让孩子受点苦，应让他们从小品尝一些生活的艰辛，从小懂得人生道路的坎坷，学会自己掌握自己的命运。其实父母更应该有意识地培养男孩子吃苦受挫的精神，因为吃过苦的男孩子长大以后，在人生路上会变得乐观、自信，而且做事比较具有韧性。我们常说"不如意事常八九"，而如果让孩子顺利通过了吃苦这门课的考试，小的挫折出现在他们面前时，他们就会习以为常，不会长时间陷入灰心丧气的情绪中。即使一旦遇到不可躲避的挫折与苦难，也能做到镇定自若，以不折不挠的精神，最终战胜困难。

因此，父母应该适当地让孩子们受些挫折，多吃一些苦。少花些钱，多动动手，多走路。如上学挤公交车，在赤日炎炎下赶路，或冬泳等等，让孩子吃些苦，这才是孩子终生受用不尽的财富。当然，要通过吃苦让孩子养成勤奋的习惯，父母还要做好孩子的榜样，以身代教。要让孩子亲眼看到父母辛苦工作、勤恳劳作的场景，这样在潜移默化中，孩子就能感受到生活的不易，激发孩子的吃苦进取精神，这样，就容易让孩子走向成功，从而有一个美好的未来。

帮助男孩建立合理的消费观

随着人们的经济收入和生活水平不断提高，富裕的家庭越来越多，家庭的消费观念和消费水平发生了新的变化。当今的男孩受社会和家庭的影响，已出现了一些高消费或超前消费，甚至铺张浪费的不良倾向。因此，家长应及时对孩子进行理财教育，向孩子传授花钱、理财的本领，因为这样可以帮助孩子从小就养成勤俭持家和精打细算的良好习惯，学会打点钱财和合理花钱，树立自尊、自立和责任感，从而也为孩子将来成家立业打下坚定的生活基础。

培养完美**男孩和女孩**的方法

8岁的肖杨看到别的小朋友有钢琴，他也想要，于是整天缠着妈妈说这件事。聪明的母亲没有立刻满足他，她不想让儿子成为呼风得风、要雨得雨的"小皇帝"。在她确认了儿子对学习钢琴的确有兴趣后，她认真地告诉儿子："钢琴很贵，要用掉好多好多的钱，妈妈要认真地工作一段时间，把钱攒够后才能给你买，你得等一等。"

一年的时间过去了，儿子一直记着妈妈的话，当他再次向妈妈提到这件事时，母亲故意面露难色，十分抱歉地对他说："对不起，钢琴实在是太贵了，妈妈还没有攒够钱，你能不能再等一等呢？"儿子虽然有点儿失望，但还是答应了妈妈的请求。

到了向儿子履行诺言的时候了，妈妈拿出3万元钱，故意叫工作人员将它们换成每张10元面额的，然后将一大堆钱带回家摆在儿子面前，告诉他要花这么多钱才能买到一架钢琴。孩子看到面前的这么多钱，惊讶得张大了嘴。

就这样，儿子通过妈妈的苦心，理解了一架钢琴的价值，他不仅很自觉地爱护这架钢琴，并且非常认真地学习钢琴，因为这是妈妈辛苦工作很长时间，用"很多很多"的钱买来的。

这位母亲是聪明的。对于孩子来说，买一件东西究竟需要多少钱，他是没有概念的。但当一大堆具体的钱放在他的眼前，他就会突然醒悟，原来要购买的这个东西如此珍贵。这样一来，孩子不仅学会了懂得珍惜，更学会了尊重他人的劳动成果。

下一步，家长们可以从一些具体项目，指导孩子建立合理的消费观念。

首先就要让孩子能够明白，自己的钱都是怎么花的，花费在了哪些消费品上面。然后再从中区分出，哪些是自己每天的生活必需品，哪些是奢侈品。把自己的消费类别分清，才能够方便孩子做好自己的消费计划。事实上，越早让孩子学会理性地花钱，也就越早让孩子能够进入到有效理财的领域中来，对孩子将来的理财也是大有好处，让孩子学会做金钱的主人。

1. 制订零用钱合同

让孩子学会正确、科学地理财，家长首先要树立这样一种观念：并不是给孩子的零花钱越多，就是越疼爱孩子。因此，家长一定要控制好孩子的零用钱，这时，家长可以用"零花钱合同"来对付孩子的"盲目消费"。

如对于年龄小的孩子，可以在合同中规定，每周只给孩子10元钱零用钱，每周一早晨发放，并且规定不论遇到什么情况。都要严格按照合同约定的内容发放零用钱。

当然，为了培养孩子的理财能力，零用钱的发放时间可以慢慢地延长，如孩子已经能够掌握了以"周"为单位的理财能力之后，家长可以把发放零用钱的时间拉长为"月"。

2. 让孩子把开支记录下来

给孩子准备记录的小账本：每周或者每月如何使用了零花钱，都应要求孩子做详细的记录。在下一次给孩子零花钱时，要先检查孩子上个周期的花费，看看哪些是合理的，哪些还需要改进，要和孩子共同讨论，经常督促检查。

3. 学会做预算

有了小账本，家长就可以帮助孩子学习做预算。根据账本中列出的消费内容，可以预先算出大致的花费，如果少于零花钱的数目，则鼓励孩子储蓄。超出零用钱的数目，就砍掉那些可有可无的项目，如果确实都是些必需用品，但却超出孩子的支配范围，那么孩子就可以动用储蓄或是从下一阶段的费用中预支。比如当孩子想要某样东西又不能买的时候，家长可以告诉孩子这个东西的价钱，并且帮孩子一起计划怎样存钱来买。这样可以让孩子学会有计划地消费，而且通过努力和等待才能得到的东西会让他们更加懂得珍惜。

4. 购物前要帮孩子制定采购计划

购物前要帮孩子先制定好采购计划，这是为了预防孩子出现冲动消费的情形。孩子在购物时，如果自制力较差，就会出现只要是想要的，都会去购买。这样一来，就会出现消费超支。孩子的零用钱，就不够用了。

购物消费时，家长可以让孩子自己掏钱支付这些费用，让他学着做预算，做到有计划的开支。切记不要在孩子的请求下为他支付一些不必要的开支或者替他弥补乱花钱造成的"财政赤字"，否则，家长永远都无法让孩子学会有计划地开支。

5. 针对孩子计划的执行进行奖惩

家长可以根据孩子对计划执行的情况，而进行相应的奖惩。有了奖惩规定，能够更好地调动孩子执行的积极性。如果孩子表现得很好，每天都能够按照计划来花钱，家长的奖励，会让孩子对执行表现出更高的积极性。

孩子在执行时如果表现不佳也要给予相应的惩罚。目的只是为了让孩子能够有所惧怕，从而更好地执行阶段支出计划。

第 3 章

问题穷养法，让男孩有品格

如果说智育是为了让男孩走得更快，德育则是为了让他走得更稳。在前进的过程中，不偏离于目标，不失足于诱惑。男孩的品格教育，不仅要让他们懂得分辨善恶是非，更要有意在一些实际场景中观察其表现，矫正其错误，以达到强化教育的目的。

价值观决定男孩一生的选择

孩子的心犹如一块海绵，时时在吸收周围的人给他灌输的思想、观念。一个人的观念一旦形成，它几乎根深蒂固地伴随他一辈子。在是非难辨、信息充斥的现代社会里，家长该如何培养孩子的价值观，是需要花费一定的心思。

现任联合国秘书长潘基文就是一个受母亲信仰影响极大的人。几十年前，在一个平凡的韩国家庭里，母亲有三个儿子。

有一天，亲戚送给他们家两筐桃子，一筐是刚刚成熟的，可以储存一段时间；另一筐是已经完全熟透且马上就会变质的，如果三天内吃不掉就会腐烂。

母亲把三个孩子叫过来，问他们选择什么样的吃法，才能不浪费一个桃子？

大儿子不假思索地说道："当然是先吃熟透了的，这些是放不过3天的。"

"可等你吃完这些后，另外的那一筐也要开始腐烂了。那我们岂不是始终吃不到新鲜的桃子了？"母亲显然不满意大儿子的建议。

二儿子想了想，随后说："应该吃刚好熟了的那一筐，拣好的吃呗！"

"如果这样，已经熟透的那筐桃子不是白白浪费了吗？这样的话多么可惜啊！"母亲如此说道。

接着，母亲把目光转向了小儿子潘基文："你有什么好办法吗？"

他思索了一下，说道："我觉得我们最好把这些桃子混在一起，然后分给邻居们一些，让他们帮着我们吃，这样就不会浪费一个桃子了。"

母亲听了，满意地点点头，笑着说："不错，这的确是个很好的办法，那就按你的想法去做吧。"

于是这家人就按照小儿子所说的，把桃子分给了邻居。这样他们不仅没有浪费掉一个桃子，也使得他们和邻居的关系更加亲密和谐。

潘基文想出这个办法是很自然的，因为妈妈就是一个这样的人，她家的生活尽管不是很富裕，但总是会把一些东西分给比自己还贫穷的邻居们。妈妈的这种分享的人生价值观早已经潜移默化地移入了潘基文幼小的心中。

2007年1月，那个选择把桃子分给邻居的潘基文以绝对优势当选为联合国秘书长。在就职演讲中，他说："我竞选这个职务，不是为了个人名誉，更不是争夺个人利益。当选联合国秘书长就意味着责任和奉献。我希望在我的任期内，通过各方面的努力，让全世界的人民，不分种族、性别、国籍，都能过上幸福、和平、快乐的生活。"

分享成了潘基文生命的核心，分享丰盛了他自己，同时也滋润了别人。这就是母亲传递给潘基文的一种做事的原则，也是一种高尚的人生价值观。

但是，在日常生活中，价值观的问题好像不被人们重视，除了买卖时人们对物品的价格注意外，在生活和生存面临选择时，人们并不太注意价值观的取向问题。实际上价值观的作用是非常大的，它决定人的一生关键期的选择和自己一生生活的质量。对于做家长的来讲，在教育孩子的问题上价值观更是起着巨大的作用。每一个事件、每一次冲突、每一次机会的选择都决定了这个孩子将来会成为什么样的人，决定着这个人的一生是幸福的还是痛苦的，对人类和社会是建设性的还是破坏性的。

比如：两个孩子发生了矛盾，其中有一个孩子觉得自己特别委屈，然后他会想办法来应对这件事情，这里就有价值观在起作用。

有的孩子会想："你欺负我，我让我爸揍你。"这也是一种价值观，是要对抗。

有的孩子会想："你欺负我？咱们走着瞧。"这也是一种价值观，就是要报复。

还有的孩子会想："你欺负我，可能对方有什么想法，那我争取去理解你的想法。咱们找人评评理，获得帮助，然后我们重新和好。"这也是一种价值观，很理性的。

这些想法其实都是价值观在一个人身上的体现，所以，价值观在一个人的头脑中是无时不有、无处不在的。而且，它会决定一个人的行为准则，指导人怎样做事、怎样做人。

要想帮助男孩树立正确的价值观，家长就要把一些基本价值，解读成孩子日常生活中能够接受的东西。诚实守纪、热爱劳动、崇尚科学、与人和谐相处等等，都是一些基本的价值。这些基本的价值观，在家庭教育当中应该通过日常生活，使它具体化。

比如，孝敬父母，这也是一个价值观念。但是，它一定要通过一些具体行为体现出来。父母有的时候并没有要求孩子替自己做事，他们总是说："你学习好了就是对我最大的孝顺了。"其实不然。家长要给孩子机会让他们表达自己的爱，表达自己的孝敬心，这些都是在日常的家庭教育中容易忽略的东西。所以说，这既是一种价值，也是一种理念，同时，又是需要由无数具体的行为来体现的东西。

生活中的观念很多，我们很难说清楚哪些必须培养，这需要我们善于发现和引导。很多观念是从认识人性开始，从人性开始引导孩子对生命、对他人的尊重珍惜，这就是很普适很正确的是非观。他形成一定的是非观之后，就会有意识地发展自己的是非观，你会发现你的孩子很"乖"，很聪明很懂事，很有看法。他有观念，他就会有自己的意见，有自己的判断，甚至会纠正大人的错误，你就会发觉别人夸你的孩子聪慧，而绝不止是小卖乖、小讨巧的那种小聪明。

引导孩子自觉自愿做一个诚信的人

古往今来，提到诚信就有很多名人名言和诚信故事。墨子说："言不信者，行不果。"孟子说："诚者，天之道也；思诚者，人之道也。"孔子说："民无信不立。"鲁迅先生把诚信看得更高、更重："诚信为人之本。"鲁迅所说极是，一个人如果失去了诚信，那么这个人就失去了做人的根本，失去了人格。

美国一所大学录取了北京某名牌大学的一位学生为博士研究生。入学不久后的一天，导师给该学生派了任务，让他下午2点至3点在实验室做实验。恰巧实验室里有一部电话，可以打美国境内的长途，结果他并没有乖乖地做试验，而是打了40分钟的长途电话，与在美国的同学聊天。

几天之后，导师无意间从记录电话的电脑上发现了这个事实，非常恼火，于是把他叫来询问："请问那天下午2点至3点你在实验室里做什么？""我在按您的要求做实验。""除了做实验，你没有做其他事情吗？""没有，我一直认真地做实验。"

几天之后，校方把这个来自中国的"优秀学生"开除了。

诚实是拥有健康人生的基础，从小没有养成诚信的习惯，长大后，一句谎言就能使孩子的人格破产、前途暗淡。林肯曾说："你能欺骗少数的人，你不能欺骗大多数的人；你能欺骗人于一时，你不能欺骗人于永恒。"欺骗别人终究会受到惩罚，而且是无法逃避的惩罚。

诚实、诚信是现代社会中人必须具有的品质之一。只有诚实守信之人才能够得到别人的信赖，也才会拥有更多的朋友，并取得事业的成功。诚实的品质应该是从小培养起来的。在家庭中，在日常生活的点点滴滴中，家长都应该要有意识地去培养孩子这方面的品质。

曾任中央电视台"实话实说"节目主持人的崔永元，在他的工作间里有着这样一付对联："说天说地莫若说真，话东话西不如话实。"真实和坦诚地做人，是崔永元一贯遵循的准则。崔永元这种可贵品格的背后，是父母对他潜移默化的深刻影响。

崔永元的家庭环境很正规、很正统。父亲是部队军人，做政治工作的。父母对他的教育，最主要的就是诚实。他们认为这是第一位的。不能说谎，不能骗人，不能去占人家的便宜。他们家曾经养了一只大花猫，一天早上，发现大花猫守着两条大黄花鱼自鸣得意。崔永元就把这事告诉了妈妈，全家人顺着脚印一查，知道黄花鱼是大花猫从屋后墙外的国营菜市场叼来的。崔永元的妈妈二话不说，就带着黄花鱼和崔永元直奔菜市场，说明情况后，把黄花鱼的钱付给了营业员。

父母的榜样，使崔永元养成了善待他人、坦诚处世的好性格。但崔永元平常也有心情不舒畅的时候，跟同事也会有矛盾，但他有一个原则，有话当面说出来，决不会在背后鼓捣。对你有意见，什么事儿看不惯，直接告诉你，那种诚实正直的品格令你感动，所起到的效果也比那些"弯弯绕"强多了，因此可以说，这也是高明和智慧的做法。没有这种高明和智慧，崔永元也不会发展到今天这种地步。

让孩子做一个诚信的人，父母首先要做到言行一致。孩子的模仿能力很强，很容易受到某种行为的暗示。如果父母言行不一，不履行承诺，孩子就会受到暗示，跟着模仿。

一位店主为了自己的利益，常常以次充好，过期卖剩的东西，她就偷

培养完美**男孩和女孩**的方法

梁换柱、更换标签，然后继续出售。在做这些事情的时候，她儿子默默地看在眼里，有时甚至被叫过来帮忙。后来儿子常编造理由向妈妈要钱。有一次，竟撒了一个弥天大谎索要了一大笔钱，被妈妈揭穿。早就为孩子爱说谎而苦恼不已的妈妈大怒，气愤地要揍儿子，谁知儿子指着那些商品辩驳道："我不过跟你学罢了。"妈妈无言以对。正所谓正人要先正己，如果妈妈不检点自己的言行，不能以身作则，又怎么有资格要求孩子呢？

美国著名心理学家大卫艾尔金德认为：要想让孩子有教养，守道德，父母首先必须是一个品德高尚的人。如果你是一个诚实、正直、守信、正派，富有爱心的人，那么你的孩子也同样会具有这些品质。这道出了父母对孩子言传身教潜移默化的作用。不要以为在孩子面前灌输一些关于诚信的大道理，孩子就学会了诚实、守信；不要以为在孩子面前说的是一套，自己做的又是另外一套，而没有被孩子识破，孩子就会表现出诚信的行为。孩子的世界是真实的，他们往往会以实际现象为自己制造仿效的对象。因此，父母应时刻检点自己的言行，从日常生活中点点滴滴的小事做起，为孩子树立诚实、守信的正面榜样，唯此，对孩子的诚信教育才会有实效。

帮助男孩通过责任感的考验

良好的责任心是一个人立足于社会，获得事业成功与家庭幸福的一种至关重要的人格品质。责任心对孩子的全面发展和健康成长，都能起到不可估量的催化和促进作用，一个没有责任心的男孩，即使再聪明，再有知识，有能力，长大以后也难以成才，因此，培养孩子的责任心，是关系到孩子将来的命运，决定着孩子人生的大事。

中国有句古话：好汉做事好汉当。既然孩子做了错事，就让他自己向人家道歉、赔偿损失，对自己的事情负责，让孩子学会承担。但是，现在有许多父母不太重视对孩子责任心的培养，当孩子遇到了难以解决的问题或者做错了事，父母就会替他们去做，替孩子认错、向别人道歉，其用心虽然是疼爱孩子，但这种疼爱合情却不合理。从客观角度看，这是在袒护孩子的过错，孩子既不能从中获得应有的教训，也不能树立起对自己言行的责任感。由于父母总是出面代孩子受过，久而久之，就容易使孩子觉得凡事都有父母顶着，万事都可迎刃而解，从而逐步变得肆无忌惮、为所欲为。这可能就是孩子屡教不改的根源。

这个故事是发生在上世纪20年代的美国。11岁的小男孩在踢足球时，不小心打碎了邻居家的玻璃，邻居向他索赔12.5美元。在当时，这是笔很不小的数目，足足可以买125只生蛋的母鸡！闯了大祸的男孩向父亲承认了错误，父亲却让他对自己的过失负责。男孩非常疑惑："可我哪有那么多钱赔呢？"父亲说："我可以借给你钱，但一年后你要还给我。"从此，男孩开始了艰苦的打工生活。经过半年的努力，他终于挣足了12.5美元这一"天文数字"，并将它还给了父亲。这个男孩就是日后成为美国总统的罗纳德·里根。他在回忆这件事时说，通过自己的劳动来承担过失，使我懂得了什么叫责任。

责任产生、发展的过程正是培养孩子责任心的最佳时期，责任心使得人们能时刻表现出一种令人信任的气质，随时随地都让人感觉到这是一个优秀的人。责任心可以驱除自卑，因为它所带来的成功会驱散内心的阴影，久而久之就可燃起成功的自信。培养孩子责任心没有灵丹妙药，但却有办法可行。给孩子独立做事去承担责任的机会，是非常好的一种方法。一个人只有摆脱了依赖别人的心理才能意识到自己的责任重大，才能独立主动地承担责任。

对不愿意承担责任的孩子来说，他们总是找各种堂而皇之的理由来换取同情与理解的借口，借口为他们的行为提供了避难所。但长此以往，借口会使孩子不再愿意去努力，不愿意去寻求解决问题的办法。如果不懂得承认错误、承担责任、不懂得每一次失败当中都蕴含着成功的因素，就不会从错误、失败中学习和完善自己，他就不会有提高，并且因此形成坏习

培养完美**男孩和女孩**的方法

惯。许多做父母的，往往认为孩子还小，就将孩子做错事之后应该承担的责任全部揽到自己头上，让他从小就不为自己所做的事负责。其实，孩子的肩膀虽然稚嫩，却应该也能够承受生命中的一些分量。

当孩子有了过错的时候，恰好是家长教育孩子的最有利时机。不论孩子有什么过失，只要有一定的能力，就应该让他承担责任，而不是由父母大包大揽，家长不要一味地袒护，而要帮助孩子分析事情的前因后果，让他知道自己做错了事，就要对此承担责任，所以他应该向对方道歉，让孩子自己说"对不起"。求得对方的谅解，以培养孩子的责任感，成人后，他才会勇于承担家庭责任以及社会责任，成为一个独立、坚强而有责任感的人。

当我们让孩子独立做事时，孩子们都会异常的兴奋，他们会小心地端碗拿筷，他们会认真地擦净桌椅。孩子会从经常从事的劳动中，能够客观地认识自己的需要和能力，并且逐渐意识到什么事情是能够把握的，什么事情是他们左右不了的。当孩子的自发性发展到一定程度时，他们在做事情的过程中，会增强自身的能力，体验到自身的价值，并学会去独自承担该承担的责任，尽自己的能力把事情做好。

教育孩子对自己的家庭负责，要把孩子看成家庭的主要一员，对家庭也要负有一定的责任，而不应把孩子看成没有能力的人，这既是对孩子的尊重，又有助于培养孩子的责任心。让孩子感觉自己和父母一样有责任和义务分担家庭的所有事务和困难，除了自己的事情尽量自己做好外，这有责任帮助父母打扫房间、在厨房当帮手、看护弟妹、照管宠物等等。这样有利于从小培养孩子对家庭、对亲人的爱和责任感。

让孩子从小学习各类社会角色的扮演，培养团队精神。比如让孩子与幼儿园小伙伴友好相处，尊敬和配合老师的工作，帮助老人等弱势群体解决困难等等，鼓励孩子的分享行为和助人行为，促进孩子的社会化。让孩子懂得一个对社会有责任感并为之作出贡献的人才是一个真正有成就的人，教育孩子遵守社会公德和秩序，鼓励孩子参加各类有益的志愿工作、义务募捐活动等，为更广泛的社会团体作出贡献，开拓和提升孩子的思想境界。

是男孩，就不能计较小事

俗话说"年少气盛"。小男孩往往认识不到宽容的人生价值，因为阅历浅、经验少，遇到问题后，容易想当然，加之对自己的能力估计不足，对事情感到无能为力，因此容易变得心胸狭窄。这在思想上表现为：遇到一点委屈或很小的得失便斤斤计较、耿耿于怀。

雨果说过："世界上最宽阔的是海洋，比海洋更宽阔的是天空，比天空更宽阔的是人的胸怀。"培养孩子宽厚的美德吧！宽厚、谦让可以容纳朋友，可以化解冲突，可以把事情办得更圆满。养成宽厚、谦让的美德，不仅是道德的要求，也是成就大事的需要。因此，教会孩子学会宽容，不仅是为了孩子今天能处理好同学关系，而且也是为孩子将来的幸福打基础。

从前有一片大森林，那里有一个人，他以打猎为生，经常在密林中安装捕兽套子。由于他安装的地方是野兽们经常出没的路线，几乎每天都有收获。有一天，他又去收套子，却发现套子上只有动物脱落的毛，动物已经被别人取走了。他很生气，于是他就在纸上画了一张很生气的脸，放在套子上。第二天他又去收套子，发现套子上有一片大树叶，树叶上画着一个圈，圈子里有房子，房子旁边还有一只狂吠的狗。他不知道是什么意思，他想：为什么别人拿走了我的动物还要画图呢？他觉得应该和这个人见面说理，于是他就画了一个正午的太阳，还有两个人站在捕兽套边。

第三天中午，他又来到了这里，看到有一个浑身插满了野鸡毛的印第安人在那里等他。他们彼此语言不通，只能通过打手势来对话。印第安人用手势告诉他这里是他们的地盘，你不可以在这里装套子。这个人认为印第安人很有道理，这一点被自己忽视了，于是，他就将捕兽套送给那个印第安人。

培养完美**男孩和女孩**的方法

后来有一天，他打猎时遇到了狼群追赶，被迫跳下了悬崖。等他醒来的时候，发现自己正躺在印第安人的帐篷里，伤口上还有印第安人给他上的药。此后他就成了印第安人的好朋友，和他们快乐地生活在一起，共同打猎。

宽容是一种博大的胸怀，是一种做人的最高境界。与他人发生不快和矛盾时，应通过换位思考来冷静处理。宽以待人，是做人必备的优秀品德。

很多孩子缺乏宽容之心，不懂得忍让，也不想忍让，致使小事恶化。比如和小伙伴相处的时候会为一些小事争得面红耳赤，好朋友之间闹别扭成了陌生人；有的孩子顺心的事都闷在心里不肯说，变得怪癖而孤独；有的孩子控制不住恼羞成怒与伙伴大打出手，险些酿成悲剧等。要让孩子避免这些事，就需要让孩子有一个广阔的胸襟，养成宽容的习惯。教育其学会宽容，培养一种海纳百川的心境，让其学会理智地正视一切，真实地去感受社会，是培养健康个性和健全人格的需要。

一个男孩是不是为人宽容大度，不计较小事，和他所受到的家庭教育有着直接的关系。

小强的妈妈给儿子买了一本《世界手枪》杂志。在学校里，小强把杂志借给了自己的同桌看，同桌一不小心，把杂志撕掉了一小角。

小强很生气，不但让同桌赔他新的《世界手枪》杂志，还把这件事告诉了班主任老师。结果，小强的同桌被班主任批评了一顿。

当小强把这件事告诉妈妈时，妈妈想告诉他要宽容别人，多为别人想想，但妈妈还是决定让他亲身体味一下不被人宽容的滋味。当天晚上，小强不小心把碗饭打翻了，妈妈知道教育儿子的时刻来了。于是，妈妈大声对小强喊："你怎么搞的，吃饭也不好好吃，浪费粮食，罚你今天晚上不许吃饭了。"

小强看到妈妈这种态度，伤心地哭了起来："我又不是故意的。"

这时，妈妈用平静的态度对他说："谁都有不小心犯错误的时候，妈妈只是想告诉你，因为不小心犯了错误而不被人原谅是很不舒服的。这正如你不原谅你同桌的不小心，还让老师批评他一样。你说，是吗？"

小强不好意思地低下了头。

有时，由于年龄还小，孩子根本不会知道自己的不宽容会对别人造成多大的伤害。这时，只有让他亲自感受过，他才会明白宽容的重要性。

我们要让孩子明白，对于朋友的缺点和不足，对于同学心情不好时所说的话和所做的事，我们没有必要事事计较，事事都摆个公平合理，多原谅一次人，多给人一次宽容和理解，同时也就为自己多找了一份好心境，也会使自己觉得在个性完善的道路上又向前迈进了一步。

鼓励男孩独立面对失败和挫折

世上没有常胜将军，孩子也不可能只胜不败。挫折和失败是最好的老师。男孩往往性格急躁，自尊心强，更要上好"正视失败"这一课，使他们善于从失败中找到开启成功之门的钥匙。家长培养孩子以良好的心态正视失败，并从失败中查究原因，从而帮助孩子从幼稚走向成熟。

著名的教育家陈鹤琴在家庭教育时曾说过这样的话："不要担心孩子的失败，应该担心的是，孩子为了怕失败而不敢做任何事。"曾有许多的报道，现代的孩子因为承受不住失败带来的打击，有的离家出走，而有的竟白白丢掉了自己的生命。好多人都有这样的疑问，现在的孩子怎么了？他做错了事，不能容许别人对他进行批评，稍微经受了一点点的小挫折，就好像天塌下来似的。据不完全统计：有31%的儿童受挫折的能力不够，55%的儿童顶不住失败的打击。由此看来，对儿童进行挫折教育，让孩子获得适当的失败经验是多么重要。

父母作为孩子的第一任老师，不论希望孩子将来干什么，都要培养孩子从小学会面对困难、面对挫折，不能一味地将他们视为掌上明珠，不让

培养完美**男孩和女孩**的方法

他们受一点委屈，以为多给孩子方便，少让孩子遭受挫折就是爱孩子，实际上是过早地剥夺了孩子的吃苦精神和创造力培养的机会，只能让他们长大后陷于平庸和无能。

杰克·韦尔奇是一位誉满全球的商业巨子。在畅销书《杰克·韦尔奇自传》中他深情地回忆起自己在中学时代，母亲曾给他上的一堂终身难忘的课：

那是一个赛季里糟糕的最后一场冰球比赛，当时我在塞勒姆高中读最后一年。我们分别击败三个球队赢了头三场比赛，但在其后的六场比赛中，我们全都输掉了，而且其中五场都是一球之差。所以在最后一场比赛中，我们极度地渴求胜利。

那确实是场十分精彩的比赛，双方打成2：2后进入加时赛，但是很快，对方进了一球——我们又输了！这已是连续第七场失利，我沮丧之极，愤怒地将球棍摔向场地对面，随后自己头也不回地冲进了休息室。这时，我那爱尔兰裔的母亲大步走过来，一把揪住了我的衣领。

"你这个窝囊废！"她冲着我大声吼道，"如果你不知道失败是什么，你就永远不会知道怎样才能获得成功。如果你承受不了这点打击，你就最好不要来参加比赛！"我遭到了羞辱，在我的朋友们面前。但上面的这番话，我再也没有忘记过。我知道，是母亲的热情、活力和她的爱，使得她闯进休息室。她是我一生中对我影响最大的人，她不但教我懂得竞争的价值与意义，还教会我如何迎接胜利的喜悦和接受前进中必要的失败。

杰克·韦尔奇的母亲用自己独特的方式敲醒了他。当然这种火爆脾气不一定适合每个孩子，但它确实提醒了家长们在孩子成长的过程中，应该培养孩子承受挫折的能力，给孩子不断尝试的机会，这样孩子就会不断地产生信心、增强勇气。

当孩子做错事情、出现失败、情绪沮丧时，我们不要老是重复"不许失败"之类的论调。而应该告诉他"失败了也没有关系"，孩子听后会深受鼓舞，精神大振。实践证明，"可以失败"要比"不准失败"更能减少孩子的失误。

小塞德兹不到7岁就完成了小学教育，这当然是值得骄傲的事。然而，他在学校的经历并非人们想象的那样尽善尽美，这其中也存在着许多不尽如人意的地方。

在一次由学校组织的体育比赛中，小塞德兹倒数第一名。

那一次的比赛，是同年级中的比赛，也就是说一年级的孩子们就仅限于一年级，比赛在不同的班之间进行。二、三、四、五年级也是相同的比赛办法。这样一来，小塞德兹首先就在年龄上吃了亏。

小塞德兹报名参加了50米短跑，他当然不是别人的对手。

事后，小塞德兹难过极了。他把这件事看得很重很重。

大约过了一个星期，小塞德兹仍然闷闷不乐。见他这样，父亲塞德兹认为有必要帮助他摆脱那种失意情绪。

"儿子，你还在为那件事难过吗？"塞德兹问他。

"我真是太笨了，竟然得了倒数第一名，太丢脸了。"儿子难过地说。

"是啊！得最后一名是不怎么光彩，可是你想到过其中的原因没有？"塞德兹问。

"是什么原因呢？"

"因为年龄。你想想看，你的对手都是比你大的孩子，这个很正常……"

"可是我不能因为年龄小就比他们差呀。"儿子不服气地说，"虽然我比他们小，可我的功课比他们都好，只有体育一样不行，这多丢脸呀。"

"不，你这样说并不正确。智力是能通过教育和勤奋得到发展的，但年龄却是任何人也不能改变的。他们跑得比你快完全是因为他们年龄大，个子高。"

"真的吗？"儿子问。

"当然是真的。因为那天我问过你们的体育老师。他说你的失败完全是

培养完美**男孩和女孩**的方法

因为那场比赛对你不公平。他还说你的体育成绩在同龄的孩子中是最好的。"

小塞德兹似乎在眨眼间得到了一个真理，顿时从失意之中走了出来。

人的一生怎么可能每次都考第一名呢？在一个大的社会团体里，本来就是"败"的机会多，"赢"的机会少，这样才更能凸显成功的重要性。如果成功对于一个人来讲很容易得到的话，那也就谈不上什么成功了。

一个人在成长过程中适当经受一些挫折是有益的，挫折能激励孩子，挫折是一种珍贵的资源，也是一种人生的财富。"吃一堑，长一智"。挫折，能使孩子从中吸取经验教训，学会分析和处理问题，真正地"长大成人"。没有经历过挫折的人生，是不健全的人生。当孩子遇到挫折时，我们的心态应该是健康的，应该和孩子一起勇敢面对挫折，学会克服失败和挫折带来的不良情绪，正确对待挫折。

关注男孩品行培养的盲点

一般来说，对于女孩，家长们会要求她们讲文明，懂礼仪，举止不能随便，说话不能粗鲁；对于男孩，这方面的要求就会放松一些，因为有些家长会这样认为：男孩吗？爽快点便好，偶尔有失礼之处，也不算什么大事。

这种想法有些片面了。礼仪的核心是人与人之间的彼此尊重，并非只是"假文明"、"真客套"那么简单。中国曾有"君子不失足于人，不失色于人，不失口于人"的古训，意思是说：有道德的人待人应该有礼有节，态度不能粗暴傲慢，更不能出言不逊。由此可见，礼貌待人是我们中华民族的优良传统。

礼貌待人是指人们在与他人交往的各种行为处境中，所应有的品行和礼仪，是处理人与人之间关系的社会公德之一，也是文明社会的共同要求。

迈克是一家小服装公司的老板，其公司产品大都通过一家外贸公司销往国外。迈克的公司与这家外贸公司长期合作，保持着很好的业务往来。外贸公司的胖子经理就如同迈克的财神爷一样受到迈克的欢迎。

在一次谈判中，迈克极力劝说外贸公司和他们扩大贸易范围，但胖子经理就是不答应。迈克费尽了口舌，依然一无所获。此时，迈克恼羞成怒，胖子经理刚走，他就对手下人说："你看那胖子，往公司大门口一站，蚊子就只有侧着身子才能过来。"恰巧这时胖子经理回来取忘了拿的手机，正好听到了迈克的嘲讽。

胖子经理望了望迈克，拿起东西就走了，迈克甚是尴尬。之后他多次想方设法赔礼道歉，但胖子经理始终未置可否。这样，他们两家公司也就逐渐减少了合作，直至分道扬镳。迈克为此损失甚多。

生活中还有很多这样的例子，仅仅因为一个小节的礼貌疏忽，便使自己的形象在别人的心目中大打折扣。相反，一个有礼貌的人很容易就会被别人认可、接受，既可以给别人带来温暖，也会使自己变得十分愉快。学会礼貌，我们会觉得生活是和谐、有趣的，成功也会因之变得不再遥远。

心理学研究表明，人都有友爱和受尊敬的欲望，并且交友和受尊重的希望都非常强烈。人们渴望自立，成为家庭和社会中真正的一员，平等地同他人进行沟通。如果你能以平等的姿态与人沟通，对方会觉得受到尊重，而对你产生好感；相反，如果你自觉高人一等、居高临下、盛气凌人地与人沟通，对方会感到自尊受到了伤害而拒绝与你交往。

曾经有这样一个典型事例，某公司到一所大学来选拔员工，学生依次面试，当按姓名叫到一个学生不在时，立即有一位同学去找，去找的这位同学回来后说"对不起，没找到"。负责选拔的公司的总经理当场说："就凭你这句'对不起、'你这位同学我们要了。"

俗话说："观其行而知其言，闻其言而知其人。"一个人在人际交往中如果是粗暴无礼的，那他一定是个文化素养较差，思想水平较低的人。因此说，懂礼貌，讲文明，是一个做人处事的起点。

孩子虽然不是成人，但与他人交往，要有尊重他人和友善的态度，一个没有礼貌的孩子，是不受欢迎、不讨人喜欢的，就相当于关闭了与他人进一步交往与合作的大门。尤其是与人初次见面的时候，礼貌待人更加重要。可见，孩子有了礼貌待人的行为习惯，是他学会做人、学会做事的基础，对他将来为人处事有很大的益处。

孔子说："不学礼，无以立。"英国著名教育家洛克认为，礼貌是儿童与青年应特别小心养成习惯的第一件大事。可见，无论是东方人还是西方人，都把文明礼貌看得很重。但现实生活中，有些家长却认为，现代社会是个自由的社会，懂不懂文明礼仪没关系，只要学习好、有真本事就行了；也有些家长认为，小孩子天真无邪，长大了就会懂得文明礼仪的。其实，这些都是误解。

文明礼貌是孩子做人的"身份证"，是孩子随身携带的"教养名片"。孩子的文明礼仪必须从小培养，否则就会形成坏习惯，一旦形成坏习惯，再改就很难了。只要我们从思想上认识到这个问题的重要性，并在生活中给孩子以正确的引导，就一定能够培养出讲文明、懂礼貌的孩子。

第4章

学习穷养法，让男孩有能力

在学习上，男孩有勇于接受新事物，擅长抽象思维的优势，同时，男孩也容易犯做事无计划、粗心大意和三分钟热度的毛病。男孩在学习上的穷养，需要我们在大的框架下，给予他们相对的自由，让充沛的兴趣，合理的规划，引领男孩遨游知识的海洋。

学习计划提升男孩的自控力

凡事要有个计划，学习也是如此，古人说："凡事预则立，不预则废。"学习有计划，就是规定在什么时候采取什么方法和步骤达到什么学习目标，恰当安排学习任务，使学习有秩序，从而使学习目标明确，保证学习目标实现。合理的学习计划是提高孩子成绩的指南，是改变男孩被动学习、生活松散和学习无规律的法宝。如果学习没有计划，男孩就会陷入一种茫然无绪的状态，既浪费时间和精力，又不能达到预期的学习效果。

杨旭正在上小学五年级，他头脑聪明，就是学习没有长久性，常常三天打鱼、两天晒网，学习成绩也不突出。杨旭的语文成绩不太好，但他却向妈妈保证，自己一定要努力把语文成绩提上去。妈妈听了他的保证感到很欣慰，至少孩子知道要努力去提高自己的成绩。杨旭也的确不是在敷衍妈妈，第一天他就认真地把以前学过的课文又认真仔细地看了一遍，自己感觉也很愉快。就这样过了一个星期，某一天晚上，妈妈突然发现他并没有阅读课本知识，原来他已经忘记了自己的承诺。

于是，妈妈轻轻地提醒他："你答应过妈妈要提高语文成绩的！"杨旭摊开双手，无奈地说道："我学了几天，但是没有效果。而且其他科目老师布置的作业也很多……"妈妈笑着说："你应该制订一个学习计划，要知道学习不是一时半会的事情。几天的努力怎么可能把你长期积累下来的问题全部解决掉呢？"杨旭听了之后，认真地点了点头。

由于缺乏毅力，本来孩子答应得好好的，坚定地表示一定要把自己的学习成绩提高，但说完没几天，往往就不能坚持下去了，这是让家长们最头疼的。

改变孩子的这种状况并不难，最简单的方法就是协助他们制订一份合理的学习计划。一份合理的学习计划表，是提高孩子学习成绩的捷径，是帮助孩子主动学习的有力助手。制订一份合理的学习计划表，就等于为孩子找到了学习进步的钥匙。有了计划之后，孩子就知道自己要做什么，如何做，如何分配自己的时间，就可以做到有条不紊，应对自如了。所以，要让孩子取得更好的学习效果，首先就要让他们学会制订学习计划。一般来说，学习计划并没有什么固定的格式，只要适合孩子的特点就可以。但是，制订计划也有几个必要的原则。

1. 明确孩子的学习任务

家长要和孩子一起算一下他有哪些具体的学习任务，把这些任务一一列出来。比如英语有多少个单词要背，有多少个语法要练习；数学有多少道习题要练习；语文有多少篇作文要写……再计算一下每天有多少学习时间可供分配，每项学习内容大致需要花费多少时间，然后把这些任务分配到每一天、每一周、每一个月当中去。这样，一步一个脚印，循序渐进，积少成多，时间长了，孩子的学习效果自然就会得到提高。

2. 把计划列在纸上

对于那些会学习的孩子来说，即使不把计划列在纸上也知道自己该怎样做，但对于绝大多数没有掌握恰当的学习方法的孩子来说，一份科学的学习计划表，白纸黑字，不仅可以帮助他们整理思路，还能更好地起到督促他们学习的作用。

3. 学习计划的量要恰到好处

孩子每天的学习量要恰到好处，如果把一天的学习量定得太高，孩子为了完成数量就常常会忽略质量，计划就容易流于形式。比如，这个周末背一百个单词，那个周末做二十道习题……结果远远超出了孩子的能力范围，不仅使孩子感到疲劳，也使制订好的计划无法实现，变成一纸空文。但如果定得太低，轻而易举就能完成，孩子则容易产生满足感，甚至是松懈。恰当的学习量是稍微高出一点孩子的日常能力，让孩子稍加一点劲才能完成，给孩子一点压力，同时又让他"可望也可及"，不仅可以帮助孩子提高成绩，还可以锻炼孩子的性格，培养不怕困难的坚强意志。

4. 监督孩子学习计划的执行情况

制订了学习计划以后，孩子能不能很好地执行是关键。孩子缺乏坚韧的意志力，一遇到困难便很容易放弃自己的学习计划，因此，家长要时刻监督孩子学习计划的执行情况。事实上，一个不折不扣地执行着一份切实可行的学习计划的孩子，他的学习一定是卓有成效的，他的成绩一定是优良的，他的父母也一定是轻松、快乐的！

5. 不要计划太满，留给孩子一点自由时间

过长时间集中注意力会导致学习效果的下降，也容易让孩子丧失对学习的兴趣，因此，在制订计划时，不能安排过满，也要考虑睡觉、休息、娱乐、体育锻炼等时间，把这些时间也都安排到计划里面去。只有适当的放松才能使孩子保证良好的学习状态。

6. 执行计划的时候要及时检查效果

当计划执行到一定阶段后，就应当检查一下执行的效果怎样。如果效果不好，就要找原因，及时调整。检查的内容包括：是否按计划去做了？学习效果怎么样？如果没有完成计划，原因是什么？安排松紧是否得当等等。通过检查，再修订计划，改变原先不科学、不合理的地方。

当男孩体验到"计划"的效率，尝到了"计划"的甜头时，他们会自觉自愿地执行计划，由此改变许多在学习上的不良习惯。

帮助散漫的男孩进行时间管理

著名生物学家赫胥黎曾经说过："时间最不偏私，给任何人都是一天二十四小时。时间也最偏私，给任何人都不是二十四小时。"究竟怎样利用这24小时呢？不同的人会有不同的选择。大凡有成就的科学家和伟人，都不会虚度年华，他们珍惜生命的每一分钟。

德国著名的文学家歌德一生勤奋写作，作品极为丰富，有剧本、诗歌、小说和游记，一生留下的作品共有140多部，其中世界文学瑰宝诗剧《浮士德》，长达12111行。歌德为什么能取得如此惊人的成绩？原因之一就在于他一生非常珍惜时间，把时间看做是自己的最大财产。他在一首诗中这样写道："我的产业多么美，多么广，多么宽！时间是我的财产，我的田地是时间。"歌德是这样说的，也是这样做的。他一生视时间为生命，从不浪费一分一秒，直到1832年2月20日，这位将近84岁的老人在临终前还伏在桌上专心致志地写作。

法国著名科普作家凡尔纳每天早上5点钟起床，一直伏案写到晚上8点。在这15个小时中，他只在吃饭时休息片刻。当妻子来送饭时，他搓搓酸胀的手，拿起刀叉，很快填饱肚子，抹抹嘴，又拿起了笔。他的妻子关切地说："你写的书已不少了，为什么还抓得那么紧？"凡尔纳笑着说："你记得莎士比亚的名言吗？放弃时间的人，时间也放弃他。哪能不抓紧呢？"在40多年的写作生涯中，他记了上万本笔记，写了104部科幻小说，共有七八百万字，这是一个多么惊人的数字！一些感到惊异的人就悄悄地询问凡尔纳的妻子，想打听凡尔纳取得如此惊人成就的秘诀。凡尔纳的妻子坦然地说："秘密嘛，就是凡尔纳从不浪费时间。"

遗憾的是，如今有很多孩子还不懂得时间的重要性，不知道珍惜时间。有的孩子每天沉溺于网络和游戏之中，一连数个小时甚至熬通宵；有的孩子沉溺于魔幻小说中，一本接一本，一个都不放过。课下课上，学校家中，都是卷不释手；还有的孩子就是痴迷电视，偶像剧、古装片，一集接一集地追着看；再加之爱睡懒觉、磨磨蹭蹭等坏习惯，使许多大好时光白白浪费掉了。

有的男孩表现得比别人聪明，可是成绩却不如别人，关键就在于他不懂得珍惜时间。在如今这个竞争激烈的社会，"时间就是效率，效率就是金钱。"会利用时间的人能一天当两天用。所以，我们应该告诉孩子珍惜时间就是珍惜生命的道理，教会孩子在生活中养成珍惜时间的习惯。

果果是个很懒散的男孩，做事磨磨蹭蹭，不管是生活上还是学习上，如果不经常催促，他根本意识不到时间是有限的。妈妈决定从小事中入手，培养他珍惜时间的好习惯。

妈妈知道果果喜欢看科幻图书，于是决定周末带他去图书馆，让他增长知识的同时，培养他珍惜时间的好习惯。果果看到那么多科幻书籍很兴奋，但是他还是懒懒地看，以他的速度，一天看一本估计也看不完。

于是，妈妈教给他如何选择自己感兴趣的、有价值的书籍看，如何选择里面具有意义的细节，这样就是节省了时间，还增加了知识。在妈妈的教育下，果果不仅学习上变得勤快多了，生活上也有了很大变化，时间观念逐渐增强了。

学会合理利用时间，不仅是保证孩子身心健康成长的重要条件，还是成才教育的一项基本训练。这种训练应当从小学阶段就开始进行。上小学的孩子已懂得了昨天、今天、明天，认识了年、月、日，并随着年龄的增长，时间观念不断增强，但他们还没有真正懂得"一寸光阴一寸金，寸金难买寸光阴"的道理，没有时间的紧迫感，没有学会安排和利用时间，那么，家长怎样让孩子增强时间观念学会珍惜时间呢？

1. 要建立严格的作息制度。家长要为孩子制订科学的作息时间表，对起床、就寝、吃饭、做功课、自由活动、做家务的时间都要做出具体的规定，并要严格要求，严格训练，使孩子养成按照时间表作息的习惯。

2. 通过具体事例，让孩子懂得惜时如金的重要意义。比如首先让孩子认识时钟，懂得时间与生活的关系，知道做事不能拖延、浪费光阴，要珍时如金、争分夺秒。同时向孩子介绍古今中外名人珍惜时间的名言和故事，让孩子知道时间的作用和价值，逐步理解"爱惜时间，就是爱惜生命。"

3. 训练孩子迅速进入学习状态。许多孩子在学习开始时，总要收拾书桌，整理书包，把书拿出来，放进去，再拿出来，再放进去，浪费很多的学习时间。因此，家长要让孩子遵循一条原则：立刻开始学习，不要拖拖拉拉，一般来说，如果孩子能习惯于毫不迟疑地投入学习，往往会觉得时间过得快，不但学习效率高，还会产生轻松愉快的感觉，使孩子更乐意学习。另外，要使孩子的生活条理化，如学习用品放置条理化，日常生活用品摆置固定化等，帮助孩子养成做事有条有理的习惯。这样，浪费的时间会大大减少。

4. 可以通过以身示范，给孩子树立惜时如金，守时有信的良好榜样。这是教育孩子、强化孩子惜时意识的有效措施。

5. 让孩子养成全神贯注的学习习惯。学习经常中断，或拖拖沓沓，既浪费时间，又影响学习效率。因此，在孩子的学习过程中，家长不要轻易打扰，不要随意叫正在学习中的孩子去买东西、倒垃圾、看电视等，努力让孩子养成学习时全神贯注的好习惯。

正确看待男孩的"分数"

"分分分，学生的命根。"孩子的分数在家长眼里一直都是很重要的。因为在现行的教育体制中，只有高分数的学生才能赢得更多的机会，比如上重点高中、名牌大学，使得很多家长总是用分数的高低来衡量孩子的聪明才智，一旦成绩单上的分数不理想，就会奉上否定的眼神，以至扼杀了孩子的未来。

小波是一个沉默寡言的男生，学习成绩中等，是班里不起眼的一个。小波上中学之前可不是这样。那时的他热情开朗，爱说爱笑，由于贪玩，学习成绩忽起忽落，妈妈为此没少批评他，但效果并不怎么好。马上就要期中考试了，小波的妈妈对他的学习成绩越来越重视了。在这次考试中，小波考砸了，成绩从班里的第20名，一下子降到了40名以后，拿着成绩单，妈妈大发雷霆，把成绩单撕得粉碎，当着他的面扔到地上，并且气愤地说："不好好读书，就知道玩！你就玩吧，以后再也不管你了，你已经无药可救了！"

这次批评对小波的打击很大，以前他从未感觉自己"很差"，在妈妈的批评中，他才知道自己已经"无药可救了"。这使他产生了自卑感，从此他变得沉默寡言，对谁也不多说话。

其实，考试分数低了，最着急、最不安的还是孩子自己。如果此时家长轻则辱骂一番，重则打一通，孩子只会更加悲观、失望，甚至还会在内心里产生反抗的情绪："丢人就丢人，我笨，我学不好！"进而走上撒谎、涂改成绩的道路。长此以往，会使孩子自暴自弃，造成孩子厌学。

过于看重分数，容易造成孩子与父母的对立。特别是低年级的孩子，他不知道父母注重分数是让他好好学习，出发点是好的，他只知道自己没有考高分，会被父母训骂；而得了高分，则会受到父母的表扬和奖励。他也不会觉得父母是爱他，而是容易认为父母喜欢他的高分。这就容易造成父母与孩子间的感情对立。

当然，我们并不一概反对看重分数，因为分数是对孩子学习情况的一个检验，是老师、家长和孩子自己反馈信息的一个渠道、一种手段，只是测评孩子学业的一个参考，分数的高低并不能用来评判孩子的一切。郭沫若初中的一张成绩单：语文55分，不及格。还有一门课更使人惊讶：修身，就是政治品德课，35分。两门课不及格。假如现在郭沫若在那个学校读书，肯定考不上高中，那么大学也考不上。你怎么能想到，一个初中语文不及格的人，后来成为一个大文豪！一个政治品德不及格的人，居然成为一个社会活动家、政治家！袁隆平在西南大学时的学业成绩在班上仅相当于中等，但他后来成为大名鼎鼎的杂交水稻之父。所以，家长千万不要把考试分数高低当作衡量孩子是否优秀的唯一标准。

美国教育家斯宾塞曾经说过："身为父母，千万不能太看重孩子的考试分数，而应该注重孩子思维能力、学习方法的培养，尽量留住孩子最宝贵的兴趣与好奇心。绝对不能用考试分数去判断一个孩子的优劣，更不能让孩子有以此为荣辱的意识。"

心理学家指出，人的能力，除智力外，还有语言能力、交际能力、操作能力和运动能力。我们有什么理由看到孩子的某次分数不高而失望呢？因此，要学会理性地对待孩子的成绩，这对孩子的健康成长具有举足轻重的作用。

首先，我们要积极帮助孩子查找原因。当孩子考完试后，需要做的应该是，认真询问一下孩子的考试情况，同他一起分析一下错误的原因，帮助他弄懂那些不明白的问题。让孩子感受到，父母看重的并不是考试的分数，而是对所学知识的掌握情况，非常关心他的学习和进步。使孩子体验到一种温暖，感受到一种力量，朝着你希望的目标去努力。孩子取得好成绩时，我们应投以赞许的目光、给以亲切的爱抚，在充分肯定成绩的同时指出不足，并提出更高的要求。当孩子学习成绩进步时，父母的肯定与表扬能使孩子体会成功的喜悦，产生强烈的学习动机。当孩子学习成绩后退时，更需要父母的鼓励与帮助。从孩子的诸多不足中发现孩子的"闪光点"，最能体现家长的教育水平。比如：若总分下降，单科分有无上升的？从知识结构看，有无掌握较好，丢分不多的部分？即使孩子某次考试一团糟，帮助他的最好办法仍然是以发展的眼光看他，鼓励他克服困难，相信他通过自己的努力，一定能迎头赶上，考出好的分数。那种否定孩子的可塑性，一棍子打死的做法，只会扑灭孩子的希望之火，使其自暴自弃。

其次，我们要承认孩子间存在的差异。每个孩子由于智力的因素，所在学校的教学水平以及自身学习习惯、学习方法和理解能力等的不同，学习成绩总会有差异。父母要做的是认真了解情况，听听孩子的解释，不能武断地得出孩子学习不努力、不用功的结论。要以尊重平等的态度和孩子一起分析、解决学习中遇到的问题，帮助孩子掌握适合的、有效的学习方法。

训练男孩集中注意力

注意力是孩子学习和生活的基本能力。注意力的好与坏，直接影响孩子的认知和社会性情感等身心各方面的发展及其入学后学业成绩的高低。

男孩对一件事专心或投入，是因为他能够从中得到乐趣和成就感。因此，若想男孩能够专心、持久地完成一项活动，父母可以配合孩子的需求，在他感兴趣的活动中指导他、帮助他。另外，男孩易被新奇的外界刺激吸引，注意力易分散，自控能力差，所以家长要注意，用正确的方法引导和提醒孩子，从小时候就要培养孩子专心做事的态度。

刘禹天是个能玩又能学的孩子。同学感觉他平常似乎总在玩，功课却那么好，刘禹天自己有时也觉得对同学来说有些不公平。刘禹天把功劳归之于爸爸。他爸爸表示，最主要是孩子念书非常专心。

从小刘禹天非常好玩，爸爸为了养成他专心的习惯，要求他学就学个踏实玩就玩个痛快。刘禹天放学回家后，爸爸要求他做完功课再出去玩。为了争取较多的玩乐时间，他单独一个人，集中精力做功课，因此在很短的时间内就可以把功课做完。之后，他可以完全支配自己的时间，不管是看电视、下棋，还是游戏、阅读，爸爸都不加限制。

爱玩是男孩的天性，当他们的天性没有得到满足时，他们是不可能专注地做其他事情的。因此家长不能剥夺孩子玩的时间，否则孩子慢慢就学会了有意拖延时间，明明半小时能够完成的功课，非要花上一个半小时甚至两个小时。这对孩子的学习以及习惯的培养都是很不利的。

注意力是孩子在认识一切事物时是否顺利的基本保证。有的家长说，孩子在做自己喜欢的事时注意力很集中，在做不喜欢的事时注意力就容易分散，这是很普遍的现象。孩子的精力不是不能集中，而是没有兴趣集中。

东东总是无法集中注意力，严重影响了学习效率和学习成绩。为此妈妈也很头痛，后来妈妈在一本书上看到利用游戏可以训练孩子的注意力。于是，妈妈选了一套"密室逃脱"系列的游戏。主人公的任务是要在一个封闭的房间里寻找各种小物件，再根据它们各自的用途进行组合，借此找到钥匙或者榔头把房门打开，这样就算过关。

这套游戏没有任何暴力和色情的镜头，主要训练游戏者的观察力和逻辑判断能力。妈妈把东东叫到电脑前，说："儿子，这个'深红色房间'全世界号称只有4000个人能顺利走出来，你能在半个小时里过关吗？"东东一听就来劲了，他立马坐到电脑椅上操作起来。一开始游戏进行得很顺利，但在找到8件东西后，东东陷入了困境，他着急地问道："妈，还有东西吗，我怎么找不到了？"妈妈说："动动脑子，用已经找到的东西去找剩下的。"东东很聪明，马上从找到的东西里挑出电线安装在CD机上，按了一下启动机关，便从里面取出了其他物件……当他最后用榔头敲碎房门顺利逃出来的时候，不禁开心地欢呼起来："我成功啦！"

妈妈也开心地笑了。

在这之后，妈妈经常精选出一些小游戏来训练东东。有些游戏涉及了数学、语文和英语的内容，要懂得相关的基础知识才能明白游戏里隐藏的基本逻辑规律，否则就不能顺利过关。当东东因为不明白而询问妈妈时，妈妈总是故意卖关子："这些东西你们老师上课都讲过的呦。"他听了妈妈的话后若有所思。

经过一个月的训练，东东专心多了，学习效率和学习成绩都得到了很大的提高。

注意力是一种可以训练、学习和培养的行为习惯。父母可以根据孩子注意力发展的特点，采用适当的方法，有计划、有目的地训练和培养孩子的注意力。

1. 养成良好的睡眠习惯

一些学生因学习负担重，因此，一到晚上便贪黑熬夜，结果早晨不能按时起床，即便勉强起来，头脑也是昏沉沉的，一整天都打不起精神，有的甚至在课堂上伏桌睡觉。作为学生，主要的学习任务要在白天完成，白天无精打采，必然效率低下。所以，如果你家男孩是"夜猫子"型的，一定要督促他按时睡觉按时起床，养足精神，提高白天的学习效率。

2. 做些集中注意力的训练

我国年轻的数学家杨乐、张广厚，小时候都曾采用快速做习题的办法，严格训练自己集中注意力。这里有一种在心理学中用来锻炼注意力的小游戏，家长们不妨让孩子试验一下。

在一张有25个小方格的表中，将1～25的数字打乱顺序，填写在里面，然后以最快的速度从1数到25，要边读边指出，同时计时。我们可以自己多制作几张这样的训练表，每天训练一遍，相信孩子注意力水平一定会逐步提高。

3. 给孩子正面暗示

有的家长从小就这样说孩子：我的孩子注意力不集中。在很多场合都听到家长说：我的孩子上课时精力不集中，孩子自己可能也这样认为，这对他们的注意力培养是非常不利的。

家长可以给孩子这样的影响：只要你有这个自信心，相信自己可以具备迅速集中注意力的能力，能够掌握专心这样一种方法，你就能具备这种素质。只要你下定决心，不受干扰，排除干扰，肯定可以做到高度的注意力集中，对于所学知识迅速接收和消化。

培养完美**男孩和女孩**的方法

4. 空间清静

当孩子在家中复习功课或学习时，要将书桌上与此时学习内容无关的其他书籍、物品全部清走。在他的视野中，只有现在要学习的科目。这种空间上的处理，是训练注意力集中的一个必要手段。

有的学生，自己复习功课用了四个小时，其实那四个小时大多数在散漫中、低效率中度过，没有用。反之，开始学习，一坐在那里，与此无关的全部内容置之脑外，这就是高效率。

孩子注意力不集中，家长要拿出点耐心，并根据孩子注意力发展的特点，在教育孩子的方法上讲究一点策略，不但会令孩子乐于接受，还会引导孩子养成注意力集中的好习惯。

寓教于乐，提升男孩的学习兴趣

很多家长都要求孩子考高分，但却忽略了培养孩子对学习的浓厚兴趣。伟大的教育家孔子曾说过，"知之者不如好之者，好之者不如乐之者"。意思就是说懂得它的人，不如爱好它的人；爱好它的人，又不如以它为乐的人。这句话告诉我们，热爱学习、把学习当作乐趣的孩子，才能在学习上取得更多的收获。

人是自然之子，人的成长也有着其独特的自然规律，牺牲童年的"快乐"来换取未来的"成功"这种违反儿童成长规律的"拔苗助长"，虽然使儿童生记硬背了一些知识性东西，孩子似乎在人生起跑线上"赢"了，但事实上却是"输"了。

孩子固然是我们自己生自己养的，但做家长的首先应该明白孩子是一个独立的、有自己爱好的个体。我们要塑造孩子，但不能以牺牲孩子的天真和童年的乐趣，不能以大人的认识和感觉为标准限定孩子。应把属于儿童的"百草园"还给儿童，释放捆绑他们的重重枷锁。让孩子去玩泥巴，去原野奔跑，去踢足球，去趴在地上兴致勃勃地看蚂蚁搬家，和小伙伴一起去嬉笑打闹……孩子的行为可以引导，但童趣、童真不能被剥夺，童心不能被践踏。

我国著名教育家陈鹤琴先生曾撰文《怎样做父母》，告诫父母要让孩子有玩游戏的时间，不要剥夺孩子玩游戏的权利。游戏是儿童的第二生命。小孩子只喜欢两件事，一件是吃，一件是玩，玩比吃还重要。

他认为，小孩可以从游戏中得到许多新的体验，这也帮助他们体验学习的过程。如果家长重视孩子的游戏，让他们充分游戏并予以良好的指导，提供有利的游戏环境和材料，那么不仅使快乐伴随着幼儿的童年生活，更能促进幼儿身心健康发展。

玩是儿童的天性，玩是儿童的权利，就像儿童要吃饭穿衣一样。玩作为儿童的不可剥夺的权利，是因为玩是儿童成长的需要，剥夺儿童的玩的权利有损于儿童的身心健康。我们可以看一看，如今的儿童在繁重的学习压力下已经失去了童心，正在变为家长实现一些想法的工具。玩其实也是儿童认识世界、了解世界的一种重要的学习方式。儿童是在用他们自己的方式了解这个世界，在玩中感受着这个世界，我们不能用成人认识世界的方式取代儿童认识世界的方式。

著名作家严文井先生曾经有过这样一段评语：所有小动物都没有学校，它们的本领怎么学来的呢?从玩中学来的。玩中有许多技能，技能关系到生存。如猴子爱跳着玩，从很高的一棵树跳到另一棵树上，跳过去就是生。跳不过去就是死。你说，这玩中的技能重不重要? 这玩是不是一种不可缺少的学习呢?

因此，教育应尊重孩子的成长规律，尊重儿童的天性，让孩子在宽松的环境里自由成长，让孩子自己去玩、去走、去闯、去体会成功或失败，去发现真、善、美，丑与恶。多接近大自然、接触社会，与大自然和社会打交道的时间长，更多的接近了真实的社会，孩子会懂得更多的书本上学不到的知识。让孩子在玩中学、玩中乐才是他们真正的心愿!

有一位小学生学习成绩低下，但是他对动物非常感兴趣。他天天和小动物玩，沟渠边狗窝旁，搞得浑身脏兮兮的，而且乐此不疲。学习功课是

培养完美**男孩和女孩**的方法

从不放在心上。妈妈很是苦恼，后来妈妈请教了教育专家，专家建议这位妈妈可以找些动物方面的书让他读，提高他对动物的理解，引导孩子转移兴趣。妈妈将信将疑，打都不行这能行吗？抱着试试看的心情给孩子买了很多有关动物方面的书籍，孩子看得津津有味。但很快他发现自己好多字词不理解，就去问妈妈。妈妈就问他将来想干什么？孩子充满信心地说要当一名动物学家。妈妈就告诉他："可是你书都不读怎么办，只有好好读书，学很多很多知识才能当动物学家。"孩子从此开始努力学习，很快他的成绩就提上去了。

孩子对某一事物认识的目的越明确、具体，对该事物的兴趣就越大。仅仅由某事物或现象的生动性或趣味性引起的兴趣是肤浅的，而由明确的学习目的支持的学习兴趣，才是深刻的、稳定的和持久的。

培养孩子学习兴趣的一种有效方法就是兴趣迁移。玩游戏机的孩子可以专注得废寝忘食；打篮球的孩子可以在操场拼个"你死我活"；短信娱乐的孩子可以按得手指麻木……这么耗费体力和脑力的活动，孩子们为什么会乐此不疲呢？就是因为兴趣使然。如果将这种执著进取的精神用于学习，将会产生多大的动力啊！

因此，对于孩子学习以外的某些娱乐的兴趣，家长千万不要一味去扼杀，而要正确引导，引导到学习兴趣上来。同样的精力，同样的劳累，同样的拼搏。许多娱乐与学习产生兴趣的要素是相同的，都会使人兴奋，都会获得成功的快感。

第章

交流穷养法，让男孩有自信

很多小男孩都性格倔强，自我意识强，他们更需要从父母那里得到平等和信任的感觉。当家长学会聆听，给了男孩尊重和充分的信任后，你就会发现，父母与孩子就成为了随时都可以交流思想和情感的朋友，同时孩子也将更加快乐自信地面对生活。

父母要做好男孩的榜样

家庭教育是一门艺术、一门学问，既极其深奥又十分简单。其核心关键是要求做父母的用言传身教去审慎地进行教育。在家庭环境中，父母的一言一行，孩子都耳濡目染，并极力仿效。要想使家教收到良好的效果，既要讲"言传"，更要讲"身教"。也就是说，父母在教育孩子过程中要身体力行，要求孩子做到的，自己必须首先做到。父母是孩子的第一任教师，孩子是父母的影子。父母教育孩子，对于孩子来说，重要的不是看父母讲了多少道理，而要看父母怎样做，只要父母率先垂范做出榜样，其感召力和威力所产生的家教效果是不言而喻的。

外交部前部长李肇星有一个优秀的儿子李禾禾。2001年，李禾禾以年级第一的成绩从美国宾夕法尼亚大学毕业，而后，被哈佛大学工商管理学院录取。李禾禾成功的背后，固然有自己的勤奋努力，但也与父母的教育

培养完美**男孩**和**女孩**的方法

分不开。关于对孩子的教育，李肇星的夫人秦小梅女士认为，身教的力量是无穷的。

李禾禾在5岁时，秦小梅女士的一位朋友遭遇了大的挫折，并打电话过来哭诉。秦小梅就安慰道："别哭了，擦擦眼泪，问题总可以解决的"。

之后，秦小梅女士就把这件事忘记了。可没过多久的家长座谈会上，幼儿园老师对她说："每次有小朋友哭闹着要回家的时候，禾禾就会走上去劝人家：'不要哭了，马上就到星期六了，马上就可以回家见爸爸妈妈了。'他一边劝，一边还给小朋友擦眼泪。也不知道他从哪里学到的，真是懂事儿。"

秦女士闻听忽然恍然大悟，肯定是自己劝朋友的情景印在了禾禾心里。还有一次，为答谢一位朋友，秦女士在与朋友交谈时，多次提到了"感谢"一词。第二天，秦女士在给禾禾顺手递东西时，禾禾竟然说了声："谢谢妈妈！"

经过这两件事，秦女士更加意识到了家长的言行对孩子有很大的影响力。她认为，孩子接纳、学习新知识的能力特别强，父母千万不要低估"身教"的力量。父母自己身正，孩子就会很好教，甚至不用教。

全国妇联于2007年开展了全国未成年人家庭教育状况抽样调查。调查报告说，80％以上的儿童认为，家庭成员中对自己影响最大的一个人是母亲或父亲，其中认为母亲对自己影响最大的占43.1％，认为父亲对自己影响最大的占37.6％。

调查要求儿童填写自己最崇拜的三个人，统计结果是：中小学生最崇拜的人首先是自己的父母，其次是"演艺明星／艺术大师"，再次是"其他亲属"。

调查报告表明，家长应该注意规范自己的行为，以身作则，以良好的榜样影响儿童。学生样本中反映，86.3％的家长过马路时能做到"红灯停，绿灯行"；81.6％的家长能"主动跟认识的长辈打招呼"；96.6％的家长能做到不随地吐痰；96.3％的家长不乱扔垃圾。

前苏联著名教育家马卡连柯曾经说过："一个父母对自己的要求，一个父母对自己家庭的尊重，一个父母对自己每一行为举止的注重，是对子女最首要的，也是最重要的教育方法。"父母和孩子接触得最早、最多，时间也最长，是孩子最直接、最具体的学习榜样。而父母的一言一行，一举一动，就好像一本没有文字的教科书，潜移默化地影响着孩子。

父母可以说是孩子成长道路上的老师，孩子的很多行为习惯大多是从父母身上学来的。所以，父母要特别注意自己对孩子的巨大影响力，要时时处处为孩子树立好榜样。俗话说："榜样的力量是无穷的"，对于孩子的成长来说，这一点尤为重要。

父母若想成功地教育自己的孩子，必须以身垂范，做孩子的学习榜样。

1. 父母要以身作则

父母不仅是一种权威，而且是孩子言行举止标准的提供者，父母的表现在很多情况下成为孩子的参照。父母要使孩子的言行有所遵循，切不可言行不一。言行相悖比对孩子放任自流效果更坏。古人云："以教人者教己"要求在孩子身上形成的品质和良好习惯，父母都应具备。父母榜样作为一种具体的形象具有强烈的暗示和感染力量。

2. 父母要以身示教

在家庭教育中，父母经常会对孩子说应该这样做，不应该那样做来规范孩子的言行。可是这种空洞的说教所起的作用往往微乎其微。父母的一言一行，一举一动，孩子都会看在眼里对父母产生崇敬，并以父母为榜样模仿效法。在日常生活中，谨言慎行，以身示教，凡是要求孩子做到的，自己首先必须做到。

3. 父母要说话算数

父母一旦答应了孩子的事一定要兑现，兑现有困难的事不要轻易许诺。如果父母经常言出不行，说话不算话，就会降低在孩子心目中的可信度，孩子对父母的崇信、敬仰与爱戴，就会由于你的失信次数而递减。再者，如果作为父母经常说话不算话，孩子也会下意识地效仿，对自己说出

的话不负责任，便会成为他的一种不良习惯。

都说男孩不好管，事实上，家长仅仅用"嘴"去管教，自我意识很强的小男孩是很难顺从的。而家长的垂范作用，不仅可以给孩子一种最有力量的指引，孩子对于父母的崇拜与爱戴，同时也是亲子关系的黏合剂。

对男孩的管教要懂得"抓大放小"

每一位父母都爱自己的孩子，每一位父母对于孩子的成长、教育都付出了巨大的努力。但是由于一些家长在教育方法上的欠缺或不当，使得自己的教育不仅没有效果反而产生了负面效应，引起了孩子的反感，这样的事情是可悲的。

"整天只会看电视，叫你多看些书，小心以后考不上好学校。""明明告诉你要小心的，偏偏还是把开水洒到了地上，到底要说多少次才行啊。"……一回到家，整个屋子都充斥着母亲的唠叨。

在五年级小学生徐玮的心目中，母亲跟"祥林嫂"简直没有什么区别。"同样的一件事，她可以反反复复说上好多遍，甚至连续几天还在念叨着。有些话她每天都会说，否则就活不下去一样。"徐玮表示，而对母亲的唠叨，他就快忍无可忍了。

徐玮的性格跟父亲一样，不喜欢说太多的话，可是偏偏碰上了一个喜欢唠叨的母亲。有时母亲在厨房里炒菜，嘴里仍然说个不停，与锅盆碗碟的声音交集在一起，就像一曲杂乱无章的交响乐。每当这时，徐玮就会关上房间门，或者戴上MP3听音乐，有时还把电视的声音开得大大的，只希望不要听到母亲的声音。

渐渐地，徐玮对母亲的唠叨感到麻木了，产生了"免疫力"，对母亲的话全然当作耳边风。有好多次，母亲吩咐做的事情一句也没听进去，被母亲狠狠地批了一顿："你这是什么态度，到底有没有听到我说话？"可是徐玮却反驳："你整天说来说去，我怎么知道你哪句才是重要的？"结果是母亲更唠叨了，徐玮也依然故我。

男孩在成长的过程中会有许多事情需要父母操心的，但有些事情是无关紧要的，有些事情是可以睁一只眼闭一只眼就可以过去的，有些事情也许并没有我们想象的那么严重。父母在教育孩子时不要整天紧张兮兮的，可以让自己放松一点，对于孩子生活中的一些琐碎小事，应当学会能够放的下来，毕竟孩子在一天天长大，许多事情他已经会做了，不需要父母再千叮咛万嘱咐的，这个时候父母如果还是一而再再而三地去提醒，孩子当然会嫌你唠叨。

妈妈正在看读一年级的儿子的作业。孩子的作业让妈妈很不满意。她指着作业本大声斥责："你看看你，作业写得这么潦草，心飞哪去了；跟你说过多少遍了，写作业头要抬起来，不能离书本太近，再不听话，迟早会得近视眼；写作业的时候要专心，不要一会喝水一会上厕所；是不是上课没专心听讲，瞧你这作业错的……"一个刚刚上学的孩子有毛病和问题是正常的，如果妈妈事无巨细，一次说出那么多问题，孩子怎么能接受呢？哪个才是最重要的呢？

心理专家认为，唠叨就是永远一个标准，一种腔调，在孩子身上翻来覆去地重复那几句话。常听孩子说妈妈的唠叨能背出来了，耳朵都快听出茧子来了。但是妈妈并不认为自己是在唠叨，而是觉得这是在教育孩子，关心孩子。其实不然，关爱应该是让孩子感到温暖和理解，并对孩子有实际意义上的帮助，而大事小事都要管，最终又没有讲到点子上的唠叨，只能让孩子产生反感并急于逃避，而且破坏了妈妈在孩子心中树立的威信。

很多当妈妈的都有这样的感受：自己苦口婆心，天天对孩子说，结果呢，孩子根本不听不怕自己，反而是当父亲的，往往在关键时候一句话，就能起到很好的教育效果。这就是说得多不如说得精。其实，妈妈应当学会把最主要的精力放在那些重要的事情上，应当学会照顾孩子的一些最核心的需求，比如孩子的人生态度、价值观、未来志向、学习习惯、学习方法等等，这样一来，不但妈妈自己轻松了许多，孩子也会自然与你更亲近，也会自然更听你的话。

如果想让孩子做什么事，应当先选择好恰当的时机，然后和孩子面对面坐下来，严肃认真地与孩子谈，为了引起孩子的注意，可以明白地告诉孩子，"你听好了，这话妈妈只说一遍"，在对孩子说的时候，一定要突出重点，挑选有分量的话讲一两遍就可以了，不要对孩子反反复复地唠叨个没完，如果你对孩子没有把握，可以再给他解释一下其中的要点。要是有一些很重要的事需要向孩子交代，那么最好是找个合适的时机，和孩子面对面坐下来，心平气和，严肃认真地告诉孩子。这样的态度，会让孩子觉得这件事非同寻常，是必须重视，必须做好的。即使是在纠正孩子的错误时，也不要喋喋不休地数落和教训孩子，凡事点到为止，只要孩子能够认错并愿意改正就可以了，要知道，唠叨在大多数时候是不动听的，说多了反而起不到好的效果。

因此，教育孩子一个重要的原则就是一定要抓大放小，不要事无巨细什么都抓，什么都抓你就会什么都抓不好，不但家长很累，孩子也很烦。小事把男孩说疲了，大事你再说他就没有用了。因此，避免唠叨，让孩子在自发自主状态下成长，这样他才能成为最好的自己。

"偶像爸爸"和儿子共同成长

一般来说，男孩在三周岁以后，就已经知道性别的差异了。而爸爸和妈妈就是孩子最重要的老师，孩子可以从妈妈身上认知到女性，从爸爸身上认知到男性。而这种教育是夫妻双方应该共担的义务，是缺一不可的。

小繁的爸爸工作很忙，所以妈妈自然就成为小繁生活中最重要的角色。但是，妈妈在小繁出生之前一直希望自己生个女儿，当一个男孩在这种盼女心切中降生时，妈妈毫不犹豫的给儿子起了一个稍带女性化的名字

"小繁"。爸爸无暇顾及，只是忙着他的事业，妈妈给小繁梳小辫子，穿裙子等等，妈妈觉得要趁着小繁还小的时候，自己多体会一下养"女儿"的感觉。爸爸的缺席，妈妈的"特意"培养，不知不觉中，小繁养成了很多女孩的习气，比如说，爱哭、说话声音细、举止像女孩等等。

后来，小繁上了学，由于自己的这些"女孩"形态，使他在班级里经常遭到男生的嘲笑，以及女生的排挤。在这种情况下，小繁已经无心学习，成绩越来越差，

爸爸，不要只是家庭的一个陪衬，总是让自己处在那种可有可无的角色上，在孩子小的时候如果家长不注重孩子对性别的区分，很可能使男孩变得"娘娘腔"。当然，在小繁的故事中，妈妈是要付绝大部分责任的，可是爸爸的错误更大，面对孩子的教育，特别是男孩子，阳刚之气，是爸爸们教导男孩子的基础之道，一定要给予高度的重视。

在孩子的心目中，母亲是水，父亲是山，父亲偏重于精神和心理，父亲传递给儿子的是坚强、勇敢、承受力强等阳刚之气。当孩子提出问题希望父母解答时，父亲很少有耐心面面俱到地讲完，总是让孩子自己去看去想，给孩子留下困惑和疑虑；而母亲却会把答案和盘托出，说出结论。从表面上看，父亲的方法有点"粗"，但促使孩子多思索，是一种很好的意志锻炼。

当男孩子失败时，他需要知道他能够从父亲那里得到理解、安慰，知道父亲明白他已经尽了最大努力。父亲千万别总是指出孩子应该怎么做才更好。父亲需要记住，所有的孩子都是与众不同的，学习速度也不一样。父亲的任务是发现孩子的优点，通过表扬、为其骄傲和赞美来认可他们。

有人说：母亲生育了男孩，父亲则造就了男孩。父亲的行为举止对男孩的性格形成极为重要，男孩子从父亲那里受到阳刚之气的熏陶，获得知识。父爱的功能表现在教会孩子怎样应付和解决他们遇到的各种人生问题，父爱往往象征着事业、思想、秩序、冒险和奋斗，代表的是理性方面，其主要表现在对孩子成就感的培养上。

有人说"一个父亲胜过100个教师"，因此，孩子的成长和培养，父亲绝不能袖手旁观！然而，在当今家庭教育中，往往是父亲们忙着为一家的生计奔波，而把教育、抚养孩子的职责和义务推给了妈妈。在这样单性教育的环境中，孩子更多地了解和接纳了妈妈的温柔、纤细的性格，缺少爸爸榜样的模仿及学习，所以很难造就孩子勇敢、坚毅、豪爽、爱冒险等优秀的品质。

儿童心理学研究表明，孩子种种同性别角色相符合的行为，与爸爸的教育和影响密不可分：男孩向父亲观察、模仿男性的语言和行为，逐步树立"男子汉"、"大丈夫"的气概。因此，别忘记父爱对男孩子教育的重要意义。

身为父亲，要把父爱传递给孩子，要经常和孩子玩游戏、打球、观看比赛等，在这种具体的接触之中，孩子对父爱有了真切的感受，父亲的美好形象便会印在孩子的心中。从前有句话叫做："父亲是儿子的陪练。"所谓"陪练"，就是不管孩子是要与父亲玩耍，还是与父亲争论，父亲都全面地接受，并对他加以锤炼。也许有的父亲会以"我没时间和孩子玩"或"不知道和孩子怎么个玩法，在这方面我一点都不擅长"这类话来搪塞。其实，只要挤出一点时间来就行，不会玩也没关系，重要的是要做这种努力。

因为玩耍就是孩子生活的本身，所以，与父亲玩耍的快乐，会使孩子在其一生中都留下美好印象。做一个能够与孩子一同愉快玩耍的好爸爸吧！这是每一个男孩子的心愿。

心理学家和社会学家所做的大量调查表明：没有父爱的家庭会严重影响孩子的身心健康，造成孩子性格上的缺陷。所以，让孩子感受到父亲的存在，体会到父亲对自己的爱，会使孩子有一种心理寄托，获得安全感，正常健康地成长。作为父亲要多和孩子交谈，倾听他对你的讲话，在和孩子玩时父亲应该是孩子的"朋友"，使孩子深深感受浓厚的父子之情。当父亲学会不用惩罚来管束儿子时，一扇全新的大门就为儿子和父亲的亲密关系而敞开了。儿子再也无需害怕因犯错误受到父亲的惩罚。在与父亲相处的这些年里，他可以自由地向父亲寻求建议和指导。

当父亲不再惩罚儿子，儿子和父亲成为亲密的朋友时，儿子就会从父亲那里得到更大的自信，儿子会像父亲一样乐观幽默，做事积极主动、负有责任感，有坚强的性格，具有挑战精神。是父爱造就了儿子男子汉的阳刚之气。因此，父爱教育对男孩子的身心健康和人格发展有着极大的促进作用。

妈妈"示弱"，让男孩变强

中国家庭不注重培养男孩子为家人服务的意识，尤其在独生子女家庭中，男孩子被人照顾得太多，长大后在生活上很无能。现在有些男孩唯唯诺诺、胆小怕事。本来男孩应该是保护别人的，但是现在却在寻找别人的保护。他们已经被家庭的"爱"淹没了。有的家长，不让男孩子做任何家务，只要求他将来考大学、当博士。这些孩子一旦离开了家庭，就什么都不会做，缺乏自立精神。现在各家只有一个孩子，便把这惟一的男孩当成家里的宝贝，不再委以重任。表面上看去是宠爱，其实爱已被扭曲。男孩子也就失去了阳刚之气。

造成这种现象的原因，是我们做父母的不明白男孩子有不同的需要，如果父母真正了解了男孩子的需要时，把给予男孩子所需要的东西，做出相应的调整，改变已往的教育方式，来满足孩子的独特需要，这样可以使养育容易很多。

无论哪个年龄，男孩子们都需要更多的信任，当男孩子独立完成了一件事时，他会自我感觉良好；当他能获得信任时，他会觉得更自信、更自豪。提供帮助是关心的一种表示，而让男孩子自己做某件事情则是信任的表示。男孩在他们所做的事情、他们无须帮助独立做事的能力以及他们与别人不同等方面需要更多的爱、关注和承认。男孩需要因为做了更多事情而受到赞赏，要父母认可他做的事情。

晚饭后，凯瑟琳一直在摆弄那个坏了的音响，可弄了半天还是没有修好。这时凯瑟琳13岁的大儿子汤姆从楼上吹着口哨跑了下来，看他的打扮似乎正准备出门去玩。"汤姆！"凯瑟琳叫住了他，"过来帮我看看这个音响，再修不好就得换了！""妈妈，您是让我帮您修音响吗？可是我以为——真是太难以置信了！您从来都不会找我做这种事的。"然后在母亲略显尴尬的目光里，汤姆迅速脱下外套蹲下来和她一起研究那个音响。

"您看！这个导线接触得不太牢固，我猜毛病就出在这上面！"凯瑟琳惊讶地看着自己的儿子，"你怎么会懂这么多呢？你知道，我一直把你当成小孩子！"汤姆愉快地笑了，"妈妈，我不是告诉过您，我参加了学校的电器小组吗？以后家里的电器坏了，需要帮忙时就请您说一声，我会非常愿意和您一起干活的！"从那以后，凯瑟琳发现儿子变得懂事了，看到父母做家务事时。他会礼貌地问一声："需要我帮忙吗？"而且汤姆还买了一大堆物理方面的书籍，有空就坐在房间里研究，现在汤姆已经成为了家里的"电器专家"，老师告诉凯瑟琳说汤姆现在上课时变得"很认真"。

我们应该明白每个男孩都希望"做自己的主人"，他们都希望从自立与帮助他人中寻求到自我存在的价值。所以，妈妈不妨试着扮演一下弱者，给孩子责任心与能力以最好的鼓励与赞赏。

男孩首先需要信任、接受和赞赏。信任是对孩子各个方面的一种积极认可，是对孩子取得成功的能力以及从错误中学习的能力的一种了解和信任，是认为一切都会变好，从而让事情自然展现的一种坦诚心愿。当一个人在被他人需要时，才能感受自己的价值。一个孩子在被大人需要时，才能感受到自己幼小的生命是多么重要，进而感悟到一种深深的爱，并且产生强烈的责任感。信任是认为你的孩子一直在尽自己的最大努力，哪怕看上去不是那样。信任给了孩子独立自主的自由和空间。当男孩感觉到他被人需要并且能够提供别人所需要的支持时，他们是最幸福的。他才会变得关心他人并且受到激励。当他觉得他不再被人需要，或者没有能力完成眼前的任务时会变得情绪低落。

母亲们常常因为过于担心而削弱了儿子的能力或者因为过于关心而使儿子感到窒息，父母需要理解到，男孩子基于获得的信任来形成积极的自我意识。因此，对于男孩子，要尽可能地使用他们，要敢于把重担子交给他们，不要太庇护、娇惯他们。男孩子则会认为父母承认他的能力，相信他能够照顾好自己，相信他能够把事情做好。当母亲过于关心儿子的某种特别需要时，他很容易把母亲的行为看成是"她不相信我能自己做好"的表示。当然，每个孩子都需要关心和信任，但需要的多少却不尽相同。一件好的事情，太多了就变成不好的了。

要想把自己的儿子培养成为适应未来社会的男子汉，当妈妈的不妨表现得弱一些，给予孩子充分的信任，让孩子有一个更大的空间，给孩子提供显示本事的机会，这样有助于培养孩子的男子汉气质。如果母亲过于能干、刚强，就没有他们施展自己本领的天地了，他会变得软弱；相反，如果母亲表现得柔弱一些，会令男孩子坚强起来，就会流露出一种作为男子汉帮助母亲、保护女性的自豪与得意。也意识到自己保护弱者、保护母亲的责任。

少年时期，男孩子崇拜父亲，但也容易接受母亲的影响，他们小小男子汉的阳刚之气，也是被母亲的信任激发出来的。不相信男孩的能力，总是想将其置于父母的羽翼之下，那么，他将永远是一个懦弱无能的小男孩儿。

"协商"使男孩体验平等与尊重

遇事和孩子商量，是父母应该具有的一种爱的能力。男孩大都有强烈的"参政"意识，在做与孩子相关的决定时多和孩子商量，听听孩子的意见，如果我们真的做到了这一点，就会发觉孩子是那么可爱、懂事。

杨坤是家里的独子，虽然家里的条件不是很好，但是要强的妈妈总是千方百计地为他提供更好的生活条件。杨坤也的确没有辜负妈妈的期望，成绩一直在年级里名列前茅，妈妈虽然辛苦，心里却是甜甜的。

前不久，妈妈所在的工厂倒闭了，家里经济一下子变得拮据了。四十几岁的女人找工作不是很容易，所以在妈妈失业的日子里，家里缩减了日常开支。可是，为了不让儿子受到打击，妈妈隐瞒了这些情况，所以杨坤依旧吃好的、穿名牌。看着儿子依然那么快乐，妈妈也很高兴。

可是妈妈没有想到，杨坤的学习成绩却一点点地下滑了。期中考试后，老师把杨坤的妈妈请到了学校，指着杨坤糟糕的试卷说："你们的孩子经常旷课上网，已经严重耽误了学习！"

妈妈惊讶至极，前几天儿子还要求买电脑，他们正筹款呢，没想到是儿子迷上了上网！

夫妻俩深思熟虑后，把儿子叫到了自己的房间，把存着家里仅有的一点积蓄的存折拿给儿子看。爸爸告诉儿子，其实妈妈已经失业一段时间了，现在靠给人家洗衣服补贴家用。为了不让他的学习受影响，才没告诉他。儿子听完后表情愕然。

妈妈说："家里就这点钱了，我们正在寻找合适的项目，打算投资做点小生意，看看你的电脑能不能缓些日子再买？"

儿子先是沉默，许久后，说："先不买电脑了，等家里条件好了再说吧！"

从那以后，杨坤跟变了一个人似的：名牌的服饰再也不张罗买了，本来已经搁置起来的旧运动服，又取出来穿了；每天回家写完作业后，他还会帮助妈妈做饭，晚上一有空还会主动给妈妈捶背、按摩。

这下，妈妈明白了，其实自己的儿子很懂事！

商量，能使家庭关系变得和谐；商量，能使孩子得到大人的尊重，从而使孩子懂得尊重别人，并学会用商量的办法去对待父母和他人。"商量"使亲子间增进了感情，避免了冲突和对抗；"商量"使孩子学会了从别人的角度来观察事情，思考问题，学会了民主和平等、尊重和友谊。

家长要把孩子当成家庭的一分子，不管孩子多大，总要有意识地与孩子讲讲家里的事情，让孩子也参与一下意见。如果孩子真的提出了合理的要求和有建设性的意见，父母一定要接纳和采用。不管孩子提了什么意见，一定要帮助孩子分析，这样做不仅能够帮助孩子更加全面地认识问题，而且在拒绝孩子的意见时，也会让孩子心服口服。

吃晚饭的时候，爸爸跟妈妈正在商量怎样装修新房的事情。

8岁的小雨在一边认真地听着，因为他一直梦想能够有一个自己的房间。

说着说着，爸爸妈妈谈到了小雨房间的装修问题。

"小雨的房间怎么装修呢?"爸爸问。小雨一下子就竖起了耳朵。

"小雨的房间里摆一张小床，一张小书桌就行了，还能怎么装修?"妈妈轻描淡写地说。

"不，妈妈。我想把我的房间刷成蓝色，我的小床底下要有抽屉，装上喜羊羊的把手。"小雨插嘴道。

"你怎么那么多事? 哪有这么多精力给你弄这弄那的。小孩子的房间只要简单、实用就好了!"妈妈不耐烦地说。

"可是，我就想自己布置一下房间。"小雨瞄了一眼妈妈，只见妈妈正看着自己，连忙低下了头。

"你现在说这样，谁知道你明天会怎么想。怎么装修我还不知道呀? 弄得花里胡哨的，还像家吗?"妈妈呵斥道。

"依我看，孩子的要求也不过分。"爸爸在一边说。

"你就是老依着他，孩子会不断有新花样的，不能再这样宠着他了。"妈妈说。

小雨的眼泪一下流了出来。

两代人的沟通，最重要的是相互理解、相互尊重，要把男孩子当成独立的个体，而亲子间相互理解、相互尊重的方法就是学会商量。

如果父母忽视了孩子的主观能动性，希望以家长的权威来压制孩子，使他改变主意。实际上，这样孩子不仅不会听从妈妈的意见，反而会产生逆反心理，恶化亲子关系。因此，明智的家长在这种情况下要学会使用商量的口吻，让孩子体验到父母的尊重、体验到人格的平等，这样，孩子在接受父母的意见时就比较顺利。

"商量"，这是沟通成人世界与孩子世界的钥匙。遇到问题时父母如果能与孩子心平气和的商量，不仅能避免亲子间的冲突，增进亲子间的感情，更为重要的是使孩子从商量中学会从别人的角度来观察事情、思考问题，从商量中学会民主和平等，学会尊重和友谊。长此以往，父母与孩子就会了解得越来越多，而且能够互相约束，剔除不和谐的成分，逐渐形成一致的看法。而且，现在的孩子思维活跃、理解力强、视野开阔，在许多事情上他们都可以很好地与父母经过商量解决问题，甚至能给父母提出良好的建议。

第 章

男孩在穷养中成长的6种尝试

> 父母是孩子的第一任老师，是孩子人生的引路者。但无论如何，成长，是任何人都替代不了的。在男孩的少年时代，有些事情必须亲身尝试，在尝试中获取经验。对于男孩，是否经历过这些事情，具有里程碑式的意义。

独自出一趟远门

今天，我们的家长们因为各种"爱"的理由，使孩子失去了很多体验的经历和机会。因为怕孩子弄脏衣服而不让孩子参加户外活动和游戏；因为怕弄脏地板而从不让孩子做洗碗、摘菜等日常家务；因为怕孩子跌倒和在游戏的时候受伤或感染细菌而阻止孩子栽花种草，挖虫子，踩水洼；因为怕路上出现意外，不敢让孩子离开所在的城市。

有些家长表示，他们也希望孩子可以去游戏，去体验，但是害怕孩子在不熟悉的环境中发生意外自己应付不了。事实上，我们生活的各个角落都存在风险，如果孩子对于风险没有体会，或者对风险的存在没有认识，他如何才能离开父母，面对世界？

教育专家认为，男孩14周岁以后，可以尝试去异地旅游、探亲、求学等等，这是其他事情所不能代替的一种强化训练。毕业于广西南宁某大学的王先生，回想起自己当年第一次出门求学的情形，依然历历在目。

培养完美**男孩和女孩**的方法

上世纪末，家住陕西一个小山村的王力考上了广西南宁的某大学，当时家里人谁都没出过远门，而王力去过的最远地方也就是县城。

　　王力想，两点之间直线最短，于是他从地图上找出了从汉中到南宁的"捷径"：从陕西经重庆过贵州再到广西。临开学还有5天，王力上路了。

　　第一天，王力从家里步行到县城，再坐汽车抵达汉中市，然后坐火车到安康，再在安康转火车到重庆。到达重庆的时候，已是第二天早上，而开往贵阳的火车晚上7点多才发车。于是，王力就在火车站广场上坐了一个白天，其间只是买了一包8角钱的方便面干吃当午饭。

　　由于没有买到坐票，王力从重庆一路站到贵阳，第三天晚上到达目的地时，双腿都肿了。在贵阳，王力又在火车站候车室睡了一晚。当时从贵阳没有直达南宁的列车，王力只能乘火车先到广西的黎塘，然后换乘汽车到南宁。

　　换了6次车后，王力终于在第五天傍晚来到了大学门口。"在路上的时候，很难过也很无助，来到学校后，暗自发奋，一定要闯出自己的一片天地。"他说。

　　王力后来发现，自己选的"捷径"原来绕了很多路。从汉中到南宁，只需转一次火车，本来30个小时就可以到了。不过这段冤枉路却成了王力日后津津乐道的话题。他说："我第一次独自出门求学，就经历了许多同学没有经历过的事情，这是我一生的财富。"

　　学生们不论是在家还是在校，都有父母老师为他们安排一切，没有真正意义上的"离开"，他们很少受到失败的挫折，但也很难品尝到成功的喜悦。唯有"参与"，才能获得宝贵的体验。

　　美国男孩希伯来要到山里去参加为期两天的野营。校方为他们介绍了营地情况，为他们的准备工作提出了建议。妈妈问希伯来是否需要帮忙，他骄傲地说我会照顾自己。在走以前，妈妈检查了他的行李，发现他没有带足够的衣服，因为山里要比平原上冷得多，显然希伯来忽略了这一点。

再有一点，妈妈发现儿子没有带手电筒，这是野营时经常要带着的东西，但是妈妈并没有说更多的话。希伯来高高兴兴地走了。过了两天，等他回来的时候，妈妈问希伯来："怎么样，这次玩得很开心吗？"希伯来说："我的衣服带得太少了，而且由于我没有带手电筒，每天晚上都要向别人借手电筒，才能够走出去，这两件事搞得我有些狼狈。"妈妈说："为什么衣服带少了呢？""我以为那里的天气会与这里的一样，所以只带了这里平常穿的衣服，没有想到山里会比这边冷，下次再去，我就知道该如何做了。""如果下次你再去佛罗里达，也带同样的衣服吗？""不会的，佛罗里达很热。""是的，你应该先了解一下当地的天气情况，再做决定，对吗？""是的。""那么手电筒是怎么回事呢？你就没有想到它吗？""我想到要带手电筒，老师也告诉我们要带手电筒，可是我忙来忙去，却把手电筒忘掉了，我想，我下次野营时应该先列一个单子，就像爸爸出差前列单子一样，这样就不会忘掉东西了。"

　　妈妈虽然知道希伯来带少了衣服，而且忘了带手电筒，这样会影响他的这次出游，但她并没有说出来，更没有为孩子添上这些东西。她给了希伯来一个体验的机会。经过此次野营，希伯来学到了不少知识，增长了不少经验。

　　我们常说，孩子离开父母的那一天，就是孩子开始走向成熟的开始。但是，家长们一方面毫不吝惜地将自己的羽翼充当着孩子的保护伞，一方面又常常抱怨孩子对自己过于依赖，责备孩子不懂事、不体谅大人、不能独立处事……可是家长们又给孩子们多少机会，让他们走出自己的保护伞去独立面世呢？在孩子成长的过程中，家长们一定要创造机会让孩子尽可能多地体验不一样的生活和经历，因为很多事情在没有去做之前的想法，与真的去做过了之后的结果会完全不同，关键的是孩子在经历过程中的行为表现及处事应对，更是家长所不可设计和不能替代的，往往经历与体验的价值也就蕴藏在其中。

进行一次有意义的社会实践

现在，孩子的好多经验是从电视、电脑这些媒体上获得的，他亲身体验的过程越来越少了。怎么能够把这些孩子拉回到生活中来？这可能会对以后的孩子的成长造成很大的影响。这是社会进步对我们的教育的一个很大的挑战。

俗话说，"实践出真知"。体验教育就是让孩子通过亲身经历，在实践活动之中认识周围的事物，增长知识，受到锻炼。

中国男孩阿伦7岁去了美国，他的成长是在中西两种文化价值的熏陶下完成的。

在初中二年级的暑假，阿伦和父亲决定找一份义工来做。最后商定的结果，选择了华盛顿大学医学院的临终关怀住院部。顾名思义，这里住院的都是被医学上判定为不久于人世的病人和老人。医院分配给阿伦两个任务，一是每天下午要轮流将三个病人用轮椅推到外面去散步，每人在外逗留的时间为30至50分钟不等；二是为本部急救室（一楼）递送血浆（血浆是在六楼）。这份义工让阿伦深刻地认识到了书本上无法学到的人生意义和价值。刚开始时，他一直持有一种无名的恐惧感，不断地叨咕着这些人为什么不久就要死去，他们的亲人会很难受吗？他们心里是不是非常害怕死去？在第一次看到自己每天都推出去散步的一个老人的尸体被人抬出病房的情景之后，阿伦几天吃不下饭，甚至无法入眠。半夜三更把父亲叫醒，告诉父亲这个老人在散步时给他讲的一些生活往事。每到伤心处，阿伦甚至无法控制自己的情绪。他还告诉父亲，他照顾的那几个病人每天都盼望着他的到来。此时，他开始意识到自己的存在也能为别人带来快乐这个事实——一种价值实现的成就感。此外，医院要求只能跑楼梯而不准乘电梯（速度过慢）的血浆递送任务，更进一步让阿伦体验到人生的价值。连续两年暑假做同样的义工，不但在他的心中积淀了可受益一生的人生价值，也为他能顺利升入大学提供了最有说服力的社会参与的纪录。

对于男孩，小时候一次成功的感受对人一生的影响是特别大的，在成人身上，很多好的意志品质都和小时候的经历息息相关。不光写字、画画、背诗是教育，与社会的亲密接触也是教育。

处于优越条件下的孩子难以自立，也难以克服身上这样那样的缺点，因此，如何培养孩子的美好人格，顺应生活，适应社会，应成为广大家长重要的必修课。

不少的家长也意识到了这一点，也曾想过很多的方法力求去解决这一问题，比如叫孩子们在家里干些家务，洗碗、扫地、洗衣服等。但随着时间的推移，他们往往没有了当初的新鲜感，也随之产生了惰性。于是，这时候就有些聪明的家长就把孩子送到社会的大课堂中去，通过假期打工活动，解决孩子"见不了世面，经不了风雨"教养难题。

放寒假的时候，初三年级的男孩李诚的妈妈问儿子，愿不愿意到一个中餐厅当服务员。李诚觉得很新鲜，就答应了。

走到那里才发现，工作量比较大，几乎是从早上九点到十一点一直忙个不停，并且要干收桌、泡茶、摆餐具、招呼客人等工作，非常辛苦，忙得不亦乐乎。但辛苦只是一个方面，当后来妈妈和李诚一起总结打工的收获时，他也感到了前所未有的快乐。

第一，培养了吃苦耐劳的精神，体验到了劳动"苦中有乐"。在几天的打工劳动中，李诚和小伙伴干得非常投入。

第二，学到了一些劳动技能。虽然泡茶、铺餐布、收摆餐具、铺床单、收拾房间等是一些基本的餐厅和客房服务技能，但这些劳动技能与我们的生活息息相关。

第三，培养了服务意识。现代的学生大多都是家里的小公主、小皇帝，过惯了衣来伸手、饭来张口的生活。生活自理能力比较差，没有劳动的观念，不知道劳动的艰辛，更谈不上会有为别人服务的意识。几天的打工生活体验，为人服务的意识已扎根于李诚心中。

第四，学到了团队合作的精神。李诚和小伙伴在宾馆餐厅、客房部打

培养完美**男孩和女孩**的方法

124

工劳动的过程，也是与人团结合作，共同把事情做好的过程。对于李诚来说，这也是一种全新的生活体验。有此积累，在今后的生活中，李诚一定更加清楚怎样与人相处，怎样与人合作，共同把事情做好。

第五，学会了与人打交道。来酒店的中餐厅喝茶、用餐的人，可以说是形形色色，什么人都有。小小年纪的李诚要与他们打交道，确属不易。但他走过来了，尤其在为一些"气势汹汹"的客人服务中，李诚学会了忍耐和自我调节。

孩子们对于自己亲身经历的事物大多印象深刻，充满兴趣，其活动本身所蕴涵着的教育内容往往起到"信手拈来""水到渠成"的奇效。我们应当相信，教育孩子，"说教"总不如"实教"来得扎实和精彩。

在人多的场合发一次言

语言表达能力是一种十分重要的能力。一个人素质的高低，就在于他的语言表达能力如何。语言表达是一个复杂的心理和生理活动过程，也常常是一个人气质、智慧的最直接、最现实的综合表现。高雅的谈吐、幽默的表达，无疑是现代人讲文明、有教养的表现。而不会表达，即使有再多的想法也无法表现出来，与人交往也有困难。而很多男孩不敢在公开场合与人说话，或者一与人说话就脸红，也就是遇事怯场，怯场是一种不自信的表现，这不利于孩子今后的发展。因此，帮助孩子摆脱羞怯是父母所能给予孩子的最好礼物。

立峰在5年级以前学习成绩很好，各方面表现也不错。但自从转校进入一所重点小学后，他就习惯于把自己的各项素质与班上最好的同学比，结果把自己看的一无是处，认为自己学习能力不行、交际能力不行、动手能力不行、文体方面也没有特长、连自己认为最好的3000米长跑在运动会上也有人跑在了他的前面等等。凡是能想到的项目，他都可以举出几个比自己强的人，觉得这个世界对自己太不公平了。

从此，立峰像变了一个人，佝偻着肩膀，贴着墙角，步履沉重地走着，他认为天空也是灰色的，自己是世界上最不幸的人。走在街上，以前小学的老师甚至认不出立峰了。

这时候，学校要组织一个演讲比赛，立峰被选为班级的3个代表之一。他高兴极了，利用课余时间做了精心准备，还让爸爸帮他修订了演讲稿。在试讲的时候，爸爸告诉他如何掌握节奏，突出重点。立峰试了一下，效果果然不同。

比赛开始了，轮到立峰走上讲台时，他深呼吸了三下，定了定心神，胸有成竹地开始了他的演讲。

立峰的演讲很有感染力，台下老师和同学响起了鼓掌。立峰有了信心，下面的演讲更为成功。这一次，他获得了一个二等奖，为班级赢得了荣誉。这次演讲，成了立峰的一个转折点，从此，他又恢复了往日的快乐。

在公共的演讲或辩论，能让男孩体验到一种运筹帷幄的感觉，他会觉得"我能行"、"我很强"，进而增强信心，带动其他学习项目的发展。

如果孩子害羞是因为从小没有这样的机会，父母就应当特别关注他在这方面的需要。不妨领孩子到亲友家中，比如大家在一起用餐的时候，鼓励孩子给大家倒酒、倒水，让孩子站起来说一些祝福的话等等。让他有机会接触人，主要是让他学习如何与别人交往。经过这样的锻炼，孩子就会增加自信心，也就慢慢的不会怯场了。

父母还要有意识地带孩子参加一些集体活动或社交活动，让孩子能适应陌生的环境。指导孩子在公开场合应该注意什么礼节，怎样和他人打招呼，和他人聊天等。当然，孩子毕竟阅历比较浅，很难像大人那样在公开场合应付自如，相反，孩子大都害怕所有人的目光都集中在自己身上，尤其是对性格内向的孩子来说，那样他会感到很不自在。因此，家长应该尽量让孩子在公开场合感到很轻松、很自在。

让男孩对自己的语言产生信心，家长还可以从常见的生活场景中进行针对性训练。

每个男孩都需要一个聆听者。父母和孩子交流时应选择一天里不忙的时间和安静的地点，这样才能够做到专心听孩子说话。在这个时间，不要做饭、熨衣服和干别的一些家务活，要关掉电视和忘掉电话及其他分心的事，用眼睛注视着孩子，表示是真心在与他们接触。

开始和孩子交谈时，当孩子详述某件事情的经过时，有时孩子会说得不好，比较乱，没有顺序，家长一定要有耐心，要学会倾听，不要打断孩子的话，要用一些鼓励的词，比如"是吗""太好了！""我跟你想得一样！""你的想法太好了，请继续说！""太了不起了"等话语来表示你的兴趣。也可以提一些简单的问题进一步引导孩子，要对孩子的谈话表现出兴趣。在和孩子交谈时，一定要与孩子平视，不可居高临下。要用眼睛"听"，要睁大眼睛看着说话的孩子，很自然地用眼睛来表达你的兴趣和愉悦。不要一边看书一边和孩子谈话，或者手里做着其他的事情，这让孩子感觉父母不在意他，对谈话也不感兴趣，孩子会十分扫兴。要保持微笑，并常常做出吃惊的样子。孩子最爱吃惊，他们希望看到大人对自己所说的事情表示出吃惊的表情。能把大人吓住，说明自己很有本事。让孩子知道他所说的每一句话，你都认真听到了。不论孩子的话题多么简单，你都要表现出有兴趣的姿态，那么兴趣也会自然而然地产生出来。

男孩先在家里说，口才是一步步锻炼出来的，以后，他的口才会越来越好，听众也会越来越多。

学习一种自卫的法则

在男孩还没成长为男人时，自制能力差，对于是非的分辨能力不强，在一起玩的时候，吵嘴打架的事儿时常发生，一些身体强壮、性格放纵的孩子常常会占了便宜，那些身体瘦小、性格软弱的孩子就受了欺负。一些家长对此并不当回事儿，他们认为，大孩子欺负小孩子，是儿童成长过程中的正常现象，自己小时候，也是这么过来的，不是也没有什么大问题吗？

但是现在的孩子，并不像上一代那样，是在一群兄弟姐妹之中，吵吵闹闹、磕磕绊绊成长起来的，他们在家里是父母的宝贝，要什么有什么，换个环境——比如在学校，就成了受气包，这种反差，常常使他们难以接受。长期受人欺负可能对孩子产生严重的心理影响：他们常常会变得抑郁、沮丧，甚至认为自己毫无用处……

更有一种需要我们警惕的情况是，有些孩子受了欺负，却出于羞耻感、对父母过激反应的担心，或者不想给父母增添过多负担的原因，他们往往就会保持缄默，不向父母诉说自己的遭遇。这对他们身心发育造成的创伤，往往更为严重。作为家长，我们有责任给孩子足够的关爱，不放过他们身上的任何潜在征兆。

1. 伤痕与淤紫

孩子们通常容易被划伤、擦伤或碰得淤紫，但如果你孩子身上的伤多于正常发生的数量，你可能就要探究一下原因了。你的孩子可能觉得承认自己受到欺负是一件十分难堪的事，但受到身体侵犯是不可容忍的，你需要弄清楚究竟是怎么回事。

2. 头疼、肚子疼

经常抱怨头疼或肚子疼也是孩子可能受到欺负的一种迹象，尤其是发生在孩子就要去上学之前。这两种症状都有可能是孩子为逃避上学而寻找的借口，但是，这种生理上的反应也可能完全是真实的。吃饭没胃口也是受欺负的征兆之一。担心受欺负的思想压力往往会导致孩子出现真正的生理疾病。

3. 经常丢钱

孩子如果时常丢钱，也是受欺负的迹象之一。你一定看过不少电影，电影中时常有那些欺负人的家伙索要其他孩子午餐钱的镜头，而这在真实生活中是时常发生的！受欺负的孩子可能会因此变得非常易怒，而这种易怒的负面情绪很容易撒在身边的父母身上。如果你注意到你的孩子总是处于一种愠怒、沮丧、侵犯的情绪之中，那这也是一种受到欺负的迹象。

多数男孩都曾有过被捉弄、欺负的经历，但只有极少数的是长期的受害者，而家长所能提供的最好的保护，就是培养孩子的自信心，锻炼他们的独立性。

当孩子出现反常情绪时，这代表他的生活可能出现了一些麻烦。这时候父母要用爱和同情来接纳孩子，引导孩子倾吐心中的不快，让孩子知道父母了解他此时的感觉。倾听了孩子的心声之后，再与孩子共同讨论和探索解决问题的方法。

体育课对身体矮小瘦弱的初一男孩小波来说，实在是一种折磨，因为一个大个子男孩常常抢他的运动器械，有一次还把他搭在高低杠的上衣扔到地下。"最后，我们想出了一个办法。"小波的母亲说。当下次那个男孩又要来欺负他时，小波突然声色俱厉地喊道："把你肮脏的手拿开！"那个男孩被吓得一怔，每个人也都转身看着他。他再也不敢找小波的麻烦了。

心理学专家认为，帮助孩子练习类似的果敢行动可以使他们增强信心。家长可以在家中与孩子一起轮流扮演欺负与被欺负的角色，教会他们如何疾言厉色地呵斥想欺负他们的人，而不是低着头或怯生生地含糊其辞。

成人的世界里有一句话："消灭敌人的最好办法是把他变成朋友。"这句话在孩子的世界里同样适用。对那些腼腆、害羞或不善交际的孩子，家长可以在孩子放学后将他的同学请到家中做客，帮助他们建立友谊，对于稍大一点的孩子，家长可以鼓励他们多参加体育锻炼或其他活动，以便结交朋友。

家长在孩子受欺负后不能急于下结论，应引导孩子如实地把事件经过讲清楚，和孩子共同分析事件发生的原因，并与孩子共同商讨解决问题的办法。切忌因为孩子受欺负而约束孩子的交往，或者怀着一种恨铁不成钢的感情去责骂孩子无用。提高孩子的自信心和果断处事的能力，才是让他们抬头挺胸做人的关键。

父母们总是希望孩子受到欺负时能够积极反抗和自卫，以免养成懦弱的个性。但是，大多数父母同时又理智地认识到，"打回去"的教育并不能解决根本的问题。更何况，成人社会中，暴力行为最终也要受到社会的谴责和法律的制裁。因此，教孩子正确的交往技巧，学会以智慧和能力取胜，才是孩子立足于未来社会，并在竞争中获得成功的根本途径。

时常犯一下错误

今天的男孩们，大都肩负着父母的期望，承受着家长的"高标准，严要求"。许多家长都会这样自豪地夸奖自己的孩子："我儿子干什么都很出色，长那么大都很少出错，真是少操了不少心。"

孩子不犯错，尽管不能说是坏事，家长以此为荣的心理却有待商榷。让孩子听话，听话潜在目的不外乎就是做父母的可以省心，叫上东就上东，叫去西就去西。这从表面上看来很好，却抹杀了孩子的天性，泯灭了孩子的个性。

在课堂上，老师不允许孩子出错，在家里，父母不允许孩子出错，结果，孩子也只能尽力不出错。为了不致出错，他们只好收敛幻想，自我绑束，缩手缩脚。当孩子一旦形成这样的人格，首先会失去探索精神，干什么只会在固定的圈子转，让他变通，他就茫然不知所措；其次，孩子犯错误就和我们平常患感冒一样，在与疾病的对抗中，自身的免疫力才得以增强，如果根本不知错误为何物，机体的能力就无法完备。

西方俗语说：孩子犯错，上帝都会原谅。每个孩子都会面对成长的烦恼，每一个年龄段，孩子们或多或少都会出现一些相似的问题。就像打预防针一样，孩子犯错也需要合适的年龄，一个小孩子伤害小动物，遭受过父母的训斥，长大了就不会跑到动物园去跟动物们过不去。

在孩子小的时候，该犯的错误没有机会犯，到了不该犯错的时候，却用幼稚的行为去"补课"，那真是有些得不偿失。

培养完美**男孩和女孩**的方法

130

"小错不断，大错不犯"，是常常挂在老师嘴边的一句话，用于表达老师恨铁不成钢的无奈心情。可是，我们后来又吃惊地发现，小错误不犯的人，常常犯大错误。究其原因，是没有犯错的经验。从这个意义上说，犯错是孩子的权利，也是孩子成长的资源！

一个孩子干坏事，今天砸坏邻居的窗，明天弄伤别人的狗，心理学叫做攻击性外显。

解决的办法是让他承受行为的责任，去面对谴责，赔偿损失，向别人道歉。这样的好处一是摆脱自我中心，知道外部世界并不总能为所欲为。二是遭受必要的情绪挫折，体验到后悔，难过，害怕是什么东西。三是学会协调攻击欲望与环境的关系，慢慢把攻击行为转向积极安全的范围，如运动、竞赛等。

孩子犯错误的过程，就是一个人和外界相互碰撞、接受、融合的过程，可以这样说，孩子是通过错误来认识世界的。每一个人都会犯错误。当不允许孩子犯错误时，孩子会用各种不健康的方式作出反应：

1. 隐瞒错误，不说出真相

当孩子害怕受到惩罚或者失去父母的爱时，他们就学会了隐瞒自己的错误。与其面对惩罚，他们宁愿隐瞒所做的事情并希望不被发现。这导致了撒谎。这种隐瞒真相的倾向渐渐发展为内心的分裂，孩子不得不生活在两个世界里。在一个世界里，他可能得到父母的宠爱，而在另一个世界里，他相信如果自己的错误被发现，他将失去父母的爱。

2. 不给自己定高标准，或者怕冒险

当孩子因为自己的错误获得令他们羞愧的信息时，他们通常会害怕再犯错误。为了免于因犯错、失败或者让父母失望而承受痛苦的后果，他们就会谨慎行事，不再设定可能达不到的高标准，而只做那些可以预测且安全的事情。还有些孩子对羞辱信息的反应是取得更高的成就。他们不能忍受达不到期望的痛苦或让父母失望，因此会更加努力。他们可能会取得成功，却不会有幸福感。

3. 辩解或者指责他人，以此来保护自己

在缺乏宽容的环境中长大会使孩子采取防御的态度。当孩子觉得犯错误不安全时，会浪费很多时间、精力和口舌来为发生的事情辩解，要么责怪他人。当一个人为错误辩解并为自己的问题责怪他人，让其他人为我们的问题负责时，就意味着我们没有能力解决自己的问题，也失去了从错误中学习以及在生活中继续前进以实现目标的治愈。

4. 自我贬低和自我惩罚

孩子通过自己受到的对待来看待自己，当忧心的父母为孩子的行为或错误感到失望、生气、受伤、尴尬后着急时，孩子就会觉得自己有点不值得父母爱或者不够资格得到父母的爱。如果孩子因为错误受到惩罚，他会逐渐认为，若想犯错之后依然值得爱，就必须受到惩罚。孩子因犯错而受到惩罚时，结果都会因为那些错误而无法原谅自己和别人。

孩子衡量自己的惟一途径是通过父母的反应，父母应该传达给孩子的信息是：只要尽了最大努力就够了，错误是学习和成长中很自然的一部分。通过犯错误，我们学到了什么是对的、什么对我们最好。

当孩子得到明确的信息，知道犯错误没关系，那些不良反应就可以避免。当孩子没有因为犯错误而受到羞辱或惩罚时，他们就会明白自己不一定非得完美才会被爱，从而学会爱自己以及接受自己的缺点。同时也能更好地来增强孩子和父母合作的意愿。

如果我们一味地在孩子耳边提醒他，这个不行，那个不能，孩子或许会少犯很多错误，但是一个极少经历挫折，一帆风顺的孩子，他经不起失败的打击。他的高高在上的虚荣心，会在一次极小的挫折面前显得脆弱无力、不堪一击，并从此一蹶不振。

允许孩子犯错误，并且视错误为学习的过程，让我们的孩子有机会得到充分的发展。

培养完美**男孩和女孩**的方法

找一个合适的时间亲近自然

喧嚣的都市生活，对孩子的心灵有许多束缚，不免给孩子的情感世界带来冷漠和烦躁。到大自然中去，在大自然的怀抱里，享受它的温馨，感受它的灵气，给孩子以心灵的愉悦和生命的滋润。

大自然瑰丽的色彩、生动的形态、动听的音响、神奇的变化会使孩子其乐无穷。大自然用它所蕴藏的无穷无尽的素材给了人类无限的创造灵感。世界上伟大的科学家、艺术家们的发明创造，往往都来源于与大自然的亲密接触，来源于大自然的启迪。如果没有大自然中那只落下的苹果，牛顿就不会发现万有引力，如果没有百草园，可能也不会诞生鲁迅这位大文学家。

美国著名作家海明威小时候，居住在橡树园镇，北部就是印第安人居住的密执安湖畔，那儿是一片景色优美而又气候宜人的地方。父亲引导了儿子对于户外活动的爱好，美丽的大自然也使小海明威深深迷恋。夏天，他们居住在密执安北部近彼托斯基湖畔的房子里，海明威医生有时候和他儿子一起出诊，横过华隆湖到奥杰布华族印第安人居住地区，他们经常一起钓鱼和打猎。小孩子的天性都是好动的，对什么事都好奇不已。小海明威就是这样，每当父亲出诊或者出门打猎钓鱼的时候，小海明威总是拉着爸爸的衣服央求着一起去，爸爸每次都答应他的要求，带上他穿越茂密的森林，趟过哗哗的流水，去拜访那些散落的村庄，小海明威大开眼界，眼前的一切对他来说是那么新奇而又有趣，长途跋涉中他的体力和意志都得到了很好的锻炼，也增长了不少见识。

在小海明威8岁那年，爸爸给了小海明威一个渔竿，并鼓励他说："大胆去玩吧！你肯定行！"从此海明威就开始一个人在山林和水边玩耍。后来，等他又长大一些的时候，父亲又给了他一杆猎枪。就这样，在父亲的不断指引和鼓励下，小海明威开始了独立的玩耍时光，他很快就迷恋起并且长于钓鱼、打猎，以及探险。

这对海明威以后成为伟大的作家，都是弥足珍贵的经验。

大自然是人类最伟大的母亲，它赋予人类智慧。它对所有的孩子都一视同仁，它温柔、细腻，它从来不会厌倦，也从来不会索取任何报酬。

在家庭教育中，让孩子亲近自然，我们完全可以采取比海明威的父亲更为"温和"的方式。比如说到郊外远足，也可以给孩子很好的锻炼。

孩子的感觉器官比较灵敏，任何未见到的东西初次映入眼睛时，对于他们都是一种新的感受、新的刺激，奇妙的大自然是孩子学习的天然课堂，更是孩子成长的快乐园地。带着孩子去远足，到空旷的远郊，面对清新的田园山水，会心情舒畅，而且徒步旅行也锻炼了身体。远足不需要特别技巧，也不用花时间去学习，受伤的机会也很小，而且远足并不是一种需要很大运动量的活动，参加者可根据自己的能力去调节步伐。还有，远足是一种持久性的运动，所以可以有效地锻炼心肺功能和腿部肌肉，更重要的是可以锻炼一个人的毅力和耐力，增强孩子的自信心。

林天天是远近闻名的小明星，即将升入初中了，不但学习成绩优秀，担任了少先队大队委的工作，而且身体素质也很出众，是学校田径运动队的队员。可是熟悉他的人都知道三年前的情况可不是这样，那时的林天天胆小、见识少、自信心差、又不爱运动，发烧感冒是常事，多次因为肺炎住院。那么，是什么方法使得这个男孩变化这么大呢？林天天的妈妈会自豪地告诉您，是"远足教子法"。三年前，林天天的妈妈隔一段时间，就会带林天天走出家门，到郊区、乡村远足。

郊外的庄稼地和各种昆虫、花草一下子把林天天迷住了，他跟着妈妈顺着乡间的小路好几里路也不喊累。小脸儿红扑扑的，兴奋地问东问西。

如果说旅游强调的是人与社会的沟通，那么远足强调的则是人对自然的体验，同时，远足对于男孩子，还有增强体质，锻炼意志的作用。

家长应该创造条件让孩子走出书本的小天地，走进大自然，孩子在气象万千的大自然中呼吸新鲜的空气，领略鸟语花香的美好景色，不仅能使孩子心情舒畅，有助于陶冶孩子的情操，而且能进一步启发孩子的灵感，加深对大自然美的领会，让孩子的心和大自然紧紧拥抱，他们会有享不尽的乐趣。

第三篇

女孩的古典式富养

　　面对现代社会无所顾忌的"豪放女"和性别模糊的"中性女"，那种具有古典风范的淑女显得无比的清新可贵。这样的女孩，正是"富养"出来的女孩儿。富养提升女孩的文化修养，让她们自尊自爱，成为有气质有内涵的女性。

第章

宠爱要多，富养的女孩自尊自信

女孩儿是用糖、香料和一切美好的东西做成的，宠爱、呵护是女孩子成长中的阳光。一些"问题家庭"容易出"问题少女"，这就是爱的缺乏对女孩的负面影响。为人父母者，要尽量给女孩一个和睦的家，一份充足的爱，让女孩与这个世界建立起爱的互动。

尽量给女孩一个温馨和睦的家

女孩是敏感的，在成长中她们需要很多的爱，父爱的宽厚温暖，母爱的细心体贴，哪一份爱都不可少。可是现实又往往不尽如人意。

"离婚"在前三十年，还是一件让人觉得"难以启齿"的事，而今看来，却是那样的习以为常。一纸婚书，到底能说明什么呢？苦，就苦了孩子。随着离婚率的不断上升，单亲家庭不断增多，单亲孩子也越来越多。爸爸妈妈劳燕分飞，孩子却是割不断的血缘。当他们正在无忧无虑的享受童年美好时光的时候，却注定要从父母身上领下这个沉重的事实。质疑、震惊、沮丧、忧郁、惊恐、愤怒等等，毫无预警的扑面而来。在这种情况下，一个问题赫然跳出："这些单亲孩子能否健康地成长？"

小娜的父亲是一位销售经理，妈妈是一位小学老师，小娜一直觉得自己是一个快乐的小公主。但是，这种美好的生活并没有持续太久，就被父

培养完美**男孩**和**女孩**的方法

亲的婚外情给打破了。

父亲整夜整夜不回家，母亲实在无法容忍父亲的行为，提出离婚。

小娜得知这个消息，痛不欲生，她把自己关在屋子里哭了好几天。一向活泼开朗的小娜变得少言寡语，学习成绩也一落千丈，由班里前几名落为后几名。上五年级时，妈妈发现女儿行为古怪，有时说话喋喋不休，前言不搭后语，有时几天不说一句话。妈妈将女儿带去医院诊治，被确诊为心境障碍，即精神分裂。随后的几年，小娜的精神状态时好时坏，不断住院、休学……

离婚是父母双方的事情，但伤害最大的还是孩子。据婚姻专家介绍，现在西方的心理学家都在积极呼吁有孩子的家庭，能不离婚还是不要离。离异以后的父母如果双双再婚，这些孩子又要面对两个妈妈和爸爸，在4个家长里面寻求平衡，这对于他们幼小的年纪，实在是一种艰难。并且会产生很多消极的心理，做父母的在做决定的时候要充分考虑这些，孩子最容易产生的不良心理有以下几种。

1. 心境忧郁，性格孤僻

据对1000个离异家庭子女的统计，其中，45%的孩子有自卑心理，40%的孩子性格孤僻，情感脆弱，25%的孩子情绪波动，起伏不定，24%的孩子心理早熟。被父母抛弃的子女，多数沉默寡言，情绪低沉，害怕与人交往，担心在与人交往中，别人会问起他父母的情况。当他们看到别人家庭和睦团圆时，心情更加压抑，感情更加脆弱，心灵上的创伤更加恶化，这样，就使他的言行举止失常，甚至心理变态，一旦遭到家长批评，或内心不满家长的所作所为，就会赌气出走，到社会上去闯荡。

2. 自由散漫，进取心差

这在正常家庭的孩子身上虽然也时有表现，但是在父母离婚的孩子中表现得更加明显。他们由于缺乏家庭的温暖，缺乏父母的"严爱"，也缺乏双亲的言传身教，往往处于放任自流的状态，组织纪律性较差，学习成绩下降，对集体活动漠不关心，常常一人独自行事。

3. 健康状况较差

由于无人照管和体贴，营养和卫生习惯较差，有的还因为心灵创伤导致了失眠，所以体质较弱。有的孩子说：我病了，只好一个人睡在家里，陪伴我的，只有痛苦和眼泪。

4. 容易走向犯罪道路

一位心理学家说："父母离婚会造成孩子人格扭曲。有的孩子得不到应有的关心爱护和教育，逐步陷入流氓集团，从而走上犯罪道路。"据有关专家统计，在父母离异的家庭，青少年犯罪率在40%左右。他们由于得不到应有的家庭温暖和教育，只能到社会中去寻求慰藉，一旦遇到不好的人，就会把他们带向歧途，并且越陷越深，不能自拔。

5. 角色行为的误导

孩子周围的榜样和成人的模仿对儿童性格及行为发展的影响尤为重要，家庭的离异，造成孩子被迫与父母中的一人生活。如果男孩与母亲生活在一起，那么他们接触更多的是女性的角色行为，生活里缺少了具有阳刚之气的父亲的榜样，性格中也就缺少这方面的素质；相反，如果女孩与父亲生活在一起，那么他们接触更多的是男性的角色行为，生活里又可能缺少了具有阴柔之美的母亲的榜样，性格中也就缺少这方面的素质，变得大大咧咧，这对其成年以后的行为及社会适应能力无疑会产生重要的影响。

离婚对孩子的影响远远不止这些，可以说离婚对孩子有百害而无一利。孩子爱自己的父母，渴望得到父母的体贴和照顾。可是，一个残缺不全的家庭，给成长中的孩子能带来什么呢？正如一位儿童心理学家所说的："对于孩子们来说，父母离婚的创伤仅次于死亡。"父母离婚问题是当代儿童面临着的最严重、最复杂的精神健康危机问题。

每一个人都应该对自己的婚姻和家庭负责，不能轻言放弃。想当初携手走向红地毯的时候，哪一对夫妻不曾海誓山盟？为什么轻易改变初衷呢？当婚姻出现问题，要及时调整和改善，要双方努力经营好自己的婚姻，而不是逃避和放弃。

做父母的应该多为孩子着想，想想他们幼小的心灵多么需要亲生父母温暖的手抚摸着成长，多么需要亲生父母爱的雨露滋润着心田。作为父母，婚姻的弦断了可以再续，可孩子的成长耽搁了就很难重来了。所以不管是等待离异的父母还是需要再婚的父母，为了孩子能够健康成长，多去考虑考虑孩子的感受吧！

如果离异实在不可避免，那么做父母的人也要明白离了婚，并不代表原来的夫妻就成了敌人，至少在孩子做纽带的两人之间，要保有基本的宽容。至少，在做事情之前要多为孩子想一下，尽量给她爱的补偿。

女孩在本质上都是天使

每个女孩都是天使来到人间，天使的本质都是善良的，父母的任务，就是发掘和发现，然后以亲切的态度，贴心的话语，引导女孩成长。

天使应该用天使的眼光看世界，欣赏别人是对他人的一种肯定、一种理解、一种尊重；欣赏别人，既是一种给予、又是一种沟通、一种祝福。我们应该让女儿懂得，你付出了赞美，这非但不会损伤你的自尊，相反还将收获友谊与合作。同时，欣赏别人，又是一种人格修养。赞美别人的过程，其实也是矫正自己的狭隘自私，从而培养大家风范的过程。

圣诞节临近，美国芝加哥西北郊的帕克里奇镇到处洋溢着喜庆、热烈的节日气氛。

正在读中学的谢丽拿着一叠不久前收到的圣诞贺卡，打算在好朋友希拉里面前炫耀一番。谁知希拉里却拿出了比她多十倍的圣诞贺卡，"你怎么有这么多的朋友？这中间有什么诀窍吗？"谢丽惊奇地问。于是，希拉里讲了下面一个故事：

一个暖洋洋的中午，我和爸爸在郊区公园散步。在那儿，我看见一个很滑稽的老太太。天气那么暖和，她却紧裹着一件厚厚的羊绒大衣，脖子上围着一条毛皮围巾，仿佛天上正下着鹅毛大雪。我轻轻地拽了一下爸爸的胳膊说："爸爸，你看那位老太太的样子多可笑呀。"当时爸爸的表情显得特别的严肃。他沉默了一会儿说："希拉里，我突然发现你缺少一种本领，你不会欣赏别人。这证明你在与别人的交往中缺少一份真诚和友善。"爸爸接着说："那位老太太穿着大衣，围着围巾，也许是生病初愈，身体还不太舒服。但你看她的表情，她注视着树枝上一朵清香、漂亮的丁香花，表情是那么的生动，你不认为很可爱吗？她渴望春天，喜欢美好的大自然，这是多么美好的感情啊！"

爸爸领着我走到那位老太太面前，微笑着说："夫人，您欣赏春天时的神情真的令人感动，您使春天变得更美好了！"

那位老太太似乎很激动："谢谢，谢谢您！先生。"她说着，便从提包里取出一小袋甜饼递给了我："你真漂亮……"

事后，爸爸对我说："一定要学会真诚地欣赏别人，因为每个人都有值得我们欣赏的优点。当你这样做了，你就会获得很多的朋友。"

如果一个人只欣赏自己而发现不了别人的优点，看似孤立别人，实际上是孤立自己；看似提高了自己的身价，实际上贬低了自己的人格。不欣赏别人的人，往往也得不到别人同样的反馈，失去了许多相互鼓励的机会；不会欣赏别人的人，感情难以和他人拉近，无法获取他人的帮助和友情；不会欣赏别人的人，感受不到人间的真善美，心中容易被一些不良情绪所笼罩。

在我们的生活中，有阳光灿烂的一面，也有一些不愉快的阴影，而其中的关键在于一个人如何去认识它们。有的父母在孩子教育上忽视了正面教育，言谈举止中会不知不觉向孩子灌输一些消极的东西。如有人在工作中遇到一些不快，便把社会、人际关系看得一团糟，认为这也不如意，那也不顺心。用灰色的心理感染孩子，影响孩子，使本该感受到阳光和鲜花的孩子，幼稚的心灵慢慢蒙上了阴影。在这种家庭环境中长大的孩子多半是性格内向、忧郁多疑、心胸不开阔之人。

要想让我们的孩子成为阳光女孩，父母首先要有阳光心态。注重从正

培养完美**男孩和女孩**的方法

面引导教育孩子，让孩子多看到生活中积极向上的事物，多看到别人的优点和成绩，多设身处地为他人考虑，以健康的心态看待周围的事物。

菲菲要参加"我看交警"征文比赛，她对爸爸说："交警有什么好的，我在路上看到一个交警在推搡三轮车工人。"爸爸认为孩子说的是事实，但这毕竟是个别现象。为了让孩子正确认识交警，写出交警的闪光点，他在送孩子上学和放学的路上，有意引导她去观察身边的交警，让孩子看到，在炎炎烈日或风雨交加的天气，交警是如何坚守岗位，维护交通秩序的。

菲菲很快完成了作文，在这个过程中，她受到了教育和启发，慢慢学会了以正确、客观的心态，宽容、善良地对待他人。

要创造美满的生活，健康、积极的态度是首要条件，而如果一个女孩总是看到他人的缺点和社会的死角，她又怎能够积极热情起来呢？孩子的心灵需要阳光，做父母的，要引导她们以健康的心态看待周围的一切。

信任和鼓励成就自信的女孩

在孩子小的时候，学会一点点本事，比如孩子刚会走路、孩子刚会说第一句话时，父母都会欣喜若狂，为孩子的进步鼓掌高兴。可是随着孩子年龄的增长，对孩子的要求也在逐渐提高。家长总是在找孩子的毛病和问题，尤其是当孩子走入学校，没有取得好成绩时，父母会对孩子说，你怎么就是学不会这个呢，我说了多少遍了，你怎么就记不住呢……很多孩子会受到越来越多的责骂，但是，责骂解决不了任何问题，孩子还是老样子。对于大人，批评可能是促进我们成长的一个方式，然而，对于女孩幼小的心灵，她们不懂得生活的粗粝，生活对她们来说，就是探索，她们要在这个并不熟悉的世界上，一点点的学会，一点点的接受。如果父母用过高的标准来要求孩子，没有鼓励，没有表扬，只有批评，孩子会渐渐丧失探索的兴趣。鼓励有的时候也是一种信任，女孩不愿意辜负信任她的人，为此会调动自己所有的能量，让自己符合信任者对她的鼓励。

学校里开办手工兴趣班，妈妈给小慧也报名了，她学得很慢。

已经学了好几个星期，妈妈去接她，每次都见女儿在纸上只画了一个很小的圆圈，或者做手工的剪刀和纸张原封不动地摆在桌面上。而别的孩子早就会画很多东西了，或者会做很多手工了。小慧麻木的表情，迟钝的动作，总是让妈妈不寒而栗。第二天上学的时候，妈妈第一次没有骑自行车，她带着女儿步行，一起早早地出发了，学校离家并不远，20分钟后，就能看见学校了。小慧停了下来，她喘得厉害，妈妈笑着说："休息一会再走，好吗？"小慧呆呆地摇摇头，两手伸了过来，妈妈拉起她的小手看着女儿清澈的眼睛说道："慧慧，你要靠自己的努力走下去，你以后要上中学、大学，甚至更高。"小慧愣愣地看看妈妈，好一会儿，她一声不响慢慢地往学校走去。

又过了几天，有一次上公开课，同学们坐在教室一侧做手工，家长在旁边协助。孩子们很快交了作品，小慧这一次还是最后。但是，她完成了作品，而且作品很精致。下午，班级里的孩子都一起去郊外活动，乘坐的是租来的旅游大巴，车头有麦克风和扩音器，几个孩子挤在车头。抢着话筒唱歌，但都没有好好唱，只是乱嚷嚷。轮到小慧时，她自己先小声唱一遍。先练一练。才对话筒大声唱，她完整地唱了一首歌，后面座位上的妈妈带头为女儿鼓起掌来。

在一个女孩的成长过程中，接受鼓励而产生自信心是非常重要的成长内容，是做父母的应时刻关注的步骤。每一个孩子都需要不断的鼓励，就像植物需要阳光雨露一样。许多儿童教育家也都十分强调鼓励的作用，认为这是最重要的成长因素。一位著名的教育家多次讲："离开鼓励，孩子就不能生存。"可见鼓励对孩子的自信心有多么重要。

有这样一个实例：有一位美国教育专家到日本一所小学，经过简单的测试，选出了几名"神童"。当这几个孩子知道自己是"神童"后，都兴高采烈地告诉了家长和同学。一年后，美国专家再次来到这所学校，了

培养完美**男孩和女孩**的方法

解"神童"的情况。老师们反映这些孩子各方面都十分优秀。没想到专家说："其实，我是请你们帮助我完成一个心理研究的。所谓的'神童'，不过是我随意选出来的。"老师们都呆住了，因为在他们的眼中，这些孩子表现确实超常。专家解释道，这是因为，他们获得了大家一致的肯定，从而大大增强了自信心，进而提高了行为表现能力和实际成绩。可见，给予肯定的表扬，会在孩子的心理和行为上，产生多么巨大的作用！

女孩在幼年时期，心理不成熟，不稳定，没有是非标准，青春期以前的女孩，对自己的认识，完全来自外界的反馈。父母认为她们是什么样的孩子，她们就认为自己就是什么样的，她们需要在父母的欣赏中确定自己的自信。所以，如果要养育一个优秀的女孩，就一定要多用鼓励，多挖掘孩子身上的优点。

美国心理学家威廉·詹姆士发现，一个没有受到激励的人，仅能发挥其能力的20％至30％，而当他受得激励时，其能力可以发挥至80％。因而，即便有完善的个性，极高的能力，完美的条件，但是，只要缺乏前进的动力，一样难以实现最后的目标。鼓励就可以让我们的孩子在漫长的人生之路，不断地加油，不断地前进，不断地充满活力和动力。

女孩成长的道路上，表扬和批评两种不同的教育方法，对她们的影响是巨大的。女孩的信心来自表扬，女孩的快乐来自表扬，女孩的荣誉感来自表扬，女孩的幸福感也来自表扬。

成长的过程中，一定要充分肯定女孩的长处和优点，对她们的进步和成绩及时表扬和鼓励，让女孩感受到父母的爱意与关怀，体会到成功的欢乐与向往。

重视美育，女孩不能靠粗陋征服世界

家有女孩的父母，你是如何对待孩子的特有的"爱美之心"？有人欣喜地赞美它，因为身为女性，面对生活，最重要的不是要做到多强，而是

要懂得生活的情趣；有人漠视它，认为在现在社会，人人都要通过自身实力，才能争一席之地；有人视其为洪水猛兽，刻意打击，认为只有这样才能避免女孩因爱美而贪慕虚荣。

以上的观点，都有道理，也都有些偏颇。

首先我们要明白，女孩子的爱美之心，那是她们的天性，本身并没有什么不妥，如果引导得当，甚至可以成为使她们走向一条美好的道路的最佳动力。

有一对夫妇，由于忙于打工挣钱，很长一段时间里，这对夫妇忽视了对自己七八岁小女孩的照顾和教育，使得其性格无规则发展，粗野、刁蛮、脏话连篇、不讲卫生……有时候甚至还会张嘴骂人、动手打人；撒泼时，在地上打滚。夫妇两个人心里真是着急，他们苦恼万分又束手无策。

这一切，让一位退休女教师看在了眼里。

一天，退休教师出人意料地送给小女孩一条洁白的连衣裙——那是一条很美丽的裙子，小女孩十分喜欢。但退休女教师没有很"爽快"地把裙子送给小女孩，而是谈了给裙子的条件。

退休女教师问小女孩："你喜欢这条裙子吗？"小女孩点点头。女教师又说："把它送给你，要吗？"小女孩又点点头。退休女教师说："送给你可以，但你必须答应我不能把它弄破。我相信你会好好爱惜它的，是吗？"

就这样，退休教师用一条美丽的裙子，彻底改变了一个性格粗野、行为刁蛮、不讲卫生、动不动就在地上打滚撒泼的小女孩。

对于美的向往，可以点亮孩子内心深处的那盏灯，使一个女孩变得更加美丽也更加可爱。做父母的责任，是引导她们认识什么是美，我们应该怎么看待美。

一个刚满8岁的小女孩看到妈妈正在镜子前化妆，她也跑到妈妈面前说："妈妈，你也给我化化妆吧！"看着女儿期待的眼神，妈妈知道，自己的回答将对女儿产生很大的影响，她想了想这样回答女儿："宝贝，你是最美的，你不需要化妆了。妈妈每天都要见很多客户，化点淡妆是对客户的尊重。"

这位妈妈是聪明的，她用"化点淡妆是对客户的尊重"来回答女孩，向女儿传达了一种这样的思想：化妆是美的，但化妆也是要分场合的，分年龄，分环境。这样既否定了小女孩也要"化妆"的要求，又不会粗暴地破坏了她对于美的感受。

我们要培养阳光的、大气的女孩子，也可以从她们的"爱美之心"开始。我们可以把女孩子从最容易感受的衣裳之美、容貌之美的小视角里召唤出来，指引她们领略更大更多更广阔的自然之美、社会之美和艺术之美。

自然美，广泛地呈现于大自然之中。让孩子领略黄河之水天上来的汹涌澎湃的壮美，观赏拥有奇松、怪石、温泉、云海的黄山的奇美，徜徉于秀美的西子湖畔，漫步于柔美的桂林山水，能不升腾起崇拜自然、热爱祖国的衷情？让孩子来到春风吹绿的江南农村，清澈的河水，美丽的田野，能不赏心悦目、情意绵绵吗？让孩子面对千里冰封万里雪飘的北国风光，银蛇逶迤，蜡象奔驰，红装素裹之日，能不心旷神怡，豪情满怀吗？

社会美，含蓄地蕴藏于人们的言行之中。奥运会上，中华健儿奋力拼搏，不管是登上领奖台的还是空手而归的，如流的汗水难道不显露出殷殷的赤子之心吗？一位孩子身患绝症，数以百千计的孩子纷纷捐款，能不让局外人也真心感动吗？

艺术美，生动地洋溢于千姿百态的作品之中。从传统国画到人体艺术，从唐诗宋词到乡村音乐，门类各异，美的本质相同，都可以使我们的思想和精神升华到一个新的境界。

"美"所涵盖的范围并不只限于视觉，透过听、嗅、味、触等其他感官，所得到的协调体验，都可以感受到"美"。色彩、造型所呈现的是视觉之美；音韵、曲调所表现的是听觉之美；酸甜苦辣所传达的是味觉之美；气味、芬芳所传达的是嗅觉之美；冷热、软硬所传递的是触觉之美，这些经验会促使我们在生活及各领域追求极致，而美感教育就是培养个人欣赏外在世界的种种，让自己与外界间达到调和，它是一种直接而立即的经验，注重的是直觉和灵感，而非推理和逻辑，有时候教育上的一些经验，很难用语言、逻辑、推理解释清楚，必须借着美感教育，让孩子亲自去欣赏、揣摩，才能领会。

爱因斯坦曾经说过："照亮我的道路，并且不断地给我新的勇气去愉快地正视生活的理想，是善、美和真。"接受过各种美的洗礼的女孩，心灵将更丰富，更纯净，也将会向外界传递出更多的美的信息。

公主不一定都娇气

娇气像是一个标示，成为现在的女孩身上的代名词。家长觉得孩子还小，就像是温室里的花朵，只有给予爱才可能得以健康的成长。这个道理本身没有错误，可是凡事有度，花儿再美，肥施得多了也会败落，水浇多了也会涝死，爱又怎可过多呢？娇气之所以产生，就是因为家长对女孩过于疼爱和娇宠，一个不顺心就闹上一顿，一个不高兴就谁都不听。渐渐地，女孩娇过了头，家长却无力制止。时间一晃，孩子长大了，当家长无力再去保护她们，纵容她们的时候，女孩又该何去何从？

安安的爸爸发现，女儿越来越娇气了，一块橡皮找不到了，也要流眼泪；在外面没走上几步就吵着脚疼要打车，所以，爸爸决定要找点"苦"治治女儿安安的"娇"。

安安放暑假了。爸爸决定这次要违背一下妈妈的想法，不把女儿安排到各种的辅导班上，而是带着女儿去较远的农村"找苦吃"。那地方是爸爸的一个远房亲戚家里，条件很苦。爸爸和安安必须坐六个小时的汽车然后徒步走上半个小时才能到。起初，安安很兴奋，因为她长了这么大，从

培养完美**男孩和女孩**的方法

来没有到过农村去看一看。下了车，安安看到绿油油的田地高兴坏了，拉着爸爸向村子走。可是，由于刚下过雨，路上很泥泞，安安白色的小皮鞋眼看就要变成黑色的。于是，她伸手想让爸爸抱他走一段，爸爸却像没看到一样继续向前走。安安后悔了，她真恨不得马上回家，再也不走这样的路了。

终于到了亲戚家，这里没有好喝的果汁，只有地下水解渴。晚上，吃饭的时候，虽然亲戚已经用心准备，但是还是很不合安安的口味。到晚上了，安安饿着肚子心想，终于可以休息了。可是，她没有想到，这里没有厚厚的席梦思，只是几个褥子铺在大坑上，女的都挤在一起睡。安安哭了起来，吵着要回家。可是爸爸理也不理她，不知过了多久，安安的哭声消了，睡着了。

过了几天，安安实在受不了了，天天缠着爸爸要回家。因为这里，没有电脑，没有玩具，就连电视能收到的台都少得可怜。可是爸爸却每天帮大伯他们忙这儿忙那儿的，对于安安要回家的建议采取"不理会"政策，并且告诉安安，至少要在这里生活一个月。渐渐的，安安开始适应这里的生活了，饭也不觉得难咽了，也不那么爱哭了，还常常帮爸爸做些力所能及的事情。一转眼，暑假快要结束了，爸爸和安安谢过了亲戚一家人，踏上了回家的路程。奇怪的事情发生了，安安真的变了。她不仅知道要珍惜粮食，还学会了如何与人相处，最重要的是，安安不像以前那样爱哭，爱撒娇。妈妈问爸爸："你到底用了什么招儿？让安安这个娇气十足的大小姐变成了人见人爱的好孩子啦。"

有时候，女孩的娇气，责任在于父母。妈妈在一旁紧紧地护着，爸爸在一边纵容着，孩子怎么可能不染上"娇"呢？

我们常常把女孩儿称为"小公主"，公主不一定都是娇气的，给女孩更多的爱，与培养她们的大家风范并不矛盾。

在一个家庭之中，如果说男孩的成长从模仿父亲开始的话，女孩最容易模仿的对象就是母亲，母亲的人生观、价值观，母亲的待人接物的方式，母亲举止风度，都将给女儿留下深刻的印象，当她成年以后，母亲的影响就会在她身上开花结果。

美国第一位华裔劳工部长赵小兰在《平凡与伟大——献给我的母亲朱木兰》中写道："从我呱呱落地的那一刻起，她就成了我的母亲，我幸运地成为她的大女儿。许多年之后，她又相继成为我们姐妹六人的母亲。我叫小兰，就是源于母亲的名字。我是她的一部分，将传承她的血脉和精神，直至终生。"

当年赵小兰随家人来美国一年后，入境随俗，也想举办一次自己的生日派对。她跟妈妈讲了这个愿望。妈妈完全赞成，并亲手做了奶油蛋糕，准备了生日蜡烛和晚会帽子，希望自己的女儿能同美国孩子一样，热热闹闹地做一次接受祝贺的小女主人公。许多邀请发出去了，期盼升得很高。不料，那天晚上，望眼欲穿，只有两个同学来了，小小赵小兰的心情跌到了谷底，眼泪快掉下来。妈妈的心灵感应到女儿的心灵，却不动声色，照样举办生日派对，照样切蛋糕，照样唱生日快乐。

母爱并不是一个模式的，赵小兰的母亲爱女儿，用自己的言行，向没有成熟的孩子灌输了处变不惊、不卑不亢、自尊自重的生活方式。

赵小兰概括母亲对自己的言传身教："母亲让我们爱惜自己，尊重自己，保持尊严。让我们保持自己的价值观。知道要为更美好的事物奋斗。因此，面对男孩子或者其他什么人，我们都不会示弱。我们要自重，言行得体，不做让自己感到难堪的事情。母亲让我们清楚地懂得，我们来自一个有教养的家庭，要仪态端庄，举止正确。"

"富养"女孩，要养"身"也要养"心"，女孩要有公主的外形，更要有一种落落大方、自强自重的态度。

第 2 章
规矩要细，富养的女孩气质出众

　　对于女孩的教育，在个性、气质、生活技能的培养上，有着不同的要求。男孩气质培养的重点是阳光健康，女孩气质培养的重点是自然优美；男孩的生活技能培养重在体验与独立，女孩的生活技能培养重在参与与成长。这就需要父母与女儿一起优化生活细节，并以此为基础，培养优雅大方的好女孩。

从生活细节开始，培养气质女孩

　　女儿是一个家庭中最娇美的花朵。当她们年幼时，那细嫩的肌肤、柔软的头发，还有身上那淡淡的奶香味儿，都让父母看不厌，疼不够。女儿的一切表现，都是他们眼中的好。然而可爱的小女孩儿终归是要长大的，她们要走出家门，奔向更为广阔的天地，接受众多的目光的审视。这时候，她早年的家庭教养，将在她身上打下深深的烙印。人们一眼看上去，大致就能从她的言行、气质中，分辨出她来自于一个怎样的家庭，所受的家教如何。

　　著名节目主持人王小丫，出生于一个知识分子之家，父母除了送给她一个即通俗又雅致的名字外，更以严格而又自由的家教，培养了她清新自然、落落大方的气质。长期以来，在争妍斗艳的女主持人中，王小丫一直保持着自己独特的魅力，赢得了不同年龄、不同阶层的观众的广泛欣赏。

一个女孩儿气质的打造，听起来很抽象，很空泛，让人有些摸不着边际，其实我们完全可以通过具体的环境和习惯，给予她们良好的熏陶，潜移默化，一点点造就她们的举止风范。

首先，家庭环境对于培养女孩良好的气质，塑造美好的心灵等方面有着不可忽视的作用。

目前，虽然我国大多数家庭的住房普遍不宽敞，但室内是否显得宽敞，并不完全取决于住房面积的大小。同样面积的住房，安排得井井有条，可以显得宽敞；若被杂乱的家具、花哨的点缀、散乱的杂物挤占，就会给人一种透不过气来的感觉。

儿童心理工作者曾提醒父母：家庭空间的局促狭窄，可能导致孩子心理上产生一种压抑感。而且，花哨杂乱的摆设还会引起孩子心情浮躁，所以，宁可少购置家具物品，少摆设一些装饰品，尽量给孩子多留一些活动空间。

整洁有条理的环境会给人以美感，会使孩子感到心情愉快，同时还有利于他们从小养成文明的举止和良好的习惯。相反，污浊杂乱的环境，不仅使孩子心情烦躁、抑郁，更严重的是，容易让孩子养成松懈、懒散的不良习惯。因此，家长应当特别注意室内的整洁，东西放置有条理，哪怕是厨房里的锅碗瓢盆，都应摆放得井井有条。

父母在营建自己的家庭时，在考虑自己的爱好、需要的同时，也不要忘记考虑家庭物化环境是否有利于孩子身心的健康成长。

比硬环境更重要的，是一个家庭中文明礼貌的软环境。有些家庭的父母互相指责谩骂习以为常，甚至批评孩子也是满口的脏话、损话。家庭是孩子的一个温馨的港湾，而不洁净的语言，往往导致港湾里的水变得异常浑浊，从而损害了孩子的心灵。"近朱者赤，近墨者黑。"孩子生活在不洁净的语言环境中，必然会染上出口成"脏"的习惯，长大后再改就很难了。

在街头巷尾，我们常常可以看到一些美丽时尚的女孩，一张嘴，却时常有些与其身份不符的粗口冒出。这样的女孩，我们很难相信她早年有过良好的家教。

另外我们要注意，女孩从小过一种有节律的生活，对于她们的成长有着不可替代的影响力。家长要根据幼儿的生理特点，制订合理的生活制度，使之生活条理化。我们给孩子在一定的时间安排一定的内容，日子久了，孩子就会产生一种"条件反射"。比如每天都在12时30分吃午饭，孩子快到12时30分时就会感到肚子饿，消化器官也随之开始分泌消化液，吃饭时孩子就会感到饭菜可口，食欲很好。睡眠也一样，如果一个女孩儿坚持每晚9点上床睡觉，6点起床，有节律的生活，首先可以使她有一种积极向上的精神风貌，然后还可以影响她成年后的生活方式，让她很自然地就会选择一种健康的、有规律的生活，远离一些因生活无节制而带来的不良习气。

8至12岁是女孩良好习惯的形成期，一个在良好的环境、有规律的生活中长大的女孩，家庭的影响，会自然而然地在她身上显现出来，表现出一个清新健康的气质。这对于她以后的生活道路，将奠定一种良好的基础。

在生活中，人们常常会评论说某个女孩子是"好人家的女孩"，这句话很简单，含意却非常丰富，这代表一个女孩气质好，有规矩，可以信赖。这样的女孩，走到哪儿都是广受欢迎的。为了使自己的女儿也拥有一种良好的气质风范，做家长的，可以从生活环境和习惯开始，培养有教养的好女孩。

妈妈要正确对待女儿的"爱美之心"

即将要步入青春期的女孩子，对自己的体貌开始格外地注意，对服饰、发型也开始用心琢磨。这时候，很多家长会发现，女儿特别注意自己的体形、容貌，特别注意修饰自己。

一个周末的下午，下班回家的张女士发现朋友刚送的名牌散粉竟然被拆开了，口红、眉笔被挪了地方，粉底液瓶子也被动过，腮红敞着口放在梳妆台一角，空气中还弥漫着香水的芬芳。张女士知道，准是上小学三年级的女儿为了参加同学的生日聚会"臭美"一番。

　　其实，这已经不是第一次化妆了，梳妆台上那些瓶瓶罐罐的功效和作用女儿早就了如指掌，化起妆来还有模有样。女儿有一次甚至理直气壮地说："要出去玩，大家都化妆了，我不能掉队。"

　　晚上，女儿刚回到家，张女士非常生气地将女儿叫到面前，"这么大你就知道臭美，长大了还指不定会变成什么样子！以后我要再看见你臭美，我就把你的手指头给剁了……"

　　从心理学角度来说，从审美敏感期开始，女孩子的一生都会一直处在一种对美丽的探索之中。所以，在这个探索的初期，如果妈妈经常粗暴地干涉、阻止、限制，女孩的审美发展就会停滞，并遭到破坏；如果妈妈对女孩的审美观进行正确的指导、引导、鼓励，孩子就极有可能成长为一位审美能力极高的美丽女孩。

　　刚刚12岁的欣欣也学会了赶"时髦"，她看到班上绝大多数的女同学都留的那种发型很漂亮，便也剪了一个那样的发型。但由于她的脸型不适合，换了发型之后，她的样子看起来有点滑稽。

　　回到家后，爸爸看到女儿这种奇怪的发型马上火了，大声冲女儿吼道："你看看你现在的样子，像个小疯子，你以为自己这样很美吗？"

　　欣欣听了爸爸的话，哭着跑进自己的房间里。

　　过了一会，等欣欣稍微平静了一点，妈妈走进女儿的房间。认真地看了看女儿的发型说："刚才爸爸的话确实有点过分了，可能是由于人与人之间的审美眼光不同吧，你不要怪爸爸呀！"

　　欣欣没有说话。妈妈接着说："我觉得这种发型挺好的，又时尚、又流行。"

欣欣惊讶地抬起头看着妈妈。

"上次我去学校找你，看到你们班上的女同学大多数都留这样的发型，如果你在这种发型的基础上再稍微改变一下，肯定会引来很多女同学羡慕的目光，说不定你还可以引领你们班的潮流呢！"妈妈很诚恳地对女儿说。

欣欣有点心动了，认真地问妈妈："妈妈，你说怎样才能既时尚，又与别的同学不同呢？"

"别的同学的头发帘是斜的，我觉得你可以把头发帘剪得齐一点，这样更适合你的圆脸型，而且会显得比其他同学的那种发型更时尚。"

欣欣真的听从了妈妈的建议，并且她还因为自己的新发型而自豪呢！

爱美是每个小女孩的天性，对于这些赶潮流的小女孩来说，即使潮流的发型不适合她，她们还会认为那样很美，还会盲目地去追赶。这时，作为女孩的引路人，妈妈不能一味地去指责、批评她，那样只会适得其反：要么很伤女孩自尊，要么促使女孩与妈妈对着干。因此，当妈妈看到孩子爱美、追求美的行为时，妈妈应该理解和包容，而不是一味地打压与禁止。

"爱美之心，人皆有之"，喜欢美的事物是人的天性，更何况我们这些天使般的女孩呢！在女孩慢慢具有审美能力的过程中，作为妈妈，应该尊重孩子的爱美之心，并以一种积极的态度引导孩子欣赏周围生活中的美。

1. 注重女孩气质的培养。女人再漂亮，如果没有气质，就如一朵枯萎的鲜花，只见色彩，却闻不见馨香；相反，相貌一般的女人，一旦有气质作为支撑，神采便立刻飞扬起来，乃至风韵动人。女性的魅力和风度并非天然生成，而是后天打造的。妈妈要从小就正确引导女孩的爱美心理，培养她的迷人气质是非常有必要的。

2. 培养有益的兴趣爱好和审美追求。美术、音乐、良好的思想品德，都是在教育女孩如何认识美、欣赏美。美学教育并不是一个单向教育，而是素质教育的一个重要环节，妈妈要从语言美、仪表美和气质美等方面来综合指导、教育女孩，让她们了解美的根本，美的表现，以及什么才是适合她们年龄的美。

3. 理解自然美和修饰美的区别。真实、自然是美的灵魂，从古至今人们都在追求"清水出芙蓉，天然去雕饰"的自然之美。妈妈应该告诉女孩，美的魅力贵在整体美。整体美既要容貌气质衣着打扮达到均衡和谐统一，又要外在美和心灵美的合二为一。

4. 妈妈与女儿之间要形成良好的心理互动。

女孩追求美，是她们自我意识觉醒、追求独立自主和完善自我的必要成长过程，而并非学坏。由于现在社会环境开放，又有多元文化的影响，妈妈对女孩的担忧是可以理解的。若妈妈语气平和、态度豁达，就能在家庭中创造融洽的氛围，亲子之间就会相互接纳和尊重，这也是青春期家庭教育成功的前提。

女孩要"站有站相，坐有坐相"

在孩子的成长过程中，家长们往往会把注意力放在他们的学习成绩和身体健康上，而对性别差异的认识相对较弱，没有对男孩和女孩分别地采取不同的教养方式。于是，在生活中，小姑娘不喜欢穿裙子，走路大大咧咧，男孩子说话细声细语，喜欢照镜子打扮的现象经常可以看到。

有专家还指出，孩子出现"性别错位"，根本原因都是家长的教育方式不恰当，无意中抹杀了幼儿自身的性别意识，"男女分教"这种国际先进教育理念应在国内及早推广。

对于正处于小学阶段的女孩儿来说，家长们的首要任务，是通过规范她们的言行举止，来唤醒她们的性别意识，强化她们温柔、优雅的天性。

妈妈是女孩子最容易模仿的对象，她们对于女性行为标准的认识，往往是从母亲开始的。所以，培养淑女，更需要妈妈言传身教。生活中常常会有这样一种场景：妈妈教导女儿说："小姑娘不可以这么大声说话"。

培养完美**男孩和女孩**的方法

结果，女孩儿会悄悄地嘀咕："妈妈不开心的时候，和爸爸也这么大声说话的。"这就需要当妈妈的尽量克制自己了，无数事实证明，母亲的一言一行对女儿的影响是巨大的。如果母亲是大嗓门，那么女儿讲话也必然不能细声细语；母亲行为无所顾忌：女儿必然也会大大咧咧……所以想让女儿有女孩子的样儿，妈妈做得如何是关键。母亲本身成了一个优雅的女性时，再纠正女儿的一些不良姿态，她也容易听得进去。

女孩儿走路，肩膀乱晃，大大咧咧是有碍观瞻的。家长应该提醒她们挺胸抬头，两眼平视前方，身体重心落于足的中央，双臂靠近身体随步伐前后自然摆动。行走路线尽可能保持平直，步伐适中，两步的间距以自己一只脚的长度为宜。走路脚步要放轻，不要走得咯咯作响，遇到急事时，不要急不择路，慌张奔跑。至于平日的坐卧举止，有让人看着不舒服的地方，家长也要不厌其烦地给予矫正。这些地方看似是小事，其实对于女孩子保持良好的个人形象意义重大，并对她以后的生活产生深远的影响。

除了规范人体行为举止之外，我们还要让孩子了解个人举止行为的禁忌。比如在一些公众场合，应力求避免从身体内发出的各种异常的声音，咳嗽、打喷嚏、打哈欠等，均应侧身掩面再为之。文雅起见，最好不要当众抓耳搔腮、挖耳鼻、揉眼睛，也不可随意剔牙、修剪指甲、梳理头发。若身体不舒服，非做不可，就应该去洗手间完成。出洗手间时，一个人的样子最好与进去时保持一样，或更好才行，像那些边走边扣扣子、拉拉链、擦手甩水都是失礼的。

在大庭广众之下，不要趴在或坐在桌上，也不要在他人面前躺在沙发上；对陌生人不要盯视或评头论足；当别人在进行私人谈话时，不要去打搅他人；当别人需要自己的帮助时，要尽力而为；看见别人发生了一些不幸的事情时，不应该去嘲笑他人，也不可以跟着起哄。

好习惯的培养，需要爸爸妈妈的耐心。当孩子一时做得不够好时，父母不要着急，不要训斥，只是要告诉她应该怎样做。

欧阳先生的女儿非常优秀，现在已经出国留学，获得了博士学位。

他说自己教育女儿的方法，是从一年级下的工夫。孩子上了小学，他就告诉她应该怎样吃饭，怎样进行日常活动，怎样写作业。在这一切活动中，保持正确的姿势是非常重要的。他有一根小棒，他管它叫"教女棒"。这小棒很小，跟筷子一样细。爸爸就坐旁边，看孩子的姿势不对，就敲她一下，这都是很轻的，不是打孩子，就是提醒她。

坚持了半年时间，孩子就跟人家不同了，坐有坐样、站有站样，连写的字都规范漂亮起来。

培养小淑女，不是一朝一夕的事儿，但是当家长的只要下到了工夫，则成效日见，当我们看到自己女儿举止日渐优雅的时候，心中的快乐则可以抵得过一向的辛苦了。

我们必须让自己的女儿意识到她是女孩儿，应当有与自己女孩身份相符的言行举止，这对她以后的成长有着极为重要的意义。这其一可以使她的个人风格符合社会对于女性的价值取向，使她拥有一个宽松的大环境；其二可以逐步强化她的性别意识，促进心理的健康发展。

鼓励女孩大大方方地与人交往

现在很多的独生子女大多生活在钢筋、水泥、混凝土的楼房里，身边的亲人不多，缺少与外界的交往环境和交流机会。而他们的父母更是由于工作繁忙而没有太多的时间跟孩子一起交流，这就导致了孩子缺少必要的社交环境。没有一个良好的、合适的社交环境，即使再活泼聪明的孩子，其社交能力也难以得到锻炼和培养。

沟通和交往的能力，本是女孩的特长，但是后天的培养依然非常重要。

凡凡的妈妈从女儿小的时候一直到现在9岁，可谓关怀备至，女儿除了上学以外，几乎从来不离开妈妈。女儿总是"很乖"的待在家里，妈妈

培养完美**男孩和女孩**的方法

也总认为孩子不爱说话，可能是天生的性格内向。有一个星期天，爸爸妈妈正好都有事要外出，要留凡凡独自在家。妈妈让凡凡到楼下和其他小朋友一起玩游戏，凡凡说什么也不肯，一定要跟着妈妈去。妈妈不带她，凡凡竟然躲在自己的屋子里哭起来。

从这个小故事中不难看出，凡凡显然是对妈妈过于依恋，妈妈在身边就没事，一旦离开其视野，孩子就会表现出不同程度的痛苦、孤独，不能独立处事。由此可见，妈妈"感情用事"将引起孩子不擅社交，出现交往心理缺陷，并且随着年龄的增长，症状愈发明显，很多妈妈轻描淡写地说是"孩子性格内向"。殊不知人际交往能力除了女孩本身的问题外，受妈妈的影响还是较大的。因此，妈妈要正确认识女孩的交往能力并加以培养。培养女孩良好的人际交往能力是早期教育中非常重要的任务，培养女孩与人交往，能够逐渐发展女孩的心理能力和社会性，为孩子的健康成长打下良好的基础。

妈妈经常带着6岁的女儿琦琦在小区玩耍，看见有邻居和认识的经过，妈妈都会主动和别人打招呼，还让琦琦一起："琦琦，这是我们家对门的李阿姨，打个招呼吧。""琦琦，你看一楼的刘爷爷过来了，刘爷爷昨天还夸琦琦可爱了，向爷爷问个好。""楼下的小明也来玩了，琦琦正好去和小明一起玩球，两个人更好玩的。"在妈妈的"鼓动"下，琦琦很自然地向大家打招呼问好，得到了很多夸奖，琦琦玩得更加开心了。

孩子的有些社会交往技能是父母必须"教给"的，比如怎样参与到别人的游戏活动中去，怎样对同伴的友善行为作出回报，怎样与同伴分享食物、玩具，怎样给予同伴关心、帮助和同情，在这些时候应该说什么话，做出什么样的表情和动作。关于家庭教育方式的许多研究发现，如果父母热情而态度鲜明地要求孩子遵守社会礼节所要求的各种规则，他们就往往能教育出懂规矩、善于和别人交往的孩子；相反，那些不大向孩子提要求、纵容孩子的妈妈，培养出的孩子往往是攻击性强、不受同伴欢迎的孩子，他们对别人提出的要求常采取对抗的态度。

孩子人际交往能力的高低，与其身心发展及人生成败有直接的联系，而人际关系又是需要不断积累的。所以，孩子的人际交往能力必须从小得到锻炼。

在日常生活中，家长可以让孩子去附近的商店买一些小的生活必需品，但要注意孩子的安全。这样既可以锻炼孩子的社交能力，又能让孩子知道消费的一些小知识。家长还可以让孩子去做一些简单的跑腿的事，给孩子更多的社交机会。如有闲暇时间，要多带孩子到公园、小区的绿地或亲戚朋友家去玩，鼓励孩子不断适应新环境，多与他人交往。可以让孩子邀请伙伴来做客，同时也要允许孩子到别人家做客，多给孩子创造结交小伙伴的机会，千万不要因为嫌吵、怕乱、怕影响到自己的生活，拒绝孩子的小伙伴到家里来玩。父母可以经常请一些小朋友到家里玩，让他们一起游戏、听故事、唱歌、跳舞、画画，逐步培养孩子与同伴交往的习惯。对做客的孩子要热情、温和，尽量为他们营造一个轻松和谐、自主自由的交往环境。即使在玩的过程中，孩子们闹纠纷，最好的方法不是家长从中调停，而是让孩子们自己解决矛盾，友好相处。

然而，现在的孩子多是独生子，他们因缺少同龄伙伴，接触面较窄而产生了诸如自我中心、不合群等许多社会性问题。

由于"自我中心"的影响，孩子的行为大多从"利己"的观点出发，这与现代社会要求相互合作、相互交流、具有创新精神的人才观是格格不入的，严重影响了孩子与同伴的交往。因此，必须帮助孩子克服以自我为中心，发展利他行为。孩子的行为绝大部分是从同伴那里学来的，他们通过同伴之间的交往，可能产生认知上的冲突。应用鼓励、赞许、奖励等外部激励方法，让孩子学会谦让、容忍、礼貌等行为，强化孩子的利他行为，克服消极的行为，养成良好的社会交往习惯。

交往既是人的需要，也是现代社会对人的需要。所以家长就要从小有意识地培养女孩的社交能力，如果女孩不善或者回避交友，家长应当加以引导，要使她们懂得对人采取和睦相处、友好协商、克己让人的态度，采取宽容、公平、有理有节的处理方式。鼓励女孩主动与人交往，使女孩克服自卑感和害羞，消除孩子的孤僻性格。同时，一个活泼开朗、乐于与人相处的女孩容易受到同伴的欢迎和成人的喜爱，且也容易适应新环境。

家务，是劳动也是美德的培养

在女性社会地位低下的时代，做家务的技能是她们最重要的生存技能之一。如今男女同工同酬，公平竞争，于是，就有一些家长认为，女孩子只要学习好，品性好，家务做不做，这是无关紧要的小事。事实上，这种观点并不正确。

劳动不仅能够造就一个人，而且能够给人以快乐和幸福。哈佛大学曾经对波士顿的456名孩子进行了跟踪调查，了解他们的生活经历和成长过程。在这些孩子进入中年的时候，研究人员对他们的生活进行了分析，结果发现，不管这些人的智力、家境、种族或受教育的程度如何，也不管他们遇到多少困难和挫折，从小参加劳动和工作的人，即使只在家里做一些简单家务的人，生活得要比没有劳动经验的人更充实更美满。劳动使孩子获得能力，生活上就独立；在面对挫折时，孩子善于以独立的积极的心态去面对。因此，父母要重视培养孩子劳动的习惯。

大约在孩子3岁的时候，禾嘉的爸爸就开始利用孩子喜欢模仿的特点，让她模仿父母做家务，吩咐她做一些十分简单的事情，比如拾起地上的玩具，把报纸拿给爸爸，给妈妈拿双拖鞋，把自己的垃圾丢到废纸篓中去等。孩子喜欢做有趣的事，爸爸就让她帮助摆餐桌，让她摆好筷子和色彩鲜艳的杯垫等等。

禾嘉的家住一楼，她每天都会骑着小童车去50米外的垃圾场丢垃圾！每当这时，爸爸妈妈都忍不住会赞美孩子："宝宝真能干！可以帮妈妈干活了！"这话禾嘉很受用，结果丢垃圾的活都由她包了，别人做她还不肯！大人做家务时，总爱放点音乐或者哼哼歌儿，这样就让孩子也觉得做家务是件快活的事！

等禾嘉10岁的时候，已经学会自己洗衣服，平时洗碗摘菜，更是不在话下，邻居们都羡慕他们家养了个能干的好女儿，连老师都反映说禾嘉在班级里与同龄孩子相比，显得要聪明懂事。

有的家长把让孩子帮自己做家务，仅仅看做是帮自己的忙。因为自己有时间可以把家务做得很好，就不让孩子做。有的家长让孩子帮着做，孩子刚开始往往是帮"倒忙"，于是就不再让孩子干。更多父母在孩子小的时候总是舍不得让他们一起参与家务，这样，孩子会养成"家务活可以不必干"的习惯，或者用"不会干"、"干不好"为理由来推脱。这种好逸恶劳的习惯一旦养成，对孩子身心的健康成长会起到一个消极的作用。

调查显示，中国城市家庭独生子女每日平均劳动时间仅为11.32分钟，不及美国孩子的1／6。60％的独生子女从未或很少做洗碗、洗衣服等家务。在家里，家长包办孩子的一切；在学校，老师也很少安排劳动。这样一来，孩子的动手机会减少，生活自理能力降低了，也会逐渐使其厌烦劳动。

孩子做不做家务看似小事，但却会引发一系列的不良后果。

不做家务劳动的孩子，往往动手能力弱，眼高手低。对于孩子来说，劳动实践是学习知识、了解认识社会的重要途径，孩子日常的家务劳动锻炼，正是一次难得的学习机会。如果一个孩子的记忆中只有书本知识，而没有运用这些知识指导实践的体会，也很难激发孩子进一步的求知欲望和热情。

不做家务劳动的孩子，往往依赖性强，缺乏自主性。孩子的劳动习惯与自主、自理能力是连在一起的。有关分析表明：家务劳动时间与孩子的独立性有显著关系，也就是说，孩子的劳动时间越长，其独立性就越强。试想一下，一个没有任何劳动机会、在家里什么活儿都不会干的孩子，当他离开父母的时候，怎么能够自如地生活在复杂的社会？更不要说在这个

培养完美**男孩和女孩**的方法

社会中有所发展了。

　　不做家务劳动的孩子，往往缺乏同情心。如果孩子一点儿家务劳动的经验都没有，他就体会不到父母劳动的艰辛。父母为家庭、为孩子的付出，他也会认为那是理所当然的。孩子这样的思想就会在无形之中为亲子沟通设置障碍，使得父母终日辛劳而不得解脱，难以得到孩子应有的情感回报，让人心生"可怜天下父母心"的感慨。

　　家务劳动是孩子们可以参与的劳动内容之一，它既能养成孩子的劳动习惯和自立意识，促进孩子学习独立生活的本领，还能增强参与家事的意识，留恋、珍惜家庭的安宁和融洽，从后者着眼，鼓励孩子做点家务更有其深刻意义。

第 **3** 章

标准要高，富养的女孩纯真善良

　　培养优秀的女孩，要对她们高标准、严要求，女孩同样要上进，要独立，然而这一切与纯真善良的个性并不冲突。我们所说的善良不是那种没心没肺，对什么人都毫无保留的傻大姐作风，真正纯真善良的女孩对他人宽容，知道为他人着想，这样，长大后她的朋友会比别人多，机会也会比别人多，善良的女孩，会活得很放松很舒服。

拥有孝心，女孩更美丽

　　"百善孝为先"，尊重长者，孝敬父母是中华民族的传统美德。父母的养育之恩深如大海，因此，一个女孩将来长大成人后，不仅要管好自己的小家庭，还要时刻不忘照顾年迈的父母亲。而对于这种习惯的培养要从孩子小时候就开始，让孩子多学习身边尊重长辈，尊老爱老的优良行为并用于实践，如此日久天长，耳濡目染，潜移默化，她就会逐步养成尊敬长辈，孝敬父母的良好习惯。

　　小月的妈妈对小月的奶奶很凶，总是不给奶奶好脸色看，还不让小月拿好吃的给奶奶。她对小月说，奶奶已经老了，不能帮我们干什么，还总给我们添麻烦。小月听多了妈妈如此说，也觉得妈妈的话有道理，并习惯了妈妈对奶奶使脸色，甚至自己也学会了对奶奶冷眼相对。

有一天，小月的舅舅来做客，给小月带来好多好吃的，小月的妈妈拿了其中一袋自己喜欢吃的刚想吃，小月就大哭起来，抢下妈妈手中的食品。妈妈骂小月太不懂得尊重孝敬长辈。小月反驳妈妈："你孝敬奶奶了吗？"小月妈妈是有泪只能往肚里流。

孩子对待父母的态度，直接受父母对待长辈态度的影响。可见，父母的榜样，对孩子的影响有多大。现在中年夫妻冷落自己父母的情况还是存在的。有些中年夫妻不仅不照顾自己的父母，反而千方百计"刮"老人们的财物，这给自己孩子的影响更不好了。如果说平时居住地较远，工作较忙不能和老人朝夕相处，那么在休假日要尽量抽时间带上孩子去看望老人，帮老人做些家务，同老人共聚同乐，尽一份子女应尽的责任和义务。父母本人要以身作则，要做孝敬长辈的楷模。

大街上经常会出现这样的情景：一个中年媳妇（或女儿）推着坐在轮椅上年迈的父母或公婆在散步，或者儿子（或女儿）扶着得了脑血栓的老人在练习走路，其实，他们用无言的身教，给自己的孩子树立了好的榜样。爸爸妈妈在孩子耳边说上几十遍长大要孝敬老人，恐怕都不如自己的一次亲身实践对孩子影响大。

晓琳是个很孝顺的人，她时刻不忘照顾年迈的双亲。平时因居住地较远、工作较忙，不能和老人朝夕相处。在休假日，晓琳要尽量抽时间带上女儿去看望老人，帮老人做些家务，与老人共聚同乐。天长日久，女儿耳濡目染，也逐步养成了尊敬长辈、孝敬妈妈的好习惯，对晓琳非常孝顺。

父母本人要做孝敬长辈的楷模。孩子对待父母的态度，直接受父母对待长辈态度的影响。孝心就是在一代代父母的身体力行中传承、沿袭下来，就是在榜样作用下养成的。因此，要想培养孩子的一颗孝心，家长首先要以身作则，要做孝敬长辈的楷模，因为"身教重于言教"。

培养女孩的孝心，要注意教给她们孝心细节。比如，教给孩子每天早起向长辈问好，上学、放学主动打招呼，如："爸爸、妈妈我上学去了。""爷爷、奶奶我放学了。"晚上睡觉前主动向长辈问好。父母下班回来主动问候"您辛苦了"，并送上一杯水。让孩子知道长辈的年龄和生日，长辈生日时要主动问候，力所能及地为长辈准备礼物，如为长辈做菜，自制礼物、购买小礼品等。能主动照顾生病的长辈，如端水，喂药，做简单的饭，会安慰病人等。

孝敬父母，不仅要体现在言行上。家长应让孩子主动承担家务劳动，要从小事入手训练和培养，这样，孩子才能循序渐进，养成关心父母，孝敬父母的好习惯。

女孩经常做一些力所能及的劳动也很有必要，只有在有了切身体验，才能领会父母照顾自己的深厚感情。从而懂得：在家庭中，自己不仅有享受父母爱抚的权利，同时又有自己应尽的义务。比如，听从父母对于饮食起居、生活制度和用品购买的合理安排，乐于接受父母的正确要求，并参加一些力所能及的劳动等。比如可以从涮碗、扫地、清扫地板上的灰尘等简单的家务做起，不管孩子做得好与坏，父母都应给予鼓励性的话语，保护孩子劳动的积极性，同时让孩子也感受到劳动的快乐。在这种和睦的家庭气氛中，孩子对父母的尊敬就会自然养成。

现在不少孩子不知道父母的工作情况，不知道父母的钱是怎样得来的，只知道向父母要钱买这买那，认为父母给孩子吃好、穿好、用好是天经地义的。这样的孩子怎么会从心底里孝敬父母呢？因此，家长应当有意识地经常地把自己在外工作和收入的情况告诉孩子，说得越具体越好，让孩子了解父母为他和家庭所付出的辛苦。同时，家庭又是一个整体，不能各自为政，父母是家庭生活的供养者，而且他们有丰富的生活经验，自然应当成为家庭的核心和主事人。孩子应当在父母的指导帮助下生活、学习，听从父母教导，关心父母健康，分担父母忧虑，参与家务劳动，不给父母添乱。

如今不少的家庭中，女孩是家里的"小公主"，家长却变成围着孩子转的侍从，这就为孩子形成以自我为中心的性格提供了土壤，更谈不上培养孝敬父母的好习惯了。因此，家长要让孩子明白自己与父母的关系，知道父母是长者、是家庭生活的主导，而不能颠倒主次，任孩子在家庭里为所欲为。

教导女孩在生活中要有规矩

通常我们会认为只有男孩子才容易胆大妄为，不服管教，事实上，有很多"小公主"也恃宠生娇，仗着家人的宠爱，养成了自由散漫、我行我素的性格。这样的女孩长大以后参加工作，往往目中无人，动不动就挑战上级的权威，挨了批评，又喜欢找更高一层的领导申诉，大小姐的脾气，往往会使她们得到"不懂规矩、不守秩序"的评语，对于自己的职业生涯，造成极其恶劣的影响。

这样的女孩，当然并非天生如此，这大多是由于早年父母教养不当造成的。

让女孩能在以后的社会生活中找到自己的位置，小时候的纪律约束极为关键。

孩子守纪律的习惯是从小培养的，制订一些规矩，使孩子按规矩要求去做，让他知道什么事该做，什么事不该做，从小就懂得按规矩办事，为长大以后融入社会生活打下良好基础。

比如，节日里一家人聚会吃饭，饭菜已经上桌，要等人齐了再开饭，孩子很可能不愿意等，想自己吃某些喜欢的食物，这时候，就要告诉他应该等人到齐了一起吃的道理，并且可以让他帮忙请长辈们入座，他一定会很乐意去做。再如，在游乐园中玩滑梯、坐碰碰车、坐飞机等都要排队等待，有些还要排很长的队买票，这时就要教育孩子不能自己想玩就挤到前面去，要排队等候。慢慢地孩子就会懂得凡事都需要遵循规矩，在集体和社会中要遵守纪律。

在家里，给孩子自由，但不能够让孩子随意地滑向任何一个方向，一定要给他们立下警示标：无限制的自由，此路不通。因为任何自由都应该和责任相对应，责任、权利统一，有自由就有义务，让孩子明白，每个违反了规则的人，都应该受到相应的惩罚。

丹丹已经8岁了，可是做起事来总是慌慌张张的，闯了祸又常"赖账"，为了让丹丹改掉这个坏毛病，爸爸专门订了这样一条家规：从即日起，每个人都要为自己的行为负责，做错了事只能自己去承担一切后果。为了让丹丹把这条家规当回事儿，爸爸和妈妈还演了一回"苦肉计"。爸爸故意弄洒了一杯酒，把妈妈放在桌边的衣服弄脏了。于是按照家规，爸爸只好一个人拖地板、给妈妈洗衣服，丹丹眨着眼睛在旁边看着，小嘴惊讶地半张着。没过几天丹丹也闯祸了，她踩着小板凳去橱柜偷拿点心，不小心碰倒了爸爸新买的茶具，茶具被摔坏了，幸好是装在盒子里，没有伤到丹丹。爸爸和妈妈严肃地看着丹丹，要求执行家规。丹丹只好一个人把厨房地面扫干净，把茶具扔到垃圾筒，甚至还给爸爸写了张欠条，答应以后赚钱了再给爸爸买一套茶具。从那以后，丹丹做起事来沉稳多了，即使偶尔闯了祸，也总是主动去承担责任。

孩子的良好性格是可以塑造的，你不必对孩子喋喋不休地说教，一条家规就可以帮你做到这一点。

一位青少年专家讲过这样一件事：

一天晚上，女儿给我打电话，说今天考完试特别累，在同学家里玩，玩得特高兴，我想今天晚上住在这里行不行？我说不行。为什么呀？女儿问。我说你是一个未成年人，国家法律规定，未成年人不能夜不归宿，必须回家。她说没什么，是在同学家里呀！我说我知道你在同学家里，但是她的父母不在家，未成年人未经双方父母的许可不能夜不归宿，因为有可能会发生意想不到的危险。这就叫有一定之规！

在我们的生活中，如果每个人都为所欲为，那么一切都会乱套。为了

培养完美**男孩和女孩**的方法

约束人们的行为，必须要有一套严明的规则，对于成年人，这是制度，对于孩子，这是纪律。

纪律是一个人成功的保证，有规矩方能成方圆。纪律是为适应家庭、集体以及社会需求而制定的，它规范人们的行为，使人们知道应该做什么，不应该做什么。制订纪律的目的，不是剥夺孩子的自由，而是为了让孩子学会自我控制，为孩子提供成长的捷径。

好的性格让女孩终生受益

曾经有人说过："播种性格，收获命运。"这就是说性格不仅影响一个人的生活状态，还会影响一个人的人际交往、事业发展。性格往往决定一个人的成败得失，甚至还决定一个人的命运和前途。

根据林语堂原著改编的电视剧《京华烟云》中，曾家三个媳妇三种性格，结果就有三种不同的命运。大媳妇曼娘虽善良老实，却极其懦弱，逆来顺受，因而一生悲苦；二媳妇自私、贪婪、嫉妒、冷酷，所有的人都厌恶她，是另一种悲惨的命运，既害人又害己；三媳妇木兰性格最好，她勤劳、善良、开朗、贤惠、富有同情心、顾全大局，所以就颇受人尊敬，结果使他人快乐、自己幸福、家庭美满。

英国大文豪狄更斯曾说过："一种健全的性格，比一百种智慧都更有力量。"这句话告诉我们：有什么样的性格，就会收获什么样的人生。一个人的性格决定了他对事情所产生的不同态度与行为方式，最后就会有不同的结果，从而，就产生了不同的人生境遇。

一位名叫卡尔的卖砖商人，由于另一位对手的竞争而陷入困境。对方在他的经销区域内定期走访建筑师与承包商，告诉他们：卡尔的公司不可靠，他的砖块不好，生意也面临即将歇业的境地。卡尔对别人解释说他并不认为对手会严重危害到他的生意。但是这件麻烦事使他心中生出诸多无名之火，真想"用一块砖来敲碎那人肥胖的脑袋作为发泄"。但卡尔最终并没有找那个找自己麻烦的对手算账。

一天下午，就在他为自己安排下周日程表时，卡尔发现住在弗吉尼亚州的一位顾客正因为盖一座办公大楼需要一批砖，而所指定的砖型号却不是其公司制造供应的，不过却与他的竞争对手出售的产品很类似。同时，他也确定那位竞争者完全不知道有这笔生意机会。为此，卡尔很是为难，是告诉对方这项生意呢，还是按自己的意思去做，让对方永远也得不到这笔生意?卡尔的内心挣扎了很长一段时间，最后他还是拿起电话拨到竞争对手家里。

接电话的人正是那个对手本人，当时他拿着电话，难堪到一句话也说不出来。卡尔还是礼貌地直接地告诉他有关弗吉尼亚州的那笔生意。结果，那个对手很是感激卡尔。

卡尔说："我得到了惊人的结果，他不但停止散布有关我的谎言，而且还把他无法处理的一些生意转给我做。"卡尔的心里也比以前好受多了，他与对手之间的阴霾也一扫而光。

如果一个人没有一个宽厚、仁慈的性格，是很难达到卡尔的这种境界的，面对对手的诽谤，卡尔以德报怨并最终和对手化干戈为玉帛，实现了双赢的结果。可以想象，假如卡尔是个性格暴躁的人，在你死我活的斗争中，必然是两败俱伤。更为严重的是，在损失财产的同时，也伤害了人的尊严。

俄罗斯著名教育专家乌申斯基也说："良好的性格乃是人在其神经系统中存放的资本，这个资本不断地在增值，而人在其整个一生中享受着它的利息。坏性格则是道德上无法偿清的债务，这种债务能够用不断增长的利息去折磨人，去麻痹他的最好创举，并使他达到道德破产的地步!"

有哪一位家长忍心让自己女儿背上"坏性格"这笔无法偿清的债务，而让其终生不断地受到折磨呢? 从小培养女孩良好的性格对人的一生有很大的影响，这种影响将伴随孩子的一生，无论是学习还是生活，为人还是处世。它以一种无比顽强的姿态影响着生活中的点点滴滴，从而主宰孩子的人生。孩子要想成就学业、事业，拥有美好、幸福的人生，就必须拥有良好的性格。因此，只要家长选对正确的教育方法，就能够让孩子拥有健康良好的性格。

1. 要有强烈自信心

一个人相信自己有能力去迎接各项挑战时，他才有可能战胜它。要做到这一点，家长首先要尽可能地早发现孩子的天资和才能，有意识地去诱导他们，还要运用赏识教育，多赞赏孩子，鼓励孩子，让他们抱有成功的信心。

2. 要有饱满的热情

一个人如果缺乏热情，任何事业都不能成功。热情，对大多数孩子来说，都是生而有之的，然而，要使其不受伤害，继续把热情保持下去，却不容易。因为女孩的热情是脆弱的，很容易被诸如考试的分数、他人的嘲笑或接连的失败等挫伤，以至被摧毁。性格不是与生俱来的，而是后天塑造的，因此，家长要十分注意保护孩子的热情，千万不要随意伤害它。

3. 要富有同情心

大多数女孩对于有生命的动物所遭受的痛苦是很敏感的。如果一个家庭经常关心他人，那么，自然会在孩子幼小的心灵中播下同情的种子。

4. 要让孩子有较强的适应能力

怎样培养女孩的适应能力呢？最好的方法是尽早用成年人的爱心和感情去对待孩子，使她们能早日成熟，避免由于过分幼稚和脆弱而经不起来自社会的各种冲击。

5. 要充满希望

这种特性能使人在黑暗中看到光明，敢于迎接挑战。要培养孩子对生活充满希望，家长本身就应该是乐观主义者。如经常教育孩子：失败乃成功之母。这样，当困难真的来到时，孩子就会敢于面对现实，临危不惧，从而建立起坚强的个性和忍耐力。这一点，正是其一生成功的希望所在。

不要当着女孩议论他人的是非

家长的一言一行、个人习惯、待人处事的态度等，都会对孩子造成潜移默化的影响。在家里，父母不要当着女孩的面议论外面的一些是非。说者无心，听者有意，孩子小小的心里会记住父母说的那些丑恶、不公平的事情，进而影响她的性格、气质甚至是长大后的言行举止。

女儿洋洋的好朋友珊珊来找她玩，两个小女孩子在女儿的卧室头碰着头嘀嘀咕咕说个不停。妈妈去女儿的卧室拿点东西，珊珊立即闭上嘴巴，妈妈看到女儿一脸新奇惊讶的神情，就问："你们说什么有意思的事情？""阿姨，我们没说什么。"珊珊好像生怕洋洋会告诉妈妈，抢着回答了。妈妈一走出屋门，珊珊又开始说了，声音很低，根本听不清。

珊珊走后，妈妈问洋洋："你俩说什么了？"洋洋犹豫了一下，但还是告诉了妈妈。"珊珊告诉我住我们家楼下的小强一家都不是好人，让我不要和他们说话，他妈妈还偷过人家东西呢，他爸爸长得也像个强盗，说不准是刚从监狱里出来呢。"妈妈感到很吃惊，小强一家刚搬来不久，珊珊家住在二单元，她怎么会知道小强一家都是坏人呢？"珊珊是听她妈妈说的。"女儿说。

妈妈告诉洋洋，不要背后乱议论别人，小强一家是不是坏人，我们也不知道，所以这样的话不能乱讲。中国有句老话叫："独处静思己过，闲谈莫论人非"，要严于律己宽厚待人，这是人必备的修养。洋洋点了点头。

闲聊，总免不了八卦和是非，但是，为人父母者在与亲戚朋友拉家常的时候就得多加留意了，因为你身边的孩子是单纯的，大人的话他们不懂过滤，只会一味模仿。童言无忌，上文的故事就是一个很好的例子。家长们别忽视了自己所说的每一句话，当你用轻蔑的语气在评论某个人的时候，也许孩子也在一旁学着你的样子心里正评论他同学和朋友，这对于孩

培养完美**男孩和女孩**的方法

子养成谦逊有礼的品质是有所阻碍的。

著名教育家陈鹤琴说过，不能当着小孩的面说人家的是非，那样小孩就学会了对人品头论足。

纯真的女孩就如同一面镜子，她会将无意中自家长身上学来的言行如实反映出来。比如倘若父母吐露对于保姆的不满，或是背地里对孩子的老师肆意谩骂，即便那只是一种无意行为，孩子也会在潜移默化中变得轻视自己的保姆或老师。父母的言行举止，哪怕只是一些微乎其微的小动作、小习惯也会对孩子产生决定性的影响。因此，在孩子面前议论他人的是非，这无疑是在教孩子学坏，使他们变得与自己一样。

一天，一位很有名望的植物学家的儿子，拿着一株小草去问他的老师，想知道这是怎样一种草。那位老师也不清楚这株小草为何物，便谦虚而又和蔼地说："你爸爸不是很有学问的植物学家吗？你回去问问他吧！老师也很想知道这小草的秘密！"第二天，这位学生拿着小草再次对老师说："爸爸说他也不太清楚小草的名字。他说老师您一定知道，可能是一时忘了，要我再来向您请教。"接着，这学生递给老师一封信，说是他爸爸叫他带给老师的。那位老师拆开信一看，里面详细地写着有关这株小草的名称和特征等知识，最后还附有一句话："这个问题由老师回答想必更恰当。"

作为老师，对待学生的提问要抱着"知之为知之，不知为不知"的科学态度；作为家长，要注意在孩子心中树立和维护教师的威信。故事中的父亲的高明之处就在于他既帮助老师回答了孩子的问题，又避免了给孩子留下"老师不行"的印象，相反，他巧妙的处理让孩子因此更敬重老师，可想而知，在今后的教育中，老师的思想、言行必将对于孩子的学习、思想、行为产生积极而深远的影响。

事实证明，老师对学生一生的影响是至关重要的。在孩子的成长过程中，接触最频繁的人就是家长和老师。在学校里，老师为人师表，为孩子做出了榜样，是孩子最应该尊重的人。可是如果家长总是在孩子面前说："听说那个老师是××大学毕业的，好像脑子不太好使"，"那个老师的教育方法不得当，所以孩子们的成绩一直无法提高"，"听说那个老师在专业领域的成绩一般"，当孩子听到妈妈的这些评价时，就会大大降低老师在自己心目中的可信度，如果孩子对老师不心存尊敬，那孩子可能对读书或上学都会产生厌恶，导致不肯读书，或成绩下降等不良影响。相反，如果家长在孩子面前说"遇到这么优秀的老师，真幸福"，当孩子带着这样的心情去学习，就会更加敬重老师，学习热情才能高涨，学习劲头也会更足。

父母是女孩的第一任老师，家庭是女孩的第一个学校。女孩特别容易受到家庭环境的熏染，也特别容易模仿大人。如果父母随便在孩子面前议论他人是非，无形中会让孩子产生一种对他人的敌视甚至仇恨心理，这样的心态是非常不健康的，将来孩子走上社会，在处理人际关系时，很可能就会遇到麻烦。因此，作为父母，一定要避免在孩子面前议论他人的是非。

女孩要善良，但不能总是迁就别人

女孩子小时候，就被教导要"听话"、"温顺"，所以往往不知道如何拒绝别人的要求，等她们长大之后，以这种心理处世，想讨好别人，结果却会丢失自己，内心常常会陷于焦虑之中。

小茹大学毕业后在一家公司做文员，她是个心慈面软的女孩子，对周围的人一些不合理的小要求不知如何拒绝。没奈何只好含混答应下来，浪费了自己大量的时间和精力不说，有时候还吃力不讨好。

因此，在女孩小的时候，父母就应向她们灌输这样的思想：能够体谅他人是你的美德，但你一定要学会爱自己。

小岚是个听话的小女孩，在班级里表现很好。有一次期中考试，前桌同学的橡皮丢了，就借小岚的用。可是同学用完橡皮后竟忘了还给她，由于她胆子很小，考试时不敢说话，所以她没敢和同学要。结果这次考试她答得乱七八糟。

当妈妈问她考得不好的原因时，她竟委屈地说："都怪我当时没有橡皮。"

妈妈奇怪地问："你不是有橡皮吗？"

这时，小岚才把考试时同学跟她借橡皮的事情告诉了妈妈。

妈妈听后，细心地跟她说："能够热心地帮助别人，说明你是个善良的孩子。但你有没有想到，把橡皮借给同学之后，你再用橡皮怎么办，这会不会影响你的考试成绩？"

"但如果我不借，同学会说我小气的。"

"妈妈并不是让你不借给别人东西，只是想告诉你，别人的评论重要，但自己的正当利益更重要。"

听了妈妈的这些话，小岚似懂非懂地点了点头。

女孩在成长的过程中学会恰当地拒绝，不仅是自我保护必须迈出的第一步，而且也是将来采取更恰当方式与人交流需要掌握的一种处事技巧。因为，一个不会拒绝别人的人很容易被他人左右、没有自己主张，有时甚至还会给自己带来危险。

作为家长，我们应该具体分析女孩"不会拒绝"、"不敢拒绝"背后的潜在心理，然后教给她们合适的应对方法。

1. 别人都不理我了怎么办?

人天生就是害怕孤独的，女孩尤其有种依附心理，如果小伙伴都不跟自己玩，女孩的心里会没着没落。为了能和小伙伴一起玩，女孩有时会刻意地去讨好周围的小朋友。

这时父母可把教育的重点放在培养女孩独立性上，让她学会独处，学会自主，而不是总跟着别人跑。克服了人际关系依赖性，有了独立性，女孩自然也就学会拒绝了。

2. 他们说我小气怎么办?

孩子虽小,但是很容易受成人世界的影响。如果父母特别好面子,总是做一些并不太愿意做但为了保全自己面子不得不做的事,在这样的家庭环境熏陶下,孩子也会养成这样的习惯。

好面子的问题如果得不到解决,孩子长大了就有可能遇事总是因掰不开面子而吃亏,吃亏之后心里又十分难受,精神上常常很痛苦,从而心理严重失衡。要改变孩子的这种状况,父母本身应做出榜样,该拒绝时就拒绝,如果没有拒绝就不要后悔。俗话说,死要面子活受罪。认清这个道理,才能心安理得地拒绝他人。

3. 他们记恨我怎么办?

孩子在跟比较大的孩子玩耍时,那些大孩子可能会吓唬她。由于害怕被欺负,所以对别人提出的任何要求,都会无条件地满足。可这样做,一方面会鼓励那些欺负她的人继续采取这种野蛮方式要挟她,另一方面也会让孩子对自己越来越失去自信,进入一个更加严重的恶性循环。

父母可以让胆小的女孩从学会拒绝父母、熟人入手,再慢慢过渡到拒绝一些较好说话的小伙伴。只要利用机会多锻炼,孩子的胆子就会越来越大,再不会因胆小而不敢拒绝别人了。

4. 我不知道该说什么怎么办?

拒绝其实也是一种习惯。缺乏拒绝经验的女孩,往往无法开口拒绝他人,与他有没有拒绝别人的胆量没有任何关系,仅仅因为他不习惯说"不"。

婉言拒绝的技巧,需要在日常生活中慢慢地培养。父母可利用孩子经历的一些事情,根据当时的情境以及具体情况,教她以什么样的方式婉言拒绝他人的要求。比如,有同学让自己陪着上街而不愿意去,可以这样说:"妈妈让我看家"或者"我的作业还没有写完呢?"

当我们的孩子学会自己做主导,拒绝他人的不合理要求后,她就是在自强自信的道路上又前进了一步,这对于她以后的工作生活,都有莫大的

培养完美**男孩和女孩**的方法

益处。

那种不顾自己的利益，而总是"讨好"他人的心理，被行为心理学家称为"寄生依赖者"——企图凭借外在的人和事来提升自我的价值，渴求别人的赞美来给自己定位。这种心理在女性中极为普遍，如果当妈妈的曾经深受其害，我们更应当及早教育女儿，摆脱它的困扰。

第章

教导要有针对性，富养的女孩冰雪聪明

在学习上，男孩接受力好，抽象思维能力强，女孩则有语言优势，所学也更踏实。因此我们不必过多、过分地关注孩子的不足和弱项，希望孩子什么都冒尖，循序渐进是最好的学习。孩子不需要我们纠正他们或使他们更好，但他们的成长需要我们的支持。我们提供肥沃的土壤，让他们优秀的种子发芽生长。

创造让女孩安心学习的环境

魏晋南北朝时期的教育家颜之推，在其所著《颜氏家训》一书中特别强调了环境对子女的影响。他说："人在年少，神情未定。是以与善人居，如入芝兰之室，久而自芳也；与恶人居，如入鲍鱼之肆，久而自臭也。"南宋大教育家朱熹更是提出要很好地设计家庭环境，使孩子"耳目游处，所见皆善"。

家庭教育对子女成长起着重要作用，而家庭环境在家庭教育中起着至关重要的作用。

8岁的佳佳在房间里写作业，爸爸妈妈坐在客厅里边嗑瓜子，边看电视，偶尔看到精彩的镜头，两个人还发出"哈哈"的笑声。本来正在学习的佳佳很专心，可是总是被电视的声音和爸爸妈妈的笑声打断。

培养完美**男孩**和**女孩**的方法

于是，她走到客厅说道："妈妈，电视的声音太大了，我都不能专心学习了。"这时，妈妈才意识到电视的声音影响了孩子，刚想把电视关掉，只听爸爸在一旁严厉地训斥道："你在屋里学你的，我们在外面看我们的，互不打扰，你不要总是为你不能专心学习而找借口。"

　　听了这位爸爸的话，我们不难发现他忽略了一个事实：年龄小的孩子本来集中注意力的时间就短，如果要他在我们的责骂声、吵架声、搓麻将声、电视声、音乐声下做功课，就算他坐在了书桌前，他怎么可能专心地读书呢？可见，孩子学习的时候，最重要的就是一个安静的学习环境，因此，家长应在能力范围之内尽可能地为孩子创造良好家庭学习环境。

　　1. 给孩子预备固定的学习地点，桌椅固定的位置不能随意搬动。这样孩子容易形成专心学习的心理定势，一进入这个环境，脑子就进入学习状态。桌子上不能乱七八糟地堆放东西，只能放课本、作业本、文具以及必要的工具书，旁边有一个小书架更好。不要放玩具、零食，以免干扰孩子学习。

　　2. 房间布置要适合孩子学习。孩子好奇心强，注意力容易转移，所以孩子的房间布置应简洁、明快，摆放物品不能太多太杂。墙壁以淡色为好，不要张贴很多东西。有的家长让孩子自己编写格言、警句贴在墙上，这个办法可以借鉴。

　　3. 家长要注意克制自己的不良情绪。孩子的心理是多变的，容易受外界影响，情绪波动大。有些家长没有注意这一点，常常有意无意地把自己在工作中、社会交往中的不好的情绪带回家，影响了孩子学习。还有些家长在对待孩子的学习上不理智，当孩子考试考差了，成绩下降了，一道题算错了……家长不是怒火冲天，训斥孩子，就是唉声叹气，挖苦讽刺，甚至棍棒加身。这样做的后果极其严重。孩子心理上就会产生自卑、害怕的情绪，畏惧学习，失掉兴趣，甚至到最后憎恶学习，如此一来，成绩会越来越差。

　　4. 营造良好的家庭学习氛围。孩子并不是生来就喜欢学习知识，这需要家长为他营造出好的学习气氛。有人说"孩子都有两只手，学校领着一只，家长领着一只，只有这样他们才不会走弯路，一直往前走。"这句话很有道理，做父母的要注重言传身教，每天下班回家后，除了陪孩子们看30分钟的动画片和新闻联播外，其余时间都在看书学习，用自己的实际行动为孩子们树立榜样，在家里营造出浓郁的学习氛围。古人曾说过："吾生也有涯，而知也无涯。"每个人都必须不断地学习，才能不断进步。

在孩子的成长道路上，往往需要不断地尝试，不断地体验，在这个过程中，他们尤其需要父母的赏识。赏识教育也是为了给孩子创造良好的软性学习环境。

莎莎不是一个很聪明的孩子，甚至比别的孩子还显得笨一点，别人学半个小时就会的东西，莎莎大概需要花一个小时才能弄明白。但是每次考试，莎莎却总能出乎意料的考出好成绩，常常拿着满分的成绩单开心地向妈妈报喜。

莎莎同学的父母觉得很奇怪，为什么看上去并不聪明的莎莎总能取得那么好成绩呢？原来是因为莎莎的妈妈总会适时地鼓励孩子，她常常对莎莎说："好成绩都是靠勤奋和努力得来的，其实别的孩子看起来很聪明，那是他们躲在家里偷偷学的结果，你要是也和他们一样努力你也是很聪明的孩子。"

莎莎对妈妈的话深信不疑，做任何事都非常努力。有的时候，课堂上老师讲的东西她不太懂，下课后就把不懂的地方拿去问老师，让老师再讲一遍，作业错了，就再做一次，直到做对为止。莎莎的勤奋让妈妈十分欣慰，也获得了老师的喜爱，还常常给莎莎做一些指点，莎莎的学习自然也越来越好，信心也越来越足。渐渐地再也没有人说莎莎是个笨孩子，人人都夸奖莎莎的勤奋与聪明。

成功是每一个孩子都非常渴望的。运动员每一个细小的进步，都需要

培养完美**男孩和女孩**的方法

人们的喝彩和掌声，孩子在成长道路上也是如此。只有每一次小成功累积起来，才能渐渐铺就孩子的大成功。每一个细小的成功都能够带给孩子无限的信心和动力，孩子就是在不断的成功中不断学习、更上一层楼的。而赏识正是催人奋进的因子，它可以开拓失败者前进的空间，不断激励胜利者昂扬的斗志。

因此，当孩子取得一定成绩，或完成了某项任务时，即使还有一些差距，出于赏识和激励孩子的考虑，父母应该说："做得不错，如果再努力一些会更好！"孩子的先天优势不是最要紧的东西，而是把关注点集中在孩子的后天努力上。应该告诉他："成绩真不错，这都是你努力学习的结果！"

女孩学数学从哪里入手

可以说数学是一门枯燥的学科，偏重于抽象思维，让女孩学好它，许多家长费过不少心思，想过很多办法，但是收效不大。那么怎样才能让孩子学好这门既枯燥又重要的学科呢？

数学难学，尤其是进入初中阶段后，代数、几何的分化使初中生的数学课本变得繁复起来，首先在心理上就给孩子造成了压力。再者，由于初中数学较小学数学更强调于用脑，逻辑性的增强让很多女孩不能马上适应，成绩的不理想，而渐渐地失去了对它的兴趣。这时，家长就是女孩最重要的引导者，帮助她们跨过这个槛，运用科学的方法使数学由难变易，确保女孩不会见"数学"而生恶，避免今后偏科现象的发生。

1. 培养孩子的学习兴趣

数学学习提倡听一遍不如看一遍，看一遍不如做一遍，做一遍不如讲一遍，讲一遍不如辩一辩。家长参与到孩子的学习之中，和孩子共同学习，是保持她们有浓厚学习兴趣的一剂良药。你可以装作一无所知，让孩子给你讲讲数学新课，必要的时候一定要问她为什么。在给你讲明白的同时，孩子自然也明白了新学的知识，还会产生自豪感，树立自信心。

2. 替孩子编本数学错题集

聪明的孩子不在于不犯错误，而在于犯了错误以后能及时发现并吸取教训，改正错误。把错题积累起来，不断翻看，力求不在同一地方犯两次错很有必要。编本错题集并不难，将错题集的作用发挥到最大程度，家长也能大有作为。引导孩子一看到错题，就逐环进行"追查"，找出造成错误的具体环节；再查出这个环节是由哪个方面的原因"催生"出来的，一般不外乎基础知识、运算、解题方法及解题思路的问题；找到根源再去看看，琢磨琢磨，再进行针对性地练习，问题就解决了。这样可以解决同一类的问题，清除了问题所在，学习自然就会进步。

3. 成为孩子做作业时的"监督计时员"

不少孩子平常写作业时养成了一些不良习惯，要么经常间断，不是喝水、就是吃东西；要么作业时间过长，耗到钟点就算完事，从不考虑作业效率等，临到考试的时候也紧张不起来，主要表现为没有时间观念。家长可以针对作业的多少与难易，根据孩子的具体学习情况为她合理安排时间。如果孩子的数学成绩较好，可以适当压缩一点时间。当孩子提前做完时会有一种成就感，可以奖励她自己支配一段时间，做自己想干的事，切忌提前做完以后再额外给她安排新任务。如果孩子的数学成绩较差，在"卡时"的初始阶段，可适当延长作业时间，再逐渐恢复到正常状态，这样容易让孩子获得自信。

在具体的学习过程中，家长还可以帮助自己的孩子形成良好的学习习惯，以科学的、有效的方法学习数学。有种"阶梯学习法"很适合初中女孩的学习特点，家长可以和孩子一起尝试一下。

第一是读一读。在每天的家庭作业完成之后，可以指导孩子抽出10分钟时间看一下下一节内容，自己读不懂没关系，第二天带着问题去听讲，以此培养孩子善于抓住重点以及围绕重点思考问题的方法。

第二是讲一讲。鼓励孩子大胆发言，孩子越是怕什么类型的数学题，越是什么地方容易出错，越应该积极引导孩子去评议，使孩子在讲的过程

培养完美男孩和女孩的方法

中逐步增强信心，弥补漏洞。

第三是想一想。对于孩子可以独立完成的题目，提醒他们养成解题后反思的习惯，反思自己的思维过程，反思知识点和解题技巧，反思多种解法的优劣，这样对于数学课中的知识点可以掌握得更加牢固。

第四是温一温。俗话说"温故而知新"，根据初中男孩学得快忘得快的特点，家长要指引他们做好课后复习，系统复习、单元复习、阶段复习、考前复习等，可以根据自己当年的学习经验指导孩子，也把自己通过各种渠道了解到的科学的复习方法与孩子分享。

总而言之，学数学不是那么难，但也不要抱着投机取巧走捷径的思想，制定切实可行的学习计划、做好课前预习、上课认真听讲、课后及时复习、独立地完成作业、别把问题留在明天、阶段性地做自我小结、课外多见多学、合理地规范学习生活，都是初中生学习数学的根本所在。

俗语说："千里之行，始于足下。"家长千万不要急于求成，数学基础还没有打好，就强迫孩子去做较难或高深的数学问题，这样只会透支了女孩学习的兴趣。做好眼前的基础工作，课本才是最有参考价值的材料。数学讲究触类旁通，很多题都是课本上题目的变形或延伸。在学习数学的过程中，应以课本为核心，夯实基础，全面梳理知识、方法，注意知识结构的重组与概括，进而揭示其内在联系与规律。

最后，家长要善于发现孩子学习的点滴进步，这一点你只有在看他的作业本或测验成绩或与老师交流后才会发现。因此家长要经常看看孩子的作业本，或者经常保持和老师的联系。发现优点及时给予鼓励，发现问题及时帮助查找原因并及时改正，这样可以激发孩子的学习兴趣，使数学学习变得没有那么"难"。

找到正确的方法，学好英语

家长已经意识到，英语已成为孩子将来工作及参与竞争的一个必不可少的工具，让孩子学英语如今成了家长们最热衷的一件事，而如何让孩子学好英语，这也成为很多家长的一块心病。

相对而言，女孩对于语言的听说天赋是十分优秀的，我们所要做的，是帮助她们找到正确的方法，把英语学得更扎实。

英语和任何一种语言一样，都是用来沟通交际的工具，内容包括听、说、读、写四部分。对孩子英语的学习来说听和说的能力特别重要，因为它们是最直接的沟通方式，而读和写则是对孩子英语学习更高层次的要求了。

1. 创造条件让孩子多听听录音

德国心理学家艾滨浩斯绘制的第一个"遗忘曲线"表明：人们对于所学习的材料，最初的遗忘曲线是"急剧下降"的，但随着时间的进展而逐渐减慢，也就是说，遗忘是"先快后慢"的，它提醒人们要抓住"及时复习"。心理学家们还告诉人们，如果对于没在联系的材料，如外语中的字、词、句，采用"部分识记"的效果好，即记住一部分后再记另外一部分为好。因此，最好能在孩子放学回家后，以放录音的形式，及时地让孩子复习一下刚学过的知识。这样做，比过两天临近上课前才复习效果更好。当然，早起后和睡觉前，在孩子洗漱时放一段录音，坚持久了，也会有可喜的效果。

另外，当孩子在家时，不管孩子在干什么（做作业、睡觉）除外，给孩子播放英语VCD或磁带，不必强调孩子必须看或听，孩子该干什么干什么，让孩子在不知不觉中学英语。孩子学英语因没有人与之反复对答，就这种环境下，就只有反复听、看、跟读音像资料了。反复数次后，孩子就会时不时地用英语"自言自语"了。当然，这可能是一个漫长的过程，孩子能否坚持不重要，重要的是家长一定要坚持，这需要绝对的耐心！

2. 要让孩子多说

说也是非常关键的，女孩学习英语应该做到"听说领先"。家长要鼓励孩子说英语。孩子第一次刚会说英语会感到新奇，有很大兴趣，有很高的积极性。我们要善于利用孩子的这种积极性，在家中鼓励孩子讲英语，

培养完美**男孩和女孩**的方法

并且要及时表扬、鼓励。例如，每天孩子回到家中，可询问一下英语学了什么，怎么说的，让孩子练习一下。虽然父母可能听不懂，孩子说的也不那么准确，但家长这时要表现出极大的热情，要多讲"讲得真好"，"我们的孩子可以出国了"等鼓励性语言，不要讲"多难听呀！""说的什么呀！"等泄气的语言。

此外，父母也要大胆地和孩子讲英语。可能有些家长怕自己的英语水平不高，不敢讲或者根本不讲，其实父母的语言孩子更容易接受，孩子的英语是生活中习得的，而不是学来的，在生活中渗透很重要。父母跟孩子讲英语时，确保语音语调准确，不要求多，要求准，有把握的要多说，自己拿不准的不要乱说，因为孩子是先入为主，习惯形成就不好改了。

3. 要让孩子多读

在孩子学习到一定阶段时，就要训练他们读的能力。最好的方法就是让孩子多读书，因为丰富的阅读经验可以帮助孩子熟悉字音与字形的关系。当孩子有了多次阅读经验后，便会渐渐摸索出英文字母的发音规则，也就是哪些字母或字母群发什么音。这样孩子读的书越多，积累的词汇就会越多。妈妈在为孩子选购阅读书籍时，应先以简单易懂的书为主，当孩子积累了一定的词汇量，阅读能力有所提高后，可适当选择一些较有深度的书籍。

4. 培养孩子写的能力

对写的能力的培养也是必需的，但要有一个循序渐进的过程。培养写的能力的最好方法，就是鼓励孩子多练习用写来表达自己。刚开始孩子会的词汇还不太多时，可鼓励他用图片、字母和简单的单字来表达，日积月累，逐步扩大孩子在写的过程中使用的词汇量。由于写的能力还涉及标点、大小写、文法等，比较复杂、困难，所以在孩子刚开始练习写的时候，不需花太多精力学，学写的目的在于表达，而非文法的准确性。

5. 增加孩子学英语的积极性

隽隽的妈妈不懂英语，有一次，别人送了她一个进口的化妆盒。女儿回家后，她正想向女儿炫耀，但是打开包装后，却无论如何也打不开盒子，更可气的是上面只有几个英文字母，一个汉字都没有。妈妈没有办法，但又不好意思告诉女儿她打不开，只得试着问女儿："宝贝，你来帮我看看，这个盒子上写的是什么？"

女儿看了一眼，笑了，说："妈妈，你是不是打不开这个盒子呀？这个单词'push'是'推'的意思，这是一个按钮，你看这样。这个盒子不就打开了吗？"女儿像老师一样教妈妈。

妈妈有点不好意思了，但又一转念：为什么不利用这个机会让孩子学好英语呢？于是对女儿说："宝贝，以后我跟你学英语，好吗？"

"好呀，不过你要听我的话呀。"女儿自豪地说。

隽隽妈妈真的按着女儿的要求从"A、B、C"开始学英语了。而正如她所料，她的"小老师"的成绩也一直在上升。

有时，妈妈向孩子请教，会极大地提高女孩学习的兴趣和认真学习的程度。所以，父母不妨创造机会，让孩子当回"老师"：教奶奶学英语、教小妹妹小弟弟学英语，都能很大程度地调动孩子学习的积极性。

要想让女孩学好英语并不难，难的是持之以恒的精神，只要家长从生活到学习热情地关心孩子，从思想到行动细心地观察，不要一味的苛责而是帮助女孩共渡难关，相信她们定会战胜困难，最终取得优异的成绩。

引导女孩举一反三地思考问题

女孩天生就没有男孩聪明吗？那倒也不见得，不过女孩的逻辑性思维能力、开放性思维能力比男孩稍逊，这也是一种客观现象。如果当家长的，能够从小重视女孩的思维能力训练，对于她们的成长益处多多。

思维，就是通常说的"思考"、"想"、"动脑筋"，是人的大脑对客观事物的认识过程。人们对客观事物的认识分为两个阶段——感性认识阶段和理性认识阶段。比如，我们认识一个人，先是从知道他的姓名、长相，听他说话、看他做事开始的，以后逐渐对他了解越来越多，直到认

培养完美**男孩和女孩**的方法

识他的性格特点，他的精神境界。这就经历了感性认识和理性认识两个阶段。使我们完成这个认识过程的核心因素就是思维。在感性认识阶段，人们也要"想"，但那是初步的，只有对客观事物获得了大量的感性材料时，人们才能通过分析、综合，认识事物的本质特征，所以，思维主要表现在理性认识阶段。

思维揭示事物与现象之间的内在联系。一切进入大脑的信息，如果没有思维的参与，缺乏内化的过程，那么这些信息都是表层的，静态的，死记硬背的，根本无法应用。从这个意义上理解，思维是智力的核心，并不言过其实。因此，教会女孩思维，对她们目前学习成绩的进步，将来工作效率的提高，都有不可估量的意义。

那么，我们应该从哪方面入手，培养女孩的思维能力呢？

首先我们要明白，男孩和女孩在思维能力上的差异，既有先天的性别差异，也有后天环境的因素。如果我们遵循习惯让女孩仅仅参加音乐、舞蹈、画画之类偏于感性的活动，那么女孩感性的天性就会进一步增强，同时理性思考能力的发展则会被忽视。而学校教育对男生和女生的要求是一样的，女孩理性思考能力的缺失将会严重影响她们的学习表现，严重的将导致偏科。

我们可以结合女孩的兴趣，给她选择一些棋类、科技类的训练班，让她们在竞争和比赛中逐步拓宽思路，开发能力。在日常生活中，当家长的，更应该从点滴做起，随时和孩子做一做"脑力体操"。

1. 培养孩子独立思考的习惯

孩子遇到疑难问题，总希望家长给他答案。有些家长就真的把答案告诉孩子，当时解决了问题，但从长远来说，对发展孩子智力没有好处。因为家长经常这样做，孩子必然依赖家长的答案，而不会自己去寻找答案，不可能养成独立思考的习惯。

高明的家长，面对孩子的问题，告诉孩子寻找答案的方法。也就是启发孩子，一个问题应该怎样去想、去分析，怎样运用自己学过的知识和经验，怎样看书，怎样查参考资料等。当孩子自己得出答案时，他会充满成就感，思维能力提高而且产生新的动力。

2. 让孩子经常处在问题情景之中

问题是思维的引子，经常面对问题，大脑就活动积极。当孩子爱提各种各样问题的时候，家长要跟孩子一起讨论、解释这些问题，家长的积极主动对孩子影响很大。特别是家长也弄不懂的问题，通过请教他人、查阅资料、反复思考获得圆满答案，这个过程最能提高孩子的思维能力。

3. 跟孩子一起收集动脑筋的故事和资料

动脑筋的故事和资料很多，有的是真人真事，有的是寓言故事，有的是科普性读物。家长、孩子共同收集，整理好放在书柜的一角。空闲时间，大家可以翻阅这些资料，互相讨论感兴趣的问题。

4. 讨论、设计解决实际问题的思路

在孩子的生活和学习中，会经常出现各种各样的问题需要解决。家长应引导孩子并与孩子一起共同讨论、设计解决问题的方案，并付诸实施。这个过程中，需要分析、归纳，需要推理，需要设想，需要设想解决的方法与程序。这对于提高孩子的思维能力和解决实际问题的能力大有好处。

脑子越用越灵，思路越拓越宽，只要家长对女孩的思维训练有正确的认识和恰当的方法，我们的孩子肯定会一天比一天聪明起来。

保持平常心，"小坡度、大发展"

生活中常常有这样一种现象，小女孩在幼儿园或者小学低年级时，总是表现出色，成绩优秀，于是在父母心中，就暗暗地对女儿寄予很高的期望。但是等她快上初中时或者上初中以后，学习成绩往往会不那么突出，或者说尽管还保持着良好的成绩，但与父母们高标准的期望值不符。于是有些家长便着急了，他们不禁会问：我们的女儿这是怎么了，为什么与我们清华北大、出国留学的距离越来越远了呢？

是孩子们出了问题？不，是家长们应该重新认识一下自己对孩子的

培养完美男孩和女孩的方法

期望值。一般来说，小学的知识注重记忆，只要你上课认真听，课后努力背，就能学好。但是初中以后增加了很多理解性的东西，而在逻辑思维和理解力方面，男孩具有天生的优势，所以大致来说男孩成绩比女孩好些，比如学校的前几名大部分是男孩，但这只是大概情况，女孩也有自己的优势，她们学习认真，踏实，细心，这些优点完全可以弥补理解能力上的欠缺。如果当家长的，不能清楚地认识到这些客观问题，而给女孩提出过高的期望，增加过重的压力，不给她们一个调整、适应的时间，最容易使女孩子一时气馁而失去信心，认为自己再好好学也达不到父母的期望值，于是就干脆放弃努力。

对大多数父母来说，接受孩子的不足是痛苦的。因为这与父母的体面、欲望和期待不相符。东方国家的父母总喜欢拿自家孩子与别人家的相比，觉得自家孩子胜出才有面子。几乎所有的人都已经习惯了这种竞争，非让自家的孩子考第一名不可。其实每个孩子都是不同的，每个孩子都有他值得骄傲的地方。如果家长总想以某种标准来教育孩子的话，孩子和父母之间就会产生隔阂，而这只会让孩子感到不幸。

那么我们干脆认为女孩子在学习上天生就不如男孩，放任自流，任她们如何发展了？这种态度，也是不负责任的，父母最应该做的，是从调整自己的心态开始，给女孩一种更大的上升空间。下面的一个小故事，可以给我们一些启示：

有一位武术大师隐居于山林中。

听到他的名声，人们都千里迢迢来寻找他，想跟他学些武术方面的窍门。

他们到达深山的时候，发现大师正从山谷里挑水。他挑得不多，两只木桶里水都没有装满。按他的想象，大师应该能够挑很大的桶，而且挑得满满的。他们不解地问："大师，这是什么道理？"大师说："挑水之道并不在于挑多，而在于挑得够用。一味贪多，适得其反。"众人越发不解。大师从他们中拉了一个人，让他重新从山谷里打了两满桶水。那人挑得非常吃力，摇摇晃晃，没走几步，就跌倒在地，水全都洒了，那人的膝盖也摔破了。"水洒了，岂不是还得回头重打一桶吗？膝盖破了，走路艰难，岂不是比刚才挑得还少吗？"大师说。"那么大师，请问具体挑多少，怎么估计呢？"大师笑道："你们看这个桶。"众人看去，桶里画了一条线。大师说："这条线是底线，水绝对不能高于这条线，高于这条线就超过了自己的能力和需要。起初还需要画一条线，挑的次数多了以后就不用看那条线了，凭感觉就知道是多是少。有这条线，可以提醒我们，凡事要尽力而为，也要量力而行。"众人又问："那么底线应该定多低呢？"大师说："一般来说，越低越好，因为这样低的目标容易实现，人的勇气不容易受到挫伤，相反会培养起更大的兴趣和热情，长此以往，循序渐进，自然会挑得更多、挑得更稳。"

对于孩子，我们自然可以保持更高的期待，而每天给予她恰到好处的鼓励则更重要。让她看到自己的能力，相信自己的能力，然后再逐渐通过努力弥补不足。

我国著名的阶梯教育法创始人程宏苟教授从长期的研究中发现，要想有效地指导孩子学习，就要给孩子铺出一个阶梯，一点点进步。这叫做："低起点，小坡度，勤奋到，大发展"。具体的意思是给孩子一个低起点，把基础的东西学扎实了，可以要求他先上好课，做好作业。这些基本的东西赶快让他消化。小坡度，让他尝到甜头，孩子最重要的是通过自己努力上一个台阶，够得着果子，尝得到甜头他更来劲，这是阶梯教育的一部分。老师和家长保持平常心，则功到自然成。

父母总想按自己的意愿来改变孩子，要不然就干脆放任不管，如果这样做，孩子就无法茁壮成长。每个家庭都应该根据孩子的能力、情绪和态度寻找适合孩子的方法来教育孩子。

父母千万别以为可以按自己的想法来改变孩子，这是不可能的，应该找出适合孩子的教育方法。也许老大喜欢父母用胳肢或语言来表达关爱；而老二可能喜欢紧紧的拥抱或温柔的话语。我们喜欢用养育第1个孩子时学会的方法来教育第2个乃至第3个孩子，但养育每个孩子的方法不应该一模一样，应该用孩子能感受到爱的方式来养育孩子。

第**5**章

沟通要贴心，富养的女孩心胸开朗

女孩要"富养"，最重要的一点是父母要给她足够的爱，让她感受到生活的满足与快乐。现代的独生子女们，物质丰厚而生活空间狭小，孤独、冷漠、暴戾、紧张等种种心理问题也随之而来。能够化解这一切的，唯有亲子之爱。沐浴在亲子之爱中的女孩，内心无疑也是平静的、健康的，那么一切复杂的心理问题也将迎刃而解。

富养女孩，家长要懂得一些儿童心理学

如果问你这样一个问题：你了解自己的孩子吗？很多家长会认为，自己的孩子自己生、自己养，每天生活在一起，还能不了解吗？其实不然，孩子身上尤其是心灵上每天悄悄发生的变化，如果不精心对待的话，就不能了解。这是父母与孩子的天然差距所决定的。

有人曾说过这样一句话："大人和孩子分别属于两个不同的世界，如果说大人的世界是现实的'陆地'，那么孩子的世界就是美丽而纯洁的'海洋'。"

在女孩世界里，万物皆有灵性。她们喜欢和小动物说悄悄话，喜欢为布娃娃洗脸、穿衣服……孩子的内心世界不但丰富多彩，而且爱憎分明，她们对事物的理解只有"是"与"非"；对人的评价不是"好"就是"坏"……有些事情在成人的眼里是错误的、可笑的，但在孩子的世界里

培养完美**男孩和女孩**的方法

却是真实和正常的。

每个家长都希望自己的孩子健康、快乐地成长，可是，怎样才能做到呢？这就需要我们从"陆地"走向"海洋"，走进孩子的内心世界，看看他们到底在想些什么。

幼儿期（1-3岁）是开展早期教育的重要阶段，是决定人的一生发展的关键期。这个时期，孩子的模仿能力很强，能够将刚刚听到的话，立刻想起并加以模仿。因此这个时期孩子的记忆力也很强，如果这个时候教孩子识字，效率会很高。

当然，孩子也会模仿一些不好的行为。如当发现小朋友发脾气、胡闹、说脏话时，他们也会因为新奇而模仿。这个时候，父母最重要的就是不要表现出好奇和大惊小怪，因为这样做只会增加孩子的新鲜感，从而助长孩子不良习惯的养成。

学龄前（4-6岁）是孩子智能发育的重要时期。这个时期，孩子已具有丰富的想象力，观察力、记忆力、理解力等诸多能力，一定要注意培养。

这个时期的孩子变得特别爱说话，即使一个人玩的时候也会自言自语地边说边玩，跟小朋友或大人在一起时，话就更多。但是，话再多的学龄前孩子，在外面就可能不像在家里那么健谈了。尤其是面对陌生环境时，这种倾向就更加明显。这时候做父母的不要急躁，只要有意识地带着孩子经常去各种环境，这种现象就会慢慢消失。

但是，家长一定要关注孩子的情绪。因为孩子5岁后，开始知道自己是男孩或女孩，自我意识有所发展。一直受到周围人肯定、积极评价的儿童会比较自信；而经常受到否定、消极评价的儿童则容易产生自卑感、孤独感。这些脾气、性格、情绪、行为的特别表现，常是一个人个性的核心。

学龄期（6-13岁）

学龄期孩子的心理，看似比较平静，其实很复杂，是孩子心理发展极不稳定的一个阶段，也是孩子得到父母肯定的一个重要阶段，因为孩子即将进入青春期。在这一阶段，作为父母，要有预见性，针对孩子即将成熟的心理特征进行教育，同时，要时常表扬孩子，培养孩子的自信心和乐观精神，以便让孩子们安全、健康地度过这个阶段。

但是，这个时期的孩子行为的果断性和坚持性还比较差，往往在"果断"中露出盲动，在坚持中表现出依赖。因此要教育好孩子，必须了解在这个时期行为的特点。

学龄期是孩子兴趣和爱好的形成阶段，家长要留心这个阶段孩子的行为特点，及时发现孩子的兴趣、爱好，并要小心地培养和呵护孩子，及时对孩子做出正确的引导。

青春期（13-18岁）

青春期是指从儿童时代向成熟期过渡的阶段。它的生物基础就是性的逐渐成熟。这一时期是决定人一生的体格、体质、心理、个性和智力发展的关键时刻。它不仅要求身体发育成熟，而且要求掌握知识、技能，有较强的心理承受能力，才能履行各种社会职能和担负起社会责任。

青春期阶段的孩子们内心深处经常会出现各种矛盾的情感体验：喜悦与烦恼，开朗与沉默、社交与孤独、大胆与怯懦等相互矛盾的倾向。他们逐渐地认识自我，并对周围的一切十分感兴趣，乐于评价和介入成人行列，意识上想摆脱对父母的依赖，出现"心理上断乳"现象。如果我们没有及时掌握这种变化的实质，孩子可能就会陷入烦恼、困惑、焦虑、冷淡等不安的情绪中，他们不仅对外界，就是对自己也会采取"否定"的态度。

心理学家称青春期为暴风骤雨，疾风如涛的时期，人的身体及心理变化大为不同，发展趋势呈跳跃式，是人生的"危险期"，因此，做父母的应注意观察孩子情感上的细微变化，及时给予正确的引导。

我们可以看出，只有父母了解不同年龄阶段孩子的心理特征，并根据孩子的具体性格，因人施教，才能最大限度地发挥孩子的潜能，而这一切将直接决定着孩子的未来，乃至一生！

所以我们不仅要关心孩子的身体健康，而且还要了解不同年龄阶段

培养完美**男孩和女孩**的方法

孩子的心理特征。不要以为小孩子的心理很简单，其实在他们的成长过程中，心理变化也一直都在发生，父母要学会消除孩子成长中的心理障碍，为孩子种下成功的种子。

不要让女孩生活在恐惧与威吓中

每个人都会有恐惧的心理。这种恐惧又分为两种，一种是自然的本能反应，即对于危险的恐惧。另一种就是神经性的忧虑，即一个人在没有遇到危险的情况下产生的一种无端的害怕，可能说不出理由，也可能说出了，在常人看来不足以引起恐惧。女孩最容易产生这种神经性的恐惧。因此，父母在教育孩子时，一定要重视自己说的话，不要想说什么就说什么，应考虑到说话的后果。

6岁的素素每到夜晚就大哭大闹、精神紧张，常常紧抱大人不放，呼吸急促，面带恐惧表情。原来，她的妈妈吓唬她说："闹吧，天一黑就有妖怪，让妖怪把你带走吧！"开始孩子还闹，当妈妈的竟装起了妖怪，把孩子吓得马上老实了，但自此孩子便落下了明显的心理障碍。对孩子而言，神经发育尚不完善，恐吓或粗暴的态度都会使孩子出现夜惊、过度紧张及恐惧状态。

这样的情形看了真是令人心疼，这位妈妈的心情可以理解，但是非得这样威胁孩子吗？妈妈是孩子最依赖的人，从孩子出生起，就对妈妈有着特别的眷恋，当他受到妈妈的恐吓后，只知道害怕，但是又不知道为什么害怕，这种情绪对孩子的身心发育有着极为不利的影响。

从心理学上来说，妈妈对孩子的威胁恐吓所产生的负面影响，远远超过了孩子目睹可怕事情的影响。作为妈妈应该明白，恐吓和威胁是一种很愚蠢的手段，它不但不能让孩子变得听话，而且还会伤害孩子的心灵。

孩子需要的是一种安全的环境，包括外在的和心灵的。一旦孩子已经产生了对某种情况的害怕心理，妈妈就要及早停止对孩子这方面的刺激，并通过让孩子实际示范和实际观察，对孩子进行耐心的启发或鼓励，来帮助孩子逐渐减轻恐惧心理，消除他的心理阴影。

平时，妈妈要多鼓励孩子，并采用积极性语言教育孩子，时时刻刻注意不对孩子说伤害他们的话，尤其是在"恨铁不成钢"或气急的种种情况下，更要保持理智，控制好情绪，努力做到和风细雨、循循善诱。

父母会造成孩子的恐惧和紧张，同时，轻松和幸福的感觉也可以由父母向孩子传递。

面对生活，学会感受，这也是一种习惯。假如一个孩子从小在妈妈的恐吓和抱怨中长大，那他就学会了恐吓和抱怨。如果孩子从小就在妈妈的赞许和快乐的气氛中长大，那他就可能学会每时每刻感受生活的快乐。

对此，有一位社会学家就很有体会。曾有记者问他："您乐观的待人处事态度是怎么培养出来的。"他说：

"老实告诉你，我的乐观和进取是得自母亲的恩赐。我的母亲无论下田工作，或者在家里缝纫缀补，总是轻轻地哼着歌。我们几个孩子都喜欢跟着母亲哼几句。母亲很温柔，很少责打孩子，但总是很有耐性地告诉我们怎么把事情做好。她经常做些小点心给我们吃，跟孩子们一起共同品尝，但总是问：'好吃吧！一定很好！下一次妈妈会做得更好！'读小学时，有一次，我的考试成绩退步了，腼腆地把成绩单交给她。她看到我怯生生的样子后说：'孩子，你忧愁什么，你应该高兴才对，因为你下一次考得比这一次好的机会大大增加了。'我的母亲虽未跟我说过'明天会更好'的格言，但是在她的精神生活上，总是有一种明天会更好的气氛。"

孩子的个性以及对待生活的态度，就是这样在父母的影响下一点点地培养起来的。父母用悲观的态度对待生活，那孩子肯定不会看到生活中光明的一面；如果父母总能在困境中看到希望，那再大的困难在乐观的孩子面前也会显得微不足道。

培养完美**男孩和女孩**的方法

我们在教育孩子的过程中，自己首先要做乐观的人。每个人在工作、生活中都会遇到各种困难，你如何处理困境会直接影响孩子的做法。如果你能以身作则，在面对困境、挫折时保持自信、乐观，奋发向上，孩子也会受母亲的影响，在遇到困难时，乐观地去面对。

有位英国母亲说："我的孩子不一定要万众瞩目，也不一定要成为世界首富，但他一定要快乐，不管在顺境还是逆境永远保持快乐的能力和智慧。"乐观的人总是能看到事情比较有利的一面，期待最有利的结果。儿童心理学家马丁·塞利格曼认为，乐观不但是迷人的性格特征，还有更神奇的功能，它能使人对生活中的许多困难产生心理免疫。这种智慧与能力比考试得第一名更有意义，这种快乐与智慧可以让女孩学会以健康的姿态来热爱生活，并温暖地度过一生。

爸爸可以给女儿提供什么样的正面影响

在我们每一个家庭中，孩子的早期以母亲为主导的居多。当一个幼小的生命诞生后，妈妈以其温柔细致的女性特征，一手负责起孩子的吃喝拉撒睡，父亲有时候倒像是一个旁观者。等孩子逐渐长大的时候，妈妈便自然而然地介入了他的生活学习教育，爸爸因为最初关注的就少，此时就有些插不上手去。他们可以自称是在"把握方向"，其实孩子在根本上还是由母亲管理的。对于女孩的家庭，这种现象更为常见，有很多妈妈会认为，教养女儿是自己的责任，爸爸尽管可以做他的事情去。

当女人成为母亲之后，她们天性中的爱心与细致就会被充分激发出来。她们给自己的孩子无微不至的关怀，不相信其他任何一个人能像自己那样照顾好孩子，即使是他的父亲。很多母亲都有这样的经验：当孩子被爸爸带出去的时候，她会担心丈夫会不会知道给孩子加减衣服，会不会让孩子吃过多的冷饮而拉肚子，会不会摔了他、碰了他？仿佛丈夫在带孩子方面十分无知，总是会出现这样或那样的问题。

其实女性完全不必如此。孩子需要多方面的成长体验。只有女人才知道如何做个好妈妈，也只有男人才知道该如何做个称职的爸爸。因此如果女人想指挥她的丈夫如何才能做个好父亲，她是没有发言权的，更谈不上控制了，因为这是她完全不熟悉的领域。

刘女士是一家公司的职员，而她的丈夫却是军人出身，他们的女儿刚刚上小学，两人在教育孩子的问题上常有分歧。刘女士很担心丈夫总没有时间陪孩子而让她的行动过于自由，同时她也希望丈夫能对孩子温柔点儿，因为丈夫总是带孩子打网球或者长跑，而刘女士不赞同这种作法。

通过对专家的心理咨询，刘女士意识到如果她干涉丈夫与孩子交流，那么她就害了全家。因为，作为父亲，如果他受到管束和指责，那么他会变得很暴躁，而孩子却需要一个能够带来快乐和安宁的父亲。每个家庭都是一个不可分割的整体，每个女性都要把丈夫作为父亲的权力还给他，也许他粗心大意，不能尽善尽美地保护好孩子，但话说回来，妈妈也不能保证孩子万无一失呀！

作为父亲，同样有用自己喜爱的方式教育孩子的权利。一个合格的妈妈，应该认识到父亲对于孩子有着不可替代的正面影响，而那正是母亲们力量的空白点。

其实，爸爸没有必要与女儿玩"过家家"之类的游戏，但可以和女儿在一起从事很多"工作"。

一位已经成年的女儿很怀念地描述了她和父亲在一起的情景：

小时候，爸爸常会想出一些好的能够消磨时光的事情，比如集邮、集币之类的事情，叫我跟他一起忙。一方面是为了培养我的兴趣，另一方面，更是创造我们父女可以在一起的机会。有超过一半的女儿回忆，她们在父亲那里获得了更为丰富的知识，尤其是在历史、自然科学以及国际关系等女孩通常不感兴趣的学科方面。

培养完美**男孩和女孩**的方法

一般来说，妈妈表达爱的机会更多，妈妈给予女儿的是一种无条件的爱。而爸爸则不同，他只有在女儿取得成绩的时候才把爱作为一种奖励给她。如果女孩有一位关注她，指导她，并善于表达自己情感的父亲，那么女孩在父亲的关注和鼓励下，就会有兴趣涉足对她来说完全陌生的领域，并取得飞速的进步。生活中，很多知识面广，分析能力强，做事自信的女性，就是得益于父亲的影响。

在一个女孩的成长过程中，她的个性、气质、人生观的形成，父亲的影响也是不可替代的。

在女儿的生命中，父亲是第一个男性，女儿对于男性的认知和理解都来自于父亲这个"范例"，而且，很长时间内，父亲这个范例是最权威、最可信赖的。

父亲是否具有责任感，是否爱家，是否果敢、镇定，是否智慧、博学，都会影响着女儿对异性最初的评价。生活中的父亲的形象，会让阅历缺乏、自主判断尚未形成的女儿形成男人都是这样的人，或者男人应该成为这样的人的想法。这将直接影响到女儿对异性的期待。

相关研究表明，父亲是女儿将来择偶的重要参照，如果父亲给女儿的印象是正面的、温暖的，女儿就会寻找和父亲近似的男性为偶；如果父亲给女儿的印象是负面的、冷漠的，女儿要么对异性失望、对婚姻生活冷淡，要么就走极端，男性只要对她有一点好就可以一美遮百丑。

尽管随着女儿的长大，会有父亲之外的男性形象影响她，但是父亲的影响却是女儿最初的和最基本的。

女儿通常更在乎父亲的评价，更渴望来自于父亲的关注和赞美。在家庭中，若能得到父亲的关注、认可，女儿更容易开朗和自信；相反，如果女儿感受不到父亲的关注和认可，女儿就会感到自己被冷落、不重要、不可爱，从而变得自卑和孤僻。

无论男性还是女性，都有其各自的魅力和气质，一个人性别气质和魅力早早就显示了，在青春期前就很明显了，在青春期基本成型，然后随着年龄的增长，不断地完善。两种性别的气质是相互对应的，一方就像另一方的镜子。而女儿最早的镜子就是自己的父亲，如果父亲对女儿的着装、举止等有关性别色彩的方面，毫不注意或者有所压制，女儿就会在女性气质的建立方面落后于人；如果父亲经常适时地发表自己的意见，女儿就更容易认同和重视自己的性别角色，更容易形成自己的女性魅力。

"女儿是妈妈的贴身小棉袄"，"女儿大了自然就会和爸爸疏远"，这是我们常常能听到的描述女儿与父母之间关系的话。但是，心理学家却指出，尽管母亲在生活层面上更多地影响了女儿，父亲却会对女儿的性格和一生的幸福有着至关重要的影响。

妈妈要告诉女儿的有关女孩的秘密

社会心理学家研究表明，那些对性的认识倾向于自然的、美好的、光明的女孩，和那些对性的认识倾向于模糊的、暧昧的、肮脏的女孩相比，更容易在自己的爱情与婚姻生活中获得幸福。而女孩这一观念的形成，和她的教育程度与经历都没有必然的联系，主要来自于她少年甚至童年时代的家庭影响。

在这方面，对女孩影响最大的无疑是她的母亲。母亲站在女性的角度，所传递给女儿的一切，将直接影响女孩在未来对于两性生活的态度。

一个15岁的小女孩这样说：

我12岁时的一天，妈妈告诉我她最近不太舒服，她说这叫"月经"——成熟的女人每个月都会经历一次。"会疼吗？"我问妈妈。"有时候会肚子疼，不过我们可以采取些措施。"妈妈继续说，"你也会有的，苏珊。这就意味着你长大了。"

妈妈给我看她买的书，还有一些卫生用品。她的介绍非常细致，还对我说希望我这些天能够关心她。于是我帮她洗碗，做那些力所能及的家务事。

一年后一切都像妈妈预料的那样发生，我和妈妈为此感到高兴。妈妈为我做了充足的准备，我很感谢她，我们的关系更加亲密了，像一对好朋友。

培养完美**男孩和女孩**的方法

当女孩的青春期来临，她就要经历荷尔蒙循环的周期，这使得女孩以新的方式去面对世界。荷尔蒙的循环使得女孩的情绪像波浪一样起伏不断且变化无常——当波浪上升的时候（雌性激素水平比较高），女孩感觉良好，身边的一切都会让她快乐，女孩也像甜蜜的糖果一样讨人喜欢；而波浪下降后，女孩的世界就会阴云密布、缺憾重重，女孩也会无精打采、烦恼和沮丧。这种变化是正常的。

第一次经历月经的女孩可能会觉得惊慌失措，甚至产生羞耻感，这时候，妈妈是女孩最有效的安慰剂。妈妈的安慰可以使女孩从惊恐中走出来。甚至可以鼓励女孩在今后的许多年中同自己的坏情绪作斗争。

月经只是每个女孩生命里的必定的历程，她们对于和性有关的疑问从来就有而且不会间断。我们并不要求自己是一位性学专家，然而，一些基本、正确的性知识却是重要的。因为有了知识之后，我们才可能使用正确的词汇来加以说明，使孩子有正确的概念，避免造成混淆的结果。或许在我们的成长过程中，从来没有人教导我们有关性的知识，因而导致我们的性知识是一些模模糊糊的观念，并平添了许多辛苦的经验。为了避免孩子重蹈我们的覆辙，就得趁现在和我们的孩子一起成长，给自己与孩子一些正确的性知识。然而，值得注意的是，我们不必也不可能完全回答孩子的每一个疑问；可是，当我们不知道答案时，与其塞给孩子一些不正确或模棱两可的答案，倒不如让我们先充实自己或与孩子一同寻找答案吧！

以思想自由著称的作家梁实秋先生，对女儿的"性教育"可谓是"别具一格"，可能对处于这个阶段的父母们也有所启发。

梁实秋的小女儿叫梁文蔷，自小就显得早熟，对周围的事物充满着好奇，平时也总喜欢问一些两性方面的问题。在早期，梁实秋夫妇觉得孩子小，没有怎么放在心上，一直没有给予回答。等女儿上了大学，他觉得已有让女儿了解一些知识的必要，然而对两代人之间，这毕竟是"尴尬"的事，碍于颜面又不好当面言教。

一天，梁文蔷放学回家，像往常一样坐到客厅的沙发上休息，并随手翻阅身边的杂志，这时候她发现有一本讲解两性生理卫生的杂志，随即翻阅起来。第二天回家后，她又发现了另一本讲解两性知识的杂志，以后天天如此。这时候梁文蔷明白了父母的用意。但是梁实秋夫妇一直并未跟女儿当面说，梁文蔷也对此沉默不语，但是每当杂志更换，她都会沉浸其中，补充知识。

一段时间过后，两性杂志从桌面上消失了，这也宣告他们对女儿的性教育结束。虽然梁文蔷对父母这种过于迂回的教育方式并不是很赞同，但是多年过后每当提及此事，言语间仍充满感激。

时至今日，处于信息时代大环境下的女孩，已经可以多种渠道地完成自己的青春期教育。然而这种自力更生的方式毕竟有很大的盲目性，更何况网络等媒介更是信息混乱繁杂，不健康的信息也可谓无处不在，再加上孩子的自控力有限，不良影响往往不可避免。在这种情况下，父母对孩子以适当的方式来进行良性的引导仍显得十分必要。

值得一提的是，每个妈妈可以传递给女儿的，与其说是知识，不如说是态度。对于女儿的疑问，一本书、一盘光碟，都要比我们解释得清晰而准确，但是妈妈的态度——比如说是自然的、鼓励的，还是厌恶的、生硬的，将会影响孩子对性的态度，而这种影响是更深远的。

当然，态度的形成也不是一朝一夕的，所以在回答孩子性问题之前，我们须先探讨自己对性的态度及其形成的原因。有了如此的自我认识，我们再修正本身的态度，在坦然、轻松、温和的气氛下，与孩子一同来探讨性。

父母与孩子之间的爱互动

爱是一种感受。一个人在被他人需要时，才能感受到自己生命的价值；一个女孩在被父母需要时，才能感受到自己幼小的生命是多么的伟大，于是感悟到一种深深的爱意。

培养完美**男孩和女孩**的方法

对父母来说，接受孩子的爱是幸福的，快乐的；但是对孩子来说，给予父母爱，父母能理解、能接受、能感悟到，比接受父母的爱更快乐！

　　"爸爸，我可以从存钱罐里取20块钱的零花钱吗？"早餐后，朵朵征求爸爸的意见，妈妈咳嗽着从厨房走出来接过话："怎么又要啊，你星期一不是刚刚拿过吗，不能给哦。"爸爸对妈妈说："你记得去医院吧，别管了。"一边换鞋一边咳嗽的妈妈，坚持说自己没事，只是小感冒，并说晚上去买药，然后就急忙出门了。爸爸转身看见朵朵已经拿了零用钱，背上了书包。"我有用处，晚上回来告诉你，快走吧，爸爸，否则你会迟到的，再见。"朵朵冲爸爸挥挥手出了家门。

　　晚上，朵朵一到家就倒好了水凉着。一阵咳嗽声传来，妈妈回家了，朵朵赶快端给妈妈一杯水说："妈妈，你吃药吧，卖药的阿姨说吃完药，就不会咳嗽了。"妈妈一看，桌子上放着止咳药、消炎药还有一杯水。"你买的，哪来的钱？"妈妈很严肃地问，正在这时，爸爸回来了。朵朵赶快回答妈妈说："早上，爸爸同意我拿零用钱了。"泪花充满了妈妈的眼睛，妈妈突然紧紧地抱住朵朵说："谢谢你，女儿。"爸爸愣了一下，也开心地拥抱住了女儿。

　　朵朵用自己的实际行动，表达了对妈妈的爱和关心，严厉的妈妈感动得对孩子连声道谢，这看起来是一件小事情，但却体现了母女之间的幸福互爱。向孩子说声谢谢。不是一件十分困难的事，但对孩子来说却很重要，只是这往往容易被父母忽略。

　　人们都说母亲的爱是无私的，从不要求孩子回报。其实无形中有的妈妈却把孩子"爱的权利"给剥夺了。于是，许多孩子变得心灰意冷，不再去关心妈妈，也更不会去爱别人了。

　　母亲节这一天，老师给孩子们留了一个作业：回家给妈妈一个吻，或说声"妈妈，您辛苦了"，或者给妈妈倒杯水……来表达对妈妈的爱。

性格内向的燕子选择了倒杯水给妈妈喝。放学回到家后，她早早地把饮水机打开，水开后接了满满一杯水。她生怕妈妈回来他听不到，便坐在客厅里一直等妈妈。

妈妈终于回来了，燕子赶紧跑过去把水端给妈妈："妈妈，你喝口水吧！"但是，妈妈好像并没有在意孩子的这一动作，表情很平淡地对女儿说："放那吧，妈妈不渴，快去写作业吧。"说完便开始忙自己的家务。

我们可以猜想到，燕子肯定是特别沮丧地回到了自己的房间。孩子本来是怀着极其兴奋而又期盼的心情给妈妈递上这杯水，也许这个场景在孩子的大脑中已经重演了很多次，她期望对妈妈的这种爱能得到妈妈的认同和称赞，她期望妈妈在接过水的那一刻拥抱她一下，或者说一句"孩子，谢谢你"，甚至哪怕只是一个赞许的眼神都会让她感到满足。然而，妈妈却对这杯水、对孩子的这一动作无动于衷。那么，燕子以后还会轻易表达自己对妈妈的爱吗？

每一位父母都希望自己的辛勤抚养能得到孩子的认可，每次付出的努力总是企望孩子的一声谢谢，其实，孩子的心理在这方面与妈妈是一致的，同样也有类似的心理要求及满足。向孩子说声谢谢，虽然简单，却能一下子将鸿沟拉至零距离，让孩子乐于助人、关心他人的品质去影响与他交往的其他孩子。所以，千万不要忘了说声谢谢，当你的孩子帮助或关心你的时候，不论事情大小。

大概是出于我们民族的传统习惯，对于爱的表达，大多数人都有一种含蓄、克制、内敛的天性吧，我们中很多人不习惯向孩子表达自己的爱。那么我们建议你从现在开始试一下，不久以后，你就会发现它的神奇魅力。

永远都要以欣赏的眼光看你的女儿

俗话说："庄稼看着人家的好，孩子看着自家的好。"在每一位父母的眼中，孩子都是一朵开得最艳丽的花。正因为如此，父母看待孩子的眼光就会更苛刻，总拿自己的孩子和别的孩子比。"你看，××成绩那么好，你怎么就不行呀？你真是没出息，我怎么生了你这么个笨孩子！""我算是看透了，你也就这个样子，我们是没指望了！……"父母只看到自己孩子不如别人孩子的那部分，而忽略了孩子优秀的另一面。

李梅9岁的女儿小萱，长得很瘦，头发黄黄的，个子也不高。而且，小萱的学习成绩也很一般，总在班上二十名左右徘徊，在任何一门功课上都没有表现出过人的天赋。

在李梅的眼里，女儿太平凡了，没有一点让人骄傲的地方。李梅对女儿几乎失去了信心。每当小萱不小心做错了什么，李梅总会生气地对她说："我怎么生了你这么个孩子，真是太笨了，长大了肯定没出息！"

在现实生活中，父母经常会把自己孩子的短处和别人孩子的长处相比，甚至把别人的孩子过度地美化和夸张，本想让孩子像人家那样努力学习，取得好成绩，但结果往往适得其反，为什么？因为父母已经否认了自己的孩子，父母让孩子感到羞耻，感到父母对她的绝望！

一块石头，只要我们站在不同的角度观察，就会看到各种不同的形状，更何况是那些未成年的、活生生的、有个性的孩子们。俗话说："人无完人，金无足赤"，成人都不能保证十全十美，更何况那些孩子。

其实，只要我们换个角度去看孩子，就会发现每个孩子都有不同的优点。从不同的侧面去看孩子，你就会有不同的惊喜，会发现原来孩子身上竟有这么多的优点和长处。学会换一个角度看孩子，才能真诚地赞美孩子，鼓励孩子，让孩子活得更精彩。

有一天晚饭后，12岁的小娅问妈妈："我的个子这么矮，长得也不漂亮，而且又不像别的同学那样心灵手巧，吹拉弹唱、歌舞琴棋她们都会，我什么特长都没有，长大了没有人喜欢我该怎么办？"

说着说着，小娅的眼泪就掉下来了。

妈妈安慰孩子道："好女儿，你怎么能这样小看自己呢？你好好想想，一个人的才能有的看得见，有的看不见，别人表现出来的东西你的确没有，但是你的善良、坚韧、不怕吃苦、不畏困难以及其他的一些优点是别人所没有的。女儿，你千万要记住，你自己就是一座宝藏，你的这笔财富将让你受益终生。它们就是你深藏不露的能力。时候一到，自然显露。所以，不要担心。"

小娅虽然还不能完全听懂妈妈的意思，但是嘴角已经笑开了。与此同时，在她幼小的心灵深处，有一种叫做信念的东西已经慢慢滋生。

孩子都有因为挫折而伤心的时候，这时就需要父母学会从多个角度发现孩子的闪光点，用发自内心的喜悦感染、打动孩子，使其保持健康积极的心理状态。

实际上，每一个孩子都有他的长处和优点，虽然孩子的天资有别，学习事物有快有慢，学习成绩也有高有低，但判断一个孩子的好坏，不能只取决于一个方面。只要父母真正从内心去赏识孩子，每一个孩子都有值得妈妈自豪的地方。

爱因斯坦说过："每个孩子都是一颗种子，都有发芽、开花、结果的时候，如果你每时每刻都细心的照顾她，及时发现她的闪光点和不足，那她最后结的果子是最爽口的。"知心姐姐卢勤说："小时候妈妈给我的鼓励是我一辈子都不会忘记的，我觉得妈妈给我的爱，就表现在对我的鼓励上。我做的每一件事情，妈妈并不是在刻意赞扬，而是发自内心的情感表达。我5岁的时候，有一次一个人在家收拾屋子，妈妈一回来，就说：'哇，是谁这么勤劳把屋子收拾得这么干净！'于是我就从门后边站出来。妈妈说：'真想不到是你，你可真能干！'就这一句话，我便爱上了收拾屋子的活儿，总想给妈妈一个惊喜。"

父母的评价，对孩子的成长有着非常重要的影响。虽然每个孩子都有着不同的相貌和个性，但有一个共同点，那就是渴望妈妈因他而自豪，渴

培养完美**男孩和女孩**的方法

望听到喝彩！孩子们都是这样，如果你为他喝彩，为他自豪，他就会回报你一个又一个惊喜。作为父母，不能只凭长相、成绩等某个方面就认定自己的孩子不如别人、没有出息，而是应该善于发现他们的优点，发现他们与众不同的地方，要始终相信自己的孩子是优秀的，要把赞美留给自己的孩子，让他们在你的赞美声中继续发扬自己的优点和长处。

第 **6** 章

女孩在富养中成长的5种训练

"富养"女孩，不是将她们当成温室里的花朵。相反，父母有责任保证女儿眼界的开阔和心灵的满足。在生活中，女孩的冲劲不像男孩那么足，所以她们对于这个世界的探索和社会的认识，需要父母毫无保留的支持与鼓励。

女孩要多见识一下"大场合"

人们常说"女孩子都是怕羞的"，的确，在一些陌生的或者人多的场合，女孩不像男孩子那么自然大方、无所顾忌。这里面有先天的性别差异，也和父母的教养有很大的关系。有些女孩子，刚刚有些害羞的倾向，就被父母贴上了一个"怕羞"的标签，于是，女孩更加不自信，更加害怕在人前的表达。

杜莹从小在乡下外婆家长大，上小学的时候，妈妈才把她接到身边来。不久后妈妈就发现，这孩子太怕生了。问她什么话，不管知道不知道，都像小蚊子似的"嗡嗡"两声，连她说的是什么都听不清楚。家里来了人，她马上脸涨得通红，一声不吭地躲进自己的小屋里，如果妈妈不叫她，即使吃饭时也不出来。

看着别人家和女儿同龄的女孩都活泼大方，妈妈心里又着急又生气，在单位上，就向很有育儿经验的王阿姨请教。王阿姨说，对杜莹这样的孩子，千万不能一味责备她做得不好，妈妈应该有意识地多和她说说话，说说她喜欢的问题，比如可以让她讲讲和外婆在一起时的生活，让她觉得她的话很有吸引力，慢慢地她就会喜欢讲话了。还有，亲朋好友之间有什么聚会，大家都带孩子的时候，妈妈也要带杜莹一起去，你越觉得孩子太羞怯了丢面子而把她关在家里，她就和大家越生疏。听了王阿姨的话，妈妈觉得很有道理。在她有意识的引导下，杜莹慢慢地变得不那么怕羞了。

有一次单位一个同事结婚，妈妈也把杜莹带去了。喜筵上，王阿姨不停地夸杜莹可爱，有礼貌，这一天杜莹玩得很开心，表现得也开朗多了。

害羞的孩子，主要是因为在社交活动中常过分注意自己的言行，生怕出现什么失误而遭人非议；或认为自己相貌平平，缺乏魅力而自惭形秽；或由于能力不足，性格软弱、胆小怕事而无从进取；或在学习和活动中常不引人注意、不受器重，即使有所建树，也由于沉默寡言而易被人忽视，得不到应有的待遇。

有些孩子害羞，父母会认为孩子还小，长大了自然会好的。其实，这种想法可能贻误孩子终生。作为父母，一旦发现孩子害羞，就有责任帮助孩子接受他们自己的羞怯心态，培养战胜羞怯的能力。

孩子之所以会形成腼腆内向的性格，与父母的少鼓励、多指责有很大关系。腼腆的孩子一般都会自信心不足，父母一味地指责只会让孩子的自信心再次受到打击。可以想象，一个自信心严重受创的小女孩，又怎么可能变得开朗大方呢？

有很多怕生的女孩的家长，在孩子给自己"丢面子"时（比如让招呼人没招呼），都会赶紧向对方解释，"我女儿太腼腆"或"她是我们家脸皮最薄的"。殊不知，这种当着孩子的面说孩子害羞是十分不妥的。这就好似给孩子贴上了一个"害羞"的标签，当这种"我是害羞的"的意识深深植入孩子的内心，她就会认为自己就是这个样子了，以后她还会利用这个标识来逃避不喜欢的人——这时，害羞就成为小女孩一种有意识的行为。

因此，对于孩子那些程度不特别严重、只在较短一段时间内存在的"害羞"行为，父母没有必要过于担忧。如果孩子的害羞相当严重，而且既不是只在某些特殊情境，也不是只在一段较短的时期内出现，有可能影响了以后的社交和事业时，父母可以耐心地帮助他们进行矫正。

在生活中，妈妈应鼓励孩子与他人交往，并教给孩子一些与人交往的常识与技巧。比如，应学会怎样问候别人，怎样同别人见面时说些寒暄话；怎样使谈话不间断，不是光听别人讲，而要自己也讲。如果是一般的聚会，可以让孩子阅读一些畅销的书籍，关心一下最近的新闻和体育赛事，如果让孩子能在社交场合讲一些故事或幽默的笑话，那就更好了。这样他在与人交往中就有可能一点点地增强信心。

当孩子在人群中开始感到不自然时，教他深吸一口气，把注意力集中在其他人身上。要让孩子记住并不单单只有你一个人有这样的感觉。别人也都在关心着他们自己留给别人的印象。

哪怕女儿只有微小的进步，父母也不要吝啬自己的表扬；哪怕孩子的表现还没有达到你的要求，也要力求表扬到位。父母的表扬，不仅是对孩子的认可和鼓励，更可促使孩子向着更好的方向发展。

总之，只要我们有心地去教育和培养，怕羞的孩子会逐渐大方、活跃起来。

体验一下相对复杂的手工制作

对于这一代在电子时代长大，四体不勤、五谷不分，以至于常有思想懒惰、精神萎靡通病的独生子女，儿童教育专家建议：培养全面发展的男孩和女孩，从培养他们的动手能力开始。

如今一些拥有先进办学理念的中小学校，极为重视手工和实验课目的开展，让学生从小就养成了动手动脑的品质，因为"手巧"能使人"心灵"。

培养完美男孩和女孩的方法

210

从生理学上分析，手和脑有着最直接、最紧密的神经联系，大脑是高级神经中枢，其中有很大一个区域是与手的活动相连的。这个区域比大脑中与整个内脏相连的区域还要大，仅一个手指在大脑中所"占据的地盘"，就超过一条大腿所能拥有的"面积"。脑科学已经证明，动手动脑，用丰富的信息刺激大脑神经元（神经细胞），神经元就个大、体重，细胞质成分齐全，神经纤维生长又多又密，能连接成无比庞大的神经信息网络。

不仅如此，劳作时刻改变着眼前的情景（有时候做好，有时候做坏），最易激发人脑另一区域主管的非智力功能，使其迅速调动并参与进来，如动机、情绪、兴趣、意志等，此时就显得异常兴奋和活跃。所以，人在做事时特别是进行有兴趣的实验、操作时，往往废寝忘食，时间似乎转瞬即逝。在良好的非智力功能的"鼓舞"和"保护"下，智力也在不知不觉之中就受到高强度的锻炼。

动手的好处这么多，可是有的孩子就是不愿意去"动"，这时家长们应该怎么办呢？强迫肯定是收不到好效果的，聪明的家长，可以通过一步步的诱导，让孩子自发地爱上手工。

圣诞节之前，在英国的一个普通人家里，女主人让两个孩子到小客厅来，说有一个好主意告诉孩子们。

孩子们进去后，大女儿一见妈妈立刻叫了起来："哦，妈妈，你有什么好主意？快说来听听吧。"

听到姐姐发话，弟弟也开始不安分地对着妈妈嚷嚷起来。看着孩子们兴奋的模样，女主人温柔地对孩子说道："哦！我的孩子们，快乐的圣诞节马上就要到了，你们想不想用自己的双手来创造更多的快乐呢？今天我们自己动手来制作一些圣诞礼物送给你们的爸爸、爷爷和其他人。你们觉得这个主意怎么样啊？"

"哦，妈妈，还是不要吧。前几天，我在一家商店里发现了一个非常漂亮的圣诞玩具，我非常喜欢它。如果我们自己动手制作，一定没有商店

211

里卖的那么漂亮！"儿子第一个站出来反对妈妈自己动手的意见。"嗨，别打岔，我可想自己动手做一个有意义的礼物！你这家伙，是想偷懒还是觉得你口袋里的钱太多了？"姐姐马上反驳弟弟。听了姐姐的话，弟弟不再吱声了，可能他认为姐姐说得有道理吧。

女主人微笑着看两个孩子争论，等他们都不说话了，就把两个孩子拉到身边，围坐在一起。她温柔地对孩子们说："哦，尼雅说得对，街上商店里卖的礼物是很漂亮，也很吸引人。但是，如果我们亲手来做礼物，将会有不一样的感觉。如果不信，我们可以来试一试。""好吧，妈妈，那我就来做个圣诞玩具吧。"儿子点点头说。姐姐尼雅兴奋地说："妈妈，我要做一只很大的红帽子，挂在我们家的窗户边！"

"好的，好的，你们的愿望一定可以实现的。"女主人笑着对孩子们说道。

然后，女主人带着孩子们搜寻来一大堆的东西，什么彩笔、棉花、废旧的布条、激光纸、小棍儿、胶水、针线等等，都是一些废弃物，他们要进行一场变废为宝的活动！

两个孩子各自从中挑选了一些自己需要的材料，开始各司其职。一个拿刀裁剪红布，一个拿针缝着布边。孩子干活的架势，竟然有板有眼、像模像样！

一天的时间很快过去了，一件件蹩脚然而却装满孩子们无限爱心和美好愿望的圣诞礼物终于诞生了。

女主人仔细地观赏着每一件在别人眼中简陋不堪的作品，那神情却像鉴赏伊丽莎白二世王冠上的奇珍异宝一般惊喜。"太棒了，真不敢想象，你们小小的年纪，做出的礼物这么棒！你们的爸爸和爷爷，还有其他收到你们礼物的人，他们一定会很高兴！"

听了母亲的赞扬，两个孩子的脸上也洋溢着快乐的光芒，他们甚至想明天再多做一些送给其他的人。

要培养孩子们动手的热情，家长自己首先要对这件事充满热心。否则，一项有趣的、有意义的操作，就变成了一种无可奈何的任务，孩子们怎么又能提起兴趣呢？

其实我们的家长们要学习那位英国母亲的鼓动孩子技巧也并不难，只要我们认识到动手对于孩子大脑发育，以及对于他们日后的适应能力与协调能力发展的重要意义，不把"动手"当成可做可不做的小事，鼓励孩子的热情就会自然产生。而父母的态度，也将会对孩子们产生强烈的感染力。

进行一次最向往的自助旅行

如果一个孩子的生活仅仅限于家庭、学校之间的两点一线，他的心胸必然不会太广阔，眼光必然不会太高远。古人云：读万卷书，行万里路。走出屋门，看一看各地不一样的美景，不一样的风土人情，对于孩子的人生历程大有益处。

19岁的上海女孩汤玫捷，上的高中是上海的一所普通中学，但是却成为2005年国内惟一一个被美国哈佛大学提前录取的中国学生，更获得了哈佛校长提供的每学年4.5万美元的全额奖学金！

这个在中学400名学生中排名仅在百名左右的普通女生，究竟具有何种魅力，居然让世界名校为她敞开大门！哈佛究竟看中她什么？

汤玫捷上高二时，曾作为上海惟一一名中学生赴美学习过一年，在这一年的经历中，汤玫捷给美国当地学校和所有与她交往过的同学家长都留下了非常好的印象，美国的历史老师更是在推荐信中夸奖说："汤是一个热情、勇敢、自信、不太一样的中国学生……"

其实，汤玫捷的"勇敢、自信"，正是来自她不一样的个人经历。

汤玫捷的父亲是一名中学教师，母亲是一名退休工人。夫妇俩对女儿惟一的要求是："做到你自己最好的状态。"因此，他们从不把女儿按在题海之中，从不过分关注女儿的分数、排名，也从不认为女儿参加社会活动是在浪费时间。对此，她深有感触地说："在我成长的经历中，自己好像没参加过什么培训班。兴趣就是最好的老师。只要是我喜欢的，我就一定会去做！"

汤玫捷最喜欢的，就是旅游。

她旅游有两个原则：一是不跟旅行团走，二是不要导游。不管在美国还是在中国，汤玫捷都是选择自助式旅游。她认为：我看到的世界，不是一个导游能够用语言描述的，而是一个我自己用心感受到的世界。就说一些名胜古迹吧，人们首先就会想到很具体的标志性建筑，但实际上，那些东西离寻常百姓的生活实在是非常遥远。所以，我旅游的时候，从不以一个游客的心态去观看一个城市，而是融入其中，悄悄地关注人们是怎样在那里生活的。要想做到这一点，就不能光听别人的解说，还得靠自己走遍那些土地。而且我认为，在一个人的成长历程中，"行万里路，读万卷书"，还应该再加上一条，"和万人交流"，这才是完美的学习。

汤玫捷的勇敢和自信，对于年龄幼小、还在成长中的孩子来说是一种挑战，那么我们可以换一种方式，由妈妈带着孩子出去走走。利用节假日与孩子一起外出旅游，在大自然中，妈妈和孩子的天性得到很好的释放，而且共同嬉戏、玩耍中还增进了亲子感情，同时增加与其他伙伴的沟通、交往能力，更好地适应群体生活。

平时在家，孩子对外的接触面很小，与其他小朋友相处的机会一般并不太多，可是外出旅行就不一样了，一是旅途中会遇到一些玩伴，二是目的地一般都会有玩伴。因此，一群来自不同地方的孩子们在一起玩耍对孩子的心理健康非常有益。

于小晴8岁那年暑假，妈妈带她到了北京，领着她游了故宫、长城，看了天安门升旗仪式，还游了颐和园、天坛、圆明园遗址等名胜古迹。

爬长城的时候，于小晴非常开心，她很轻松地登上了远处的烽火台，还向游人们打听，哪里是孟姜女哭倒长城的地方。

最难忘的是天安门升旗，以前于小晴看到的只是电视里的画面，而现在它就在眼前，触手可及：仪仗队整齐划一的步伐、护旗手严肃认真的表情、在晨曦初露的天空中迎风招展的五星红旗、盼望与欣喜交织的围观群众，这些景象深深地印进了她的脑海。后来在学校做护旗手的时候，于小晴总会想起天安门广场上的那面旗帜，她的步伐也会走得特别带劲儿。

那次旅游回来，于小晴觉得自己突然长大了许多，她对班上的同学讲述这段经历的时候，眉飞色舞，声情并茂，同学们个个伸长脖子，听得非常专心，十分羡慕和向往——那个时候，全校还没有哪个同学去过北京呢！

这之后，妈妈总是利用节假日带领于小晴外出旅游。还专门给她准备了一个能背着的小旅行包。其实妈妈知道孩子所能承受的重量，里面并没有装很多的东西，目的只是让她有合作的意识和小大人意识。

当妈妈和于小晴在旅途中遇到不认识的路时，妈妈会坐在一边请于小晴来帮忙问路，这样孩子在旅行中不仅增长了许多的知识，还学会了与人交往的技巧，学会了如何处理问题。

在旅游中，买车票、住旅馆、进饭店、购门票，是不可避免的。假如父母有意识地要孩子去做这些事，那么孩子就可以直接接触到一些新的对象，了解新的知识。旅游结束，见识广了、谈资多了，孩子重新回到家庭和学校，就拥有了和以前不一样的自信。

旅行的过程，其实也是一个增长见识、增长能力的过程。因此，有条件的妈妈可以多带你的孩子出去走走、看看，多给孩子一些锻炼的机会。

培养一些"管钱"的能力

近年来，随着经济的发展，人们生活越来越宽裕，孩子拥有零花钱已成为普遍现象。而零花钱对于孩子并非一无是处，哲学家培根说过："如果孩子小的时候，在金钱上过分吝啬于他，孩子在性格上将会变得猥琐。"的确，在孩子小的时候不学会怎样使用钱，成年后其财商就会非常低下，难以适应经济社会的发展。对于女孩子，财商低下还意味着她无法管理自己的小家庭，带来不必要的烦恼。

培养孩子"管钱"的能力，这不仅仅是让孩子形成合理的消费观、理财观，更重要的是让孩子在今后的生活中可以更好地自立。

星期天，妈妈带着10岁的禾嘉上街购物。女儿在商店里看见一个新款的娃娃，哭闹着要买。妈妈不同意，可是禾嘉却坚持想要。妈妈生气不理她，禾嘉竟当场流下眼泪。妈妈知道，这都是爷爷奶奶惯坏了。平时爷爷奶奶总爱给禾嘉零花钱，她想要什么就给买什么。这时，妈妈决定要改改禾嘉这个坏习惯，要教会孩子如何花钱。

妈妈决定一周给禾嘉7元钱，看她怎么花。

果不出所料，禾嘉有了钱后，一天就把7元钱花光了，除了买零食，就是买好看的贴纸。接下来的6天里，禾嘉只能忍受"煎熬"期待下次零花钱的发放。6天后，禾嘉变得格外珍惜新领到的7元钱。看她小心翼翼的样子，妈妈忽然想出一个点子，说："禾嘉，你可以把我和爸爸当成一个银行，把钱存起来，我们给你利息。"禾嘉立刻就来了兴趣。经过讨价还价，最后商讨决定：存5元钱，一个月后，就可以获得1元利息；存10元的话，一个月后，可以获得2.5元利息。

禾嘉很兴奋，随即决定在"银行"里存下5元钱。

这之后，禾嘉变得有计划了，那些小零食轻易诱惑不了她。一个月后，禾嘉存了15元，获得利息3.5元。她开心地把利息取出来，并且把其他的钱按照她自己的想法又交给妈妈存起来。因为禾嘉有一个小秘密，想存够钱买那个自己一直惦记着的MP5。

教孩子使用零花钱是让孩子学会如何预算、节约和自己作出消费决定的重要教育手段。美国家长尽可能将孩子的零花钱数量控制在与他的同伴大致相当的水平上。至于零花钱的使用，则由孩子全权负责，家长不直接干预。但一旦孩子因使用不当而犯错时，家长不轻易帮助他们渡过难关。

培养完美**男孩和女孩**的方法

从而使孩子懂得过度消费所带来的严重后果，学会对自己的消费行为负责。

电视《实话实说》栏目曾演过这样一个镜头：一位母亲和十来岁的孩子在摄像机前忘我地争论。原来孩子拿母亲给的钱，买了母亲不满意的东西，所以，母亲就训斥道："钱虽然给了你，但那是我挣来的，不是你的，你没权不通过我乱花。"孩子反驳："怎么不是我的？你给了我就是我的。再说，我没有乱花，那些都是我认为必须买的。"其实，在大多数情况下，孩子花钱也有他们的道理。也许在妈妈眼里是浪费，在孩子眼里却绝对是物有所值。妈妈应该尊重孩子的自主权，不宜过多地干涉孩子零用钱的用途，应让孩子自己决定如何使用这些钱。即使买了不实用的东西，孩子也买到了教训和经验。若妈妈干涉孩子的错误，就会破坏孩子成长的进程，剥夺他们获得生活经验的机会。

当然，父母要尊重孩子零花钱的自主权，但是也不等于完全放手不管，毕竟给小孩子零用钱，主要目的是帮助孩子学会重要的理财技巧和树立正确的金钱观。不管是每周或是每月，让孩子有规划和预测其零用钱的收支。对于过年时长辈给的大额"压岁钱"，父母不可任意让孩子花费，这个要孩子维持适当运用金钱的承诺。父母还应该建议孩子学习如何合理分配他们的零用钱，例如百分之三十用于消费，百分之三十用于短期储蓄，百分之三十长期储蓄和百分之十作出奉献等。在此过程中，可以向孩子传授管理金钱的经验或理念。如，节约不仅是种美德，而且节约一元钱就等于多赚了一元钱；金钱是用于消费的，但用在值得用的地方才有价值。尤其是在孩子刚开始用钱的时候，很可能掌握不好，会被橱窗里花花绿绿的商品吸引，随心所欲地购买一些小零食、小玩具，发生"财政赤字"，父母不妨给孩子提供不同的意见，共同分析决定的可行性，最终意见由孩子自行评估。

总之，只要正确地引导孩子，不以自己的立场强加干涉孩子，孩子便学会如何管理手里的钱，养成受益终生的好习惯。

独立处理一些突发的"危机"

现在的女孩，多被人们称为家里的"公主"，"公主"们都是被娇宠大的，遇到事情，首先是要寻找能够帮助自己的人：

"老师，××把我的水笔借走了，不还给我。"

"爸爸，我打不开防盗门了，你在哪里，赶快回来给我开门，我正在门口楼梯上坐着。"

"妈妈，我的书包掉到泥坑里了，书都湿了，呜呜，怎么办呢？"

对于八九岁十余岁的女孩，她们的主要精力都放在学习上，加上我们的家长又特别重视孩子的学习成绩，因此对孩子的日常生活，家长免不了大包大揽。这形成了孩子对父母的过度依赖，在家里，有事找父母，在学校，有事找老师，这样一来，孩子自己解决问题、处理事情的能力，就出现了不同程度的弱化。

孩子依赖的习惯是经过较长的时期才形成的。同样，想要纠正这一行为也不是一两天就能办到的。在这个过程中，家长的耐心尤为重要。过于仓促或激烈的矫正措施，都有可能会使女孩误认为她是个不受喜爱的人，从而对她的心理造成伤害。因此，一方面要增加孩子成功的经验，积极培养其自我成就感，另一方面还要设法让孩子明白，父母是爱她的，但是每个孩子都必须学会处理一些应该自己处理的事情。

有些孩子脑子容易一根筋，往往缺乏变通，不能够随着环境及情况的变化而作适当的调适。从某种意义上讲，适当地变通并且在变通的同时还能充分掌握自我，沉着而不失理智，是孩子处理困难和挫折的重要能力。

周五放学后，小敏回到家，怎么敲门也没有人开。看来是爸爸妈妈还没有回家，只好等了。小敏坐在门口，感觉又冷又饿，便哭了起来。这时候，对门的邻居李阿姨隐约听见哭声，出来一看，原来是小敏坐在门口缩

培养完美**男孩和女孩**的方法

成一团在那里哭，问她怎么回事，她才说是爸妈不在家，开不了门。李阿姨起身一看，原来门上贴着条子，爸爸妈妈出去办事，让小敏回来后去奶奶家里，可是小敏没看字条。李阿姨连忙让小敏用自己家电话给爸爸打电话。电话里，小敏委屈地哭个不停，爸爸耐心地安慰了小敏很久。最后爸爸又对小敏说："孩子，你要想个别的办法呀，你说现在怎么办呢？"小敏想了想说："今晚我就住在李阿姨家，明天早上去奶奶家，爸爸回来后去奶奶家接我，好不好啊？""当然好了，好孩子。这就对了嘛？"放下电话，李阿姨连忙给小敏做了吃的，安排她洗澡睡觉。小敏在李阿姨家度过了一个愉快的周末。

生活中，一些小女孩一遇到没有经历过的事，除了哭没有别的办法，即使一些很容易解决的问题，她们也束手无策。家长应有意识地加强对孩子应变能力的培养。例如，应该知道早晚气温不同，注意保暖；应该知道出门要带什么东西；应该知道什么地方可能会发生什么情况；对突如其来事件的应变能力等。只有孩子具有较强的应变能力，遇到意外情况时，他才能将损失降到最低程度，争取到最好的结果。

有时候，我们的孩子不是因为能力不够而解决不了问题，而是他们已经习惯了有事找家长，找老师，根本没有要自己独立面对考验的意识。

印度前总理甘地夫人，是一位非常出色的女性。作为领袖，她对印度有着杰出的贡献；作为妈妈，她是孩子心中最好的导师。甘地夫人认为：生活中有幸福，也有坎坷。教育的目的就是培养孩子健全的个性，使他们以后能够从容不迫地适应生活中的各种变化。作为母亲，她必须帮助孩子平静地接受挫折，发展自我克制的能力。

大儿子拉吉夫12岁时，因病要做一次手术。面对紧张、恐惧的拉吉夫，医生打算说一些"善意的谎言"，安慰孩子：手术并不痛苦，也不用害怕。可是，甘地夫人却认为，孩子已经懂事了，那样反而不好。所以，她阻止了医生。随后，甘地夫人来到儿子床边，平静地告诉拉吉夫：

第一，手术后有几天会相当痛苦；

第二，谁也不能代替他受苦，因此，他必须要有精神上的准备；

第三，哭泣或叫苦都不能减轻痛苦，可能还会引起头痛。

手术后，拉吉夫没有哭，也没有叫苦，勇敢地忍受了这一切。

我们应该让孩子明白，虽然我们都喜欢幸福、平静的生活，但是现实生活中却常常有一些意外的或者痛苦的事情发生。这是正常现象，是人人都需要面对的。爸爸妈妈都爱自己的孩子，可爸爸妈妈也不能总是跟在孩子身边，而且有些事情，即使爸爸妈妈也代替不了你，你必须勇敢地站出来，自己处理好这些事情。一个人，越磨炼能力越强，小时候做小事，长大后才有能力做大事，如果从小依赖心理严重，能力就会退化，当别的小伙伴已经能很好地做事情时，你却还是个小小的寄生虫，相信这也不是你所愿意的！

从小应变能力强的孩子，长大往往能够在复杂的环境中沉着应战，而不是紧张和莽撞从事。我们应当教孩子在日常生活中，遇事沉着冷静，学会自我检查、自我监督、自我鼓励，这有助于培养他们良好的应变能力，遇事就不会将自己置于失败或者尴尬的境地之中。

第四篇

男孩女孩的交流与成长

对于大多数只拥有男孩或者女孩的独生子女家庭，教育环境和教育方法都相对单一。可以说，我们的家庭教育是为了孩子进入大社会环境打基础、做准备，在这个阶段，孩子与同性或异性同龄人的交往，可以弥补家庭教育的空白。

第1章

融入和谐平等的社会性"集养"

在激烈的生存竞争中，我们的孩子要面对的已经不再是纸质的试卷，而是一道道生活的实践题，他答得怎么样，要看他的综合素质和实力如何。家教的最终目的，是培养合格的社会人。我们在传授孩子知识和技能的同时，更要重视他们适应能力的培养，为孩子将来融入大社会做好准备。

感恩是一种良好的健康心态

感恩是一份美好感情，是一种健康心态，是一种良知，是一种动力。有了感恩之情，心灵就会得到滋润，并时时闪烁着智慧的光芒。所以在教孩子知识的同时，必须教给他们一种品质——学会感恩，学会带着感激的心情生活。

靖靖从开始写日记起，妈妈就教她写下生活中那些点滴的美好事情。例如，爸爸有一双勤劳的手，他每天都在厂里辛勤地工作着，晚上回家，爸爸还常常辅导我学习，帮助奶奶倒洗脚水。受到家人感染的靖靖非常懂事。比如，妈妈为靖靖织好一件漂亮的新毛衣，靖靖就会充满感激地对妈妈说声谢谢。为此，靖靖也会受到妈妈的夸奖。但是，通过一件事情后，靖靖才真正懂得了感恩的意义。

培养完美**男孩和女孩**的方法

那一天，妈妈带靖靖一起去买菜，付完钱以后，妈妈对卖菜的阿姨说："谢谢！"靖靖也赶紧说谢谢，逗得旁边的人都笑了起来。走出市场之后，靖靖闷闷不乐地问妈妈："为什么妈妈买菜给了钱以后，还要说谢谢呢，为什么我说谢谢别人就取笑我？"妈妈听完靖靖的话，对女儿说："孩子，我们买菜付给阿姨钱是应该的，但是阿姨种菜很辛苦啊。要挖地、浇水、施肥，还要跑很远的路来卖，我们每个人都应该怀有一颗感恩的心。如果农民伯伯不种粮食和蔬菜，我们就没有吃的了；如果工人不辛苦劳动……"妈妈还告诉靖靖，旁人的笑是夸奖靖靖懂事。不是取笑。学习感恩就要心存感激，要先从谢谢帮助你的人和帮助别人做起。此后，靖靖就更喜欢道谢并帮助他人了。

靖靖的妈妈从生活的各类小事情上，教孩子学会感恩，并且让孩子知道，即使是来自父母那里最简单的衣食，最质朴的关怀，也无不倾注了他人的辛劳和汗水。

一位哲人说过："世界上最大的悲剧或不幸，就是一个人大言不惭地说没有人给他任何东西。"人们生活在这个世界上，时时接受着各种"恩赐"：父母的养育、师长的教诲、爱人的关爱、朋友的友情、大自然的慷慨赐予……然而，对于这些恩惠，有很多人似乎觉得都是理所当然，丝毫没有感恩意识。

这种现象表现在孩子身上尤为严重。在只有一个孩子的家庭里，孩子是小太阳，父母宠，外公外婆爱，爷爷奶奶亲，"真是集千万宠爱于一身"。家长把养育孩子当成自我情感的满足，给孩子处处创造优厚的生活条件，他们认为自己对孩子所做的一切都是应该的，从来没有想过也不想得到孩子的回报，这种想法和做法是非常不利于孩子成长的。久而久之，很多孩子都认为得到的东西似乎是理所当然，爸爸妈妈所做的事情当然也是他们应该做的。使得孩子只要求别人关心、爱护、谦让自己，而不会想着去关心、感激他人。这样就难以培养孩子"感恩的心"。

感恩的心是一种优秀的品德，也是一个人做人的基本条件。家长要做言传身教的表率，在教孩子知识的同时，必须教给他品质——学会感恩，学会带着感恩的心情生活。一个懂得感恩的人，不仅孝敬父母，尊敬师长，而且对于曾经帮助过自己的人，也应该发自内心地感激。不会感恩或者不愿意感恩的人是缺乏情感的，是不受欢迎的。因此，妈妈要培养孩子感激他人的习惯，让他成为一个人人欢迎、人人喜爱的人。

家长有意识地培养孩子的感恩品德，家长在接人待物方面要做到公平、公正，使孩子感受到家长品德的力量，逐渐使孩子懂得尊重他人的劳动、尊重他人的人格。小时候了解爸爸妈妈辛苦的养育，因为感恩长大后才懂得回报父母，进而达到感恩社会、感恩祖国。要想让孩子从小学会感恩，父母要让孩子感觉到家里人人都是平等的，孩子并没有什么特殊性、优越性。

在生活上让孩子学会自理能力，干一些力所能及的活，体会到劳动是辛苦的，享受劳动成果是快乐的。一些父母对孩子的要求百依百顺，特别是在物质上不断满足。结果过多的宠爱，无休止的满足，渐渐地使孩子养成了自私自利、任性乃至放荡不羁的个性。他们自负地认为自己无所不能。因此，培养孩子感恩的品质，就不能对孩子百依百顺，而教育孩子感恩，要从教育孩子感谢父母开始。要让孩子明白父母的养育之恩是要用一生来回报的。可以给孩子讲讲乌鸦长大后，还返回来喂养父母的故事，就像当初父母从外面寻找食物喂自己一样。乌鸦都能做到这一点，何况是人。又要让孩子理解父母，感恩之心产生于理解，要让他们知道自己现有的一切都是父母辛苦劳动得来的。现实生活中常见家长们说孩子自私，不懂事，也不知道疼爱父母，没有感恩的之心等。事实上孩子是大人教出来的，孩子不知道感恩父母，与父母的教育有关，作为父母应该反思。

父母要从小给孩子养成互爱互助的行为。对他人要有爱心，"送人玫瑰，手留余香。"让孩子感受到爱的传递，感受到幸福和爱的力量，他们才能学会"爱"与"被爱"，感激拥有的幸福生活。才能学会分享和给予，养成给予的越多，人生就越丰富；奉献的越多，生命就会更有意义。让孩子从小学会感恩，不仅要求孩子孝敬父母，而且对于曾经帮助过自己的人也应该发自内心地感激，而不是忘恩负义。让孩子知道以诚心对待任何人，尊重他人劳动，才能快乐。只有懂得感恩，孩子才会乐于助人，并且获得别人的帮助。

时常给孩子敲敲警钟，增强"免疫力"

大多数男孩往往都会这样，他们有强烈的竞争心理，他们不希望自己比别人差。他们有强烈的占有欲和尝试欲，但自制力很差，事后往往对自己的某些行为后悔。于是也就产生了这样一个很严重的问题——男孩往往对诱惑的抵抗力很差。

少年时代是自我意识迅猛增长的时期，感觉自己已经是"大人"了，这种强烈的成人感和独立感，使他们把吸烟、喝酒甚至赌博当做成熟的标志，迫不及待地叼起了烟，喝起了酒，认为这样很"帅"，很"潇洒"，很有"风度"。以此方式证明自己已长大成人。另外，未成年人交什么样的朋友，在某种程度上决定了他有什么样的行为习惯。

还有就是孩子学习成绩不理想、与同学关系不和谐、不能和父母沟通、学习压力大，孩子会心情苦闷，想寻求新的寄托，从而借助于烟酒消愁解闷。

孩子进入青春期后，其生理、心理及性格正处于趋向成熟但还未成熟的时期，他们渴望独立，喜欢表现自己的独立，这时他们有极强的冒险、探索甚至反叛精神，对一切事物都充满好奇。对吸毒青少年的调查表明，有许多青少年吸第一口毒品、去迪厅、酒吧以及赌博都是"为了满足好奇心，想试一试"，结果可想而知。所以，家长应注意观察孩子的变化，对青春期孩子预防毒品的教育要加强，但同时，教育方式、方法要适当，谨防孩子产生逆反心理。

孩子们常常误以为赌博就是"好玩"，可以调节紧张的学习生活。殊不知，赌博是社会的一个"毒瘤"，它像糖衣炮弹一样，腐蚀着孩子的灵魂，侵害他们的健康。

正在求知阶段的孩子参与赌博，会分散精力，影响学习。赌博活动的结果与金钱、财物的得失密切相关，孩子们在参与时往往要全力以赴，精神高度紧张，精力消耗极大。赢钱时情绪激动，兴奋异常；输钱时又心烦意乱，脾气暴躁。赌博很容易上瘾，孩子在赌博的时候，大好的青春时光不知不觉地流逝了，该完成的学习任务必然会受到影响。长时间参与赌博，还会影响睡眠时间，饮食起居的正常规律被破坏，时间久了，会影响身体健康，出现食欲不振、消化不良、恶心、呕吐等反应，甚至诱发严重的失眠、精神衰弱、记忆力下降等症状。

在教育孩子的过程中，父母的表率作用是很重要的。孩子通过观察，会从父母那里了解到什么事可以做，什么事不可以做，从而得出自己的行为准则。父母以身作则，才能成为日常生活中孩子行动的表率，潜移默化地影响孩子，教育孩子。因此，作为父母，必须在工作和生活中时时处处严格要求自己，为孩子起模范带头作用，作一个好的表率与榜样。

在生活中父母要控制孩子的零用钱，不要让孩子有太多的闲钱。帮助孩子学会储蓄，把多余的钱存起来，科学理财。要让孩子明白，金钱虽然是生活中很重要的东西，但绝不是生活的目的。要靠自己的诚实劳动获取的报酬最为珍贵，绝不可用不正当的手段攫取。对于别人的意外之财不嫉妒、不眼红，更不能效仿。要把精力投入到学习中去。

父母要与老师孩子常沟通，及时了解孩子的学习生活情况，这样有利于及时发现孩子的不足和存在的问题，从而双管齐下，达到塑造孩子的良好行为的目的。孩子是在犯错误中长大的，孩子犯错误不可怕，重要的是父母怎么样面对孩子的错误。父母要耐心地给孩子讲道理，要宽容孩子的失败，并给予孩子一个迷途知返的机会。切不可激进，更不可对孩子采用暴力解决问题。要给孩子应有的尊重，晓之以理，动之以情，对于正确的事情要支持孩子，对于错误的事情，要坚决反对，家长的态度要一致，这样孩子就会逐渐改掉不好的行为。

父母要充分认识到毒品、赌博以及吸烟喝酒的危害性，要对孩子从小进行预防教育，带孩子观看一些有关的电影电视节目和图片展览，给孩子看一些有关的报刊，讲讲相关的故事，让孩子从小认清这些东西的毒害，从而自觉地远离毒品等。

男孩子对于新奇的、未知的事物，总有一种强烈的好奇心，很多不良习惯的养成，都是在这种好奇心理的诱使下迈出第一步的。所以对于烟、酒、赌博、毒品等不良事物，家长没有必要对孩子掖着藏着，把利害关系对孩子讲清楚，把人们受其危害的不良后果展示在孩子面前，警钟长鸣，增强孩子对它们的免疫力。

孩子有问题时，家长与老师的沟通方式

每个孩子都渴望得到他人的爱护与肯定。如果孩子在人格成长中得到的关爱与肯定越多，那么他的人格冲突便越少，自信心就越强。要是孩子从小严重缺乏父母之爱，也没有其他的温暖和关怀，孩子就不能或很难学会积极的社会交往。因此，家长必须注重了解孩子的内心需要、坚持倾听孩子说的话。

11岁的玲玲一进门就把自己关在房间里。妈妈觉得很奇怪，就在门外站了一会，只听见房间里隐约传出女儿的哭泣声。

"这孩子怎么了？到底发生了什么事？"

于是妈妈轻轻地敲门，问道"玲玲，妈妈可以进来吗？"

门打开了，这时玲玲已经不哭了，但是，眼睛却是红红的。

妈妈说："玲玲，妈妈听见你在哭，哭得挺伤心的，是不是遇到什么事情了？"

一听妈妈的话，女儿的鼻子一酸，眼泪又不自觉地掉了下来。

原来，玲玲参加市级作文比赛的名额被一个本校老师的孩子顶替了，婷婷感到很不公平。

妈妈刚开始听到玲玲这么一说，也非常气愤。但是，转念一想，会不会是玲玲自己做得不好。

于是，妈妈对玲玲说："玲玲，妈妈觉得还是你没有认真写好。"

"不！妈妈，那天上语文课，老师让我把自己的作文给全班的同学朗读，不仅同学们说好，就连语文老师都说'这是我这几年见过写得最好的作文，你的作文一定能获奖！'"

"你就知道和我讲道理！有能耐找你们老师，找你们学校啊！"

说完，妈妈重重地把门关上。

打那以后，玲玲再也不喜欢语文了，而且还常常一个人发呆。

孩子在学校受了委屈，父母该如何做？首要的是让孩子把委屈说出来。许多孩子在学校受了委屈，通常会情绪低落或者通过哭泣来消除自己的坏情绪，这时孩子的自信心受到极大的损伤。父母的任务就是通过倾听来感受孩子的情绪，并提供孩子所需的支持，帮助孩子迅速从沮丧的情绪中走出来。这样有助于愈合孩子受到伤害的感情。

如果父母为了避免孩子对老师有意见，将来影响老师对孩子的态度，强硬地把孩子对老师的愤怒情绪进行化解或压制，把"老师错了"变成"我错了"，这样做会使孩子自我评价降低，导致孩子退缩和消极怠工，不专心学习，对孩子以后健康人格造成影响。所以，父母需要倾听孩子的委屈，引导孩子表达出来。

张琳正在单位工作，突然接到儿子班主任打来的电话，让她马上去学校一趟。当她来到老师的办公室，还没等儿子说话，老师就滔滔不绝地说起了儿子的种种"问题"……说来说去，也没有说出到底儿子犯了什么错误。老师还要接着说，张琳抢先一步对老师说："老师，先听听孩子说到底是怎么回事。"无疑，班主任老师对张琳的提议感到惊讶。

被吓得战战兢兢的儿子在妈妈的鼓励下，说起了刚才发生的事。原来，在操场上玩耍的儿子，听到上课铃声后，就往教室跑。在教室门口，撞倒了急忙从教室出来的邻班同学，而且还把那个同学撞出了鼻血。说来也巧，就在这时，让年组主任看到了。没分青红皂白，就把儿子交给了班主任老师，班主任老师也没问清到底是怎么回事，就把张琳叫了过来。班主任老师听了儿子的"陈述"，惊愕地瞪着眼睛问儿子："你说的是真话？"为了验证儿子说的真与伪，班主任老师把邻班的那位同学也叫了过来。结果儿子的话句句属实。班主任老师承认错怪了儿子，委屈的儿子竟流下眼泪。

当孩子被老师错怪后，心里十分委屈。孩子通过诉说是希望得到别人的支持和理解，诉说的过程，也能缓解他们的情绪。这时候，父母要学会耐心倾听，尽可能多了解情况，询问细节，多做沟通，在这个基础上，分析孩子的话是否真实可信，客观地下结论。

当孩子倾诉完烦恼，父母要试着给他心理安慰，表达你的态度和想法，诸如"我知道了，在这个问题上，你的确没做错什么"，"这件事，我相信你是无辜的"。并告诉孩子"老师也是普通人，也会犯错误，以至于错怪你；同时，老师错怪你也是出于好意，绝没有恶意，是为了让你能够好好学习，健康成长，因此，你要学会体谅老师。"然后，父母还要让孩子反思一下：自己的哪些行为引起了老师的误解。比如上课时同学之间的小声议论，老师可能不清楚你究竟是在乱讲话还是在讨论问题。有问题可以举手向老师示意，注意尽量避免类似情况的发生。

最后，父母还要做好与老师的沟通。当了解清楚事情的真相之后，就应该积极地与老师进行沟通。沟通时，家长一定要用心平气和，千万不要表现出过激行为。尤其是在遣词用句或者语气上。实质上，父母和老师在教育孩子时，两者是伙伴关系，并非敌对关系。在双方沟通的过程中，以诚恳的态度让老师明白自己的错误，并让老师对孩子的看法得以转变，这也有利于孩子的健康成长。

允许孩子有自己的"社会偶像"

孩子慢慢地长大了，他们开始变得叛逆，不服管教。孩子在很小的时候，总是在心里把爸爸妈妈当成他们的偶像，但是当他们悄悄地成长起来的时候，偶像的位置早已经在不知不觉中从爸爸妈妈的身上移开了。在信息充斥着生活的今天，天王、巨星、歌星、影星充斥着整个媒体空间，这一切再配上青少年孩子身上那种想展示独立特有的个性，偶像的易位，已成为绝对之事。孩子的作文中，最崇拜的人已经是"当今"谁最红的一个评选台。不仅如此，不知有多少孩子为他们的偶像，买礼物、送蛋糕、作画，甚至是出走、自杀……父母大惑不解，难道爸爸妈妈生他、养他、教育他却连个实质上的陌生人都赶不上吗？父母最好不要去质问孩子这种问题，因为就算是他答了，多半也是会叫你寒心的。偶像的力量为什么会这么大？孩子的羽翼还未丰满，可是叛逆的因子却开始露头。孩子长到十三四岁的时候，便开始有胆子挑战家长的权威，但是这需要有一个精神支柱，于是"偶像"的力量就此诞生。即使美国前总统小布什，曾经也是一个"追星族"。

受喜好体育、热爱棒球的父亲的影响，小布什小学时就喜欢体育运动，棒球、橄榄球都可以来两下子。他特别对棒球着迷。棒球是美国最普遍最受欢迎的体育运动，男女老少都喜欢它，被称为是美国的"国球"。当小布什还在襁褓时，他母亲就带他去耶鲁大学的棒球场看他父亲的棒球比赛。等他稍懂事后，他爸爸更是常常带他去看棒球比赛，有时还会现场跟他作讲解。小布什喜欢上棒球后，开始大量收集棒球明星卡，并小心翼翼地把它们珍藏在他的鞋盒子里。他有时还将一些棒球明星卡寄给那些有名的棒球球员，请他们签名留念。

实际上孩子去追星是一件很正常的事情，只要家长能以正确的方式去对待，问题不仅可以迎刃而解，还可以利用这种精神支柱让孩子向好的方向进行发展。明星虽然避免不了炒作、浮华之嫌，可是每个人的成功都会有他的不易之处，都需要自己付出巨大的努力。父母要尊重孩子的追星思想，不可用老一套管、压、卡的方法，如果非要这样为之，顶多起到"表面平淡"的作用，孩子不仅不会放下对偶像的迷恋，反而会把他们藏得更深，从而导致逆反心理日趋严重。所以，聪明的家长一定要学会"借力打力"让"偶像"来帮助你的孩子变得更优秀。

雪婷十四岁，很喜欢唱歌，特别喜欢唱蔡依林的歌。对于她的偶像资料，雪婷总会如数家珍。蔡依林多大？生日是哪天？发了几张专辑？甚至是喜欢吃什么？喜欢什么动物？喜欢什么颜色等等，她都了如指掌。

当然，雪婷知道一切不是自然就懂得。这让爸爸大感头疼。因为要想这么了解明星，知道明星的动态，雪婷必须常看娱乐新闻、买碟、上网搜集偶像信息等等，但是这一切都是十分花费时间的。雪婷的学习成绩，一次不如一次。爸爸训她，但是她却越迷越深。

这天，学校的老师把电话打到家里来，说孩子没有去上课，问一下是不是病了。爸爸顿时急了，孩子到底去哪了呢？忽然想起了女儿的"偶像"再上网查一查，果不其然，今天是开演唱会的日子。

晚上，女儿回到家，一进门爸爸就问："雪婷，今天老师说你没去上课，你去哪了？"女儿支吾了半天也没有说出个所以然。

"是不是去看演唱会了？"爸爸严肃地问。

雪婷一看事情也掩不住了，低下头算是默认了。

爸爸火上心头，可是转念一想，孩子喜欢明星这也不一定是坏事啊。于是稳下声音说："雪婷，爸爸不是不让你追星，爸爸年轻的时候也喜欢明星啊？"

"真的啊，爸爸也有喜欢的明星。"雪婷的眼睛里闪着光。

"当然了，可是你呀根本不会追星。"爸爸说。

"我？还不会？她喜欢什么我都知道！"雪婷不服气地反驳着。

"真的什么都知道？"爸爸又问。

"那当然了，不信你考考我？"雪婷满脸自豪地说。

"我看你不行，真正会追星的人，要会学明星，如果你只是会唱她的歌那太肤浅了，你这种歌迷并不会打动你的偶像。"爸爸说。

"学她？可是她那么棒，唱歌跳舞那么好，我是学不来的。"雪婷丧气地说。

"这你就不懂了，主要是学她的精神，唱歌跳舞不好，可以在学习和工作中成为明星啊。然后，可以把你的进步写成小卡片寄给她啊。我相信，这样的歌迷才是她最喜欢的。"爸爸说。

这句话就像是推动剂一样，雪婷把偶像的画贴在墙上，每天都对着画说："向你学习。"奇怪的事情发生了，雪婷无论做什么事情，都会争取做到最好。爸爸看到这一切开心得不得了，对着女儿喜爱的偶像画，笑语道："你的力量可真强啊！"

看来把孩子对偶像的着迷转化成动力真的是一件非常好的方法。父母可以借孩子对偶像的执著创造一种明星效应，让孩子借助"偶像"的力量去体会成功的快乐，创造更加优秀的自我。

孩子崇拜偶像，是个体成长中的必然现象，所以，爸爸强制的要求孩子拒绝偶像是不现实的。爸爸倒不如陪孩子一起去"追星"，从而和孩子产生共同话题。这种做法绝不是荒谬之谈，因为爸爸也追了星就会和孩子产生很多的共同话题，不仅可以拉近亲子之间的距离，还可以通过明星的一些励志事件引导孩子去效仿，并且在生活中帮助孩子形成正确的人生观和价值观。

不要过分限制孩子的网络自由

孩子的自制力一般比较差，对于喜欢的东西，经常玩着玩着就上了瘾。对于现代的孩子们，网络游戏的吸引是无可置疑的。过量玩游戏，孩子会患上一种"游戏综合征"，出现情绪低落、头昏眼花、双手颤抖、疲乏无力、食欲不振等症状，还伴有如植物神经功能紊乱、激素水平失衡、紧张性头痛等一系列生理病变。并且晚上不睡觉，上课打瞌睡，时间一长，沦为游戏的"奴隶"，既损害孩子的健康、又荒废了孩子的学业。沉迷于游戏的孩子一般都学习不好。电子游戏已成为学生分心、家长担心、教师烦心、学校忧心的"洪水猛兽"，当孩子沉迷于电子游戏中乐不思蜀时，家长必须采取恰当措施帮助孩子摆脱电子游戏的诱惑，克服迷恋电子游戏的缺点。

孩子沉迷网络游戏与孩子特有的某些心理特征是分不开的。孩子常常是渴望得到认同和满足的，寻找快乐、喜欢新鲜的事物是孩子的本能，他们有着更多的领导欲望、支配欲望，而网络的虚拟性，恰恰可以加速这种心愿的实现。孩子的天性决定了他们对网络的免疫力要比成人低一些。"禁"是"禁"不了，而且在信息时代，完全不让孩子接触网络也是行不通的。这就需要家长在自己了解网络的基础上，指导孩子科学地利用网络。

1. 做孩子的榜样

要想使孩子养成良好的网络道德和上网习惯，家长应主动积极地学习有关网络知识，知道网络的负面影响后就不会出现束手无策的局面，还可以科学地要求孩子。首先家长不要有"网瘾"，如果孩子的家长经常利用家庭电脑浏览黄色网站，那么孩子就会由好奇、兴奋到效仿、试验，其后患无穷。因此，每个家长都应当加强自身修养，不断地提升自己，以身作则，只有在这个基础上才有资格、有能力去影响和教育孩子，以良好的形象去感染孩子，才能成为孩子的榜样。

2. 对网络的内容要进行"过滤"

对于幼小的孩子来说，网络上很多的黄色、暴力内容，危害是巨大的，也是最难防范的。使孩子们上网时远离黄毒，家长也可以购买相关软件，如"安全卫士"、"防黄大师"等软件，在自家的电脑上设置防护措施，将这些网络"毒素"清理出孩子的网络世界。多给孩子买一些益智类以及与现实生活有一定联系的电子游戏，让孩子在健康的电子游戏环境中成长。另外，尽量让孩子在家中玩电子游戏，这样有利于家长掌握孩子玩电子游戏的情况。电脑最好摆放在不太隐蔽的地方，如放在客厅里，孩子在家人的监控下，无法"自由上网"，这样可以防患于未然。如果家长有时间，还应与孩子一起玩，以及时引导孩子端正对电子游戏的态度。还要规定孩子每周玩电子游戏的时间，让孩子摆正娱乐和学习的关系，孩子作业没完成或不在规定的时间内不允许玩游戏。

3. 科学引导孩子上网

父母大可不必采取拔掉网线、给电脑上密码的办法来解决问题。作为父母要掌握一定的电脑网络知识，善用网络，当好孩子的引路人。家长可以直截了当地告诉孩子，网络作为一种资源、一种方式，能够为学习创造更多的便利条件，向孩子推荐健康、文明、有益有趣的网站。父母可以更多的和孩子一起利用网络查阅信息，一起交流分析，成为孩子的"网友"，这样既可防止孩子躲开父母的视线上不良网站和聊天室，还可以在玩网络游戏的过程中融洽父母与孩子的情感，增加共同语言。例如，父母可以帮助孩子建立孩子自己的博客，引导孩子参加有关网页设计的比赛，甚至网站等，让孩子学会一门技能，对孩子的成长也会有很大的帮助。当发现孩子在网络上有不良倾向时，不能一味地训斥、封杀，而应重"疏"轻"堵"，动之以情，晓之以理。

4. 培养孩子的业余爱好

父母与孩子一起到博物馆、展览馆参观，一起去旅游，一起看电视和球赛，一起玩球、下棋、外出散步等等。转移孩子的注意力，不能让孩子把所有兴趣全部集中在网络上，而应把孩子的兴趣引导到其他各个方面。通过合理安排孩子的课外活动，培养孩子良好的业余爱好和兴趣。良好的业余爱好可以使孩子乐观、开朗，身心健康。

5. 良好的亲子沟通

进入青春期后，孩子的叛逆往往会令很多家长无所适从，大多数上网成瘾的孩子都是因为在学校、家庭找不到快乐、自信，缺乏关爱，无人倾吐心里话，才会选择到虚拟世界里寻求慰藉，最终陷入无法自拔的境地。

培养完美**男孩和女孩**的方法

作为父母要科学地教育孩子，要尊重孩子，对孩子的教育要因材施教，不要有"恨铁不成钢"的心态，要用一颗平常心来关爱孩子，要用平等民主的态度和孩子沟通，绝对不能居高临下地和孩子沟通，因为孩子最反感父母强压性地和自己说话。

同现实社会一样，网络也不是一片净土，而孩子往往更难抵御网络病菌的侵扰。很多家长采取极端措施：非得"陪"孩子上网，或者干脆不准孩子上网。在这样一个网络潮流不可阻挡的时代，家长要敢于引导，善于引导，不单要管好孩子，更要管好网络，给孩子一片纯净的网络天空。

第章

让同龄的男孩女孩共同成长

学会交朋友尤其是与异性交往是"青春期"最重要的社会目标之一。一个正常人从初中开始就需要学习建立异性友谊，如果真的等到离开学校走上社会以后才开始学习与异性交往，孩子很可能就会因为缺乏锻炼而成为这方面的"困难户"。

孩子需要同龄人的友谊

培根曾说过："除了一个真心的朋友之外，没有一样药剂是可以通心的。"也正因为这样，做家长的应当重视孩子的交友问题，对于孩子与同龄人的友谊，应当持支持态度。

暑假的一天，菁菁的同学李茜来找菁菁玩儿。菁菁和李茜是无话不谈的好朋友，两个人在一起总是很开心。两个孩子正在客厅玩过家家的游戏，菁菁的妈妈走了过来。看着这两个玩疯了的孩子，菁菁妈妈说："李茜，这次期末考试你考得怎么样？""阿姨，我……我考得还可以吧。"李茜吞吞吐吐地说，显然，李茜不愿意回答这个问题。

"考得还可以是第几名啊？"菁菁的妈妈对这个问题穷追不舍，一副不问清楚誓不罢休的样子。

"我……考了26名……"李茜还是回答了这个问题，但脸上却有着掩饰不住的尴尬。

培养完美**男孩和女孩**的方法

"考这么差，平时就要多努力学习，别总想着玩了。我们家菁菁考了第三名，我还要求她争取考第一名呢。"菁菁的妈妈说完，意味深长地看了一眼李茜，转身就回房间了。客厅里，两个尴尬的孩子面面相觑，谁也不知道该说什么。过了一会李茜就走了。可是菁菁却气呼呼地不理妈妈。妈妈走过来说："听到你那个好朋友的成绩了吗？那么差，你怎么能和这样的人一起玩？""我和她在一起怎么了？妈妈，你不能伤害我的朋友！"菁菁正在气头上，忍不住和妈妈争吵起来。

"不管如何，你以后不能和她来往了，你看看她那个成绩，你以后会受她影响的！近朱者赤，近墨者黑。"妈妈高声说道，"李茜不是坏孩子，她虽然学习不好，可她人不坏，她很善良，待人友好，我和她是最要好的朋友。我一直都和她在一起玩，我的成绩并没有变坏！"菁菁为自己的好朋友抱不平。菁菁和妈妈就这个问题争得面红耳赤，母女俩都坚持着自己的立场。

赏识和尊重孩子，应该支持孩子的社会交往、尊重孩子的朋友，这样不仅可以让孩子感觉到父母对他的尊重而更加信赖父母，而且还可以促进孩子之间的友谊和交往，促使他们互相帮助、互相学习。

孙云晓教授曾在央视"百家讲坛"中讲到，让孩子拥有自己的朋友比拥有好的学习成绩重要。

孩子只有有了自己的朋友，他才会有更多的生活体验，学会如何与人相处，如何关心和帮助他人，如何解决与他人的矛盾，如何向别人学习……，这样孩子才能从中获得交往的快乐，也才能有健康的人格。

每一个做家长的可能都有这种体会：每当回忆起童年生活时都非常兴奋，对儿时的朋友感到特别亲密。对别人谈起来，赞不绝口，说起与童年朋友一起干的各种趣事，如数家珍。如果儿时的朋友要聚会，只要时间允许，有"请"必到；儿时的朋友需要帮助，立即行动，当仁不让。所以，我们要明白：朋友对于孩子来说是非常重要的，应该支持孩子与别的小朋友交往，并尊重孩子的朋友。

有一句名言：人的实质是社会关系的总和。离开人与人的联系与人与人的交往，人就不存在了；离开人与人的联系、人与人的交往，人就不能发展。在诸多的联系、交往中，总有至近的、感情亲密的一圈人，这就是朋友。我们的孩子应该在朋友圈中长大成人，这对于今天的独生子女来说，尤为重要。

孩子形成朋友的因素有很多，有的是有共同的兴趣爱好，有的是性格脾气相近，有的是互相帮助，当然也有的是为了促进学习，但既然是朋友，就肯定有感情。孩子交朋友，家长不能太功利，不要认为孩子的一切都必须围绕提高学习成绩，交朋友应该是广泛的，交朋友的目的也应该是多方面的，只要是正常的朋友，他们在相处和沟通中各自都能有所获得。

在孩子交朋友的过程中，父母要不断地进行指导：对待朋友要真诚坦率，以诚相待，严于律己，宽以待人。对待朋友要努力做到热情、关心、彬彬有礼。处事要宽宏大量，不计较个人得失。每个人的性格、情趣各有不同，交往中就要尽量尊重朋友的意愿，主动寻找双方都感兴趣的事物进行交谈。

同时，我们要欢迎孩子的朋友到家里来。把孩子的朋友当成自己的朋友一样，采取热情欢迎的态度。当小朋友来家里时，家长应该说："我们家来朋友啦，欢迎欢迎。"或者"真高兴我的孩子有你这样的朋友，你们能来太好了！"而且要鼓励孩子认真接待，让孩子的朋友感觉到你对他们的支持和赏识。

当孩子有了好朋友之后，要及时了解孩子的朋友，并发现和赏识孩子朋友的优点和长处，鼓励孩子们互相学习。你可以说："你的朋友真不错，有很多优点，你们要互相学习哦！"

另外，还可以把孩子的朋友请到家中来玩，还可以参与到孩子的活动中去。孩子缺乏朋友的时候，可以带孩子一起外出旅行或者一起参加某项活动来扩大孩子的交友范围。

引导孩子正确与异性相处

在青春期，如何建立正常、自然的异性同学关系是一个极为敏感的问

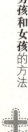

题。家长要帮助孩子理解和认清正常的异性交往的必要性和可行性，将正常交往带来的益处与不正常交往或回避交往带来的弊端区分开来，使孩子能够形成对异性交往的正确认识。

学会与异性交往是"青春期"最重要的社会目标之一，如果真的等到离开学校走上社会以后才开始学习与异性交往，就会在工作和生活中出现许多意想不到的困难，因为，在茫茫人海中，异性交往不但不可避免，而且还是每个人一生中、现代社会中最基本最重要的交际形式之一。因此，孩子只要学会自我感情的调节与控制，掌握好交往的尺度，孩子与异性交往是很正常的，父母也不必大惊小怪，我们做家长的不是也有异性朋友吗？

每个做家长的都应该用发展的眼光正确看待孩子的异性朋友。孩子处在成长的阶段，只要孩子自己觉得能谈得来、关系融洽，能从对方那里学到东西，不论是同性朋友还是异性朋友，都应支持他们之间的友谊和正常交流。孩子和异性交往，会使孩子形成博爱的精神，养成热情、宽厚待人的习惯，有利于其性格的形成和发展、学业的进步，并使他们逐渐走向成熟。如果家长不信任孩子，对孩子的异性交往横加阻拦、过于干涉、歪曲孩子们纯洁的心灵，就会使孩子形成孤僻的性格，为人处世不合群。因此，作为家长要信任自己的孩子，要用理解的眼光看待孩子，培养孩子健康的人格，让孩子理智而有分寸地与异性交往。

然而，孩子在青春期心智尚未成熟，理智尚未充分发展，还无法有效地控制自己的情感。青春期的男孩子和女孩子一旦过早坠入爱河，往往会神情恍惚，甚至沉迷其中，写情书、逛公园、去歌厅，学习成绩直线下降，荒废了学业，贻误了前程，造成终生的遗憾。十几岁的孩子正处于身体发育、心理发展的关键时刻，有关伦理道德方面的判断还很不成熟，在这种情况下谈恋爱很容易发生意想不到的出格行为。早恋不仅会有碍于智力的发展，而且还会因父母、老师的谴责和秘密交往的压力，造成性格上的缺陷和个性发展的障碍，同时对身体发育也有不利影响。

因此，父母从孩子小的时候就让孩子树立心中有理想，为了理想的实现，要教育孩子珍惜时间，发愤读书。青春期的孩子需要常沟通，父母要了解孩子的心理，如出现问题，及时化解，让孩子快乐地成长。

对于孩子如何建立正常的异性交往方式，家长应当给予恰当的指导：

1．克服羞怯。与异性交往时要感性自然、仪态大方、不失常态，克服不自然的羞怯心理。

2．真实坦诚。在交往过程中要做到坦荡无私，以诚相待，相互信任是建立和发展良好异性关系的前提和基础。

3．留有余地。虽然是结交知心朋友，但是所言所行要留有余地，不能毫无顾忌。谈话中涉及敏感话题要尽量回避。身体接触要把握分寸，不能过于轻浮，也不要过分拘谨，谈话内容上避免纠缠那些不良情绪和行为；集体活动中避免过多的单独相处；与更多的同学交往，以可避免异性同学单独相处时产生的不适应性和不自然心理。

总之，如果家长对孩子在人际交往中特别是异性交往中采取充分信任心理，就能促进孩子人际关系的充分发展。反之，孩子在人际关系中进行的不顺利、受到挫折，这就会造成他们产生自卑、冷漠的心理，将影响他们的健康成长。下面这些容易对孩子的正常交往产生负面影响的做法，要尽量避免。

第一，做孩子电话的"把关人"。

电话只要一响，如果是家长接的，一定会十分留意性别。如果是同性，也就罢了。若打电话的人是异性，就如临大敌，不仅把电话中的异性，从和孩子什么关系到学习成绩追问得一清二楚；还会逼着孩子说出个所以然。如果孩子说是"普通"朋友，家长就会显露出质疑的态度。

第二，做家里的"变脸人"。

孩子若是把异性同学带回家，或是异性同学登门造访。父母显得十分不悦，甚至不顾忌孩子的面子而给他的异性同学脸色看。如果你这样做，孩子的自尊就被这些举动伤害了。不仅你的孩子很难堪，孩子的异性朋友也会觉得这个家长太没有素质。所以，不要给自己留下这样的名声。

上述这些做法都是孩子最讨厌的。青春期是一个情窦初开的季节，父母心里着急，怕孩子走入误区的这种心情是可以理解的。可是在这个社会上，只要不是一个极度封闭自我的人，异性的交往就是不可避免的。孩子处在成长的阶段，只要孩子自己觉得能谈得来、关系融洽，能从对方那里学到东西，不论是同性朋友还是异性朋友，家长都应支持他们之间的友谊和正常交流。

男孩女孩要学会彼此欣赏

现在的社会，许多孩子都是独生子女，在家里，爸爸妈妈、爷爷奶奶把孩子看成"小宝贝"，关心孩子，爱护孩子，什么都让着孩子，把孩子看成是全家的"中心"。结果养成了孩子"以我为中心"的骄横的坏习惯。有了这样的坏习惯，孩子不仅很难与人相处，而且难以适应集体生活，以致走上社会后处处碰壁。

研究证明，当孩子拥有大量朋友时，他会感到非常快乐。和朋友一起玩耍的时候，他们往往不怕失败，始终保持积极、乐观、进取的状态；相反，如果没有一个朋友，孩子就会变得郁郁寡欢、沉默寡言、唯唯诺诺。所以，家长要鼓励自己的孩子多交朋友，多与朋友交流。

有一个有趣的小故事，就说明了一个人要参与到同类群体中的重要性和必要性。

女儿第一次将男朋友带回家里，父亲在客厅里陪着女儿和男朋友天南地北地聊着。

父亲问女儿的男友："你喜欢打球吗？"男朋友回答："不，我不是很喜欢打球，我大部分的时间都用来看书，听音乐。"

父亲继续问："那喜欢赌马吗？"男朋友："不，我不赌博的。"

父亲又问："你喜欢看电视上的田径或是球类竞赛吗？"男朋友："不，对于这些有关竞赛性的活动我没什么兴趣。"

男朋友离开后女儿问父亲："爸，你觉得这个人怎样？"

　　父亲回答："你和他做朋友我不反对，但如果你想嫁给他，我是坚决不赞成。"

　　女儿讶异地问："为什么呢？"

　　父亲说："一般人养黄鹂鸟，绝不会将黄鹂鸟关在自家的鸟笼里，主人会带到茶馆，那儿有许多的黄鹂鸟。这只新的鸟儿，在茶馆听到同类此起彼落的鸣声，便会不甘示弱，也引吭高歌。这是养鸟人训练黄鹂鸟的诀窍。"

　　女儿问："这和我的男友有什么关系呢？"

　　父亲说："养鸟人刺激黄鹂鸟竞争的天性，来训练黄鹂鸟展露优美的歌声，若是没有竞争，这只黄鹂鸟可能就终生喑哑了，不能发出任何叫声，主要是因为没有其他的鸟儿来与它比较。"

　　父亲继续道："你的这一位男朋友，经过我刚刚与他的一番谈话，发现他既不运动，也不喜欢运动，也不喜欢赌博、球赛，排斥所有竞赛性的活动，我认为，像这样子的男人，将来恐怕难以有所成就，所以反对你嫁给他。"

　　黄鹂鸟需要在鸟群里练就优美的歌喉，一个孩子呢？他需要在孩子堆里磨炼自己的能力。父母对于孩子的培养，多是以过来人的身份，给予正确的指引，而孩子们在一起，是相互的镜子、榜样和对手，他们可以从中学到的东西将更为直观而易于接受。

　　父母应该避免自己的家庭变成一个不与外界接触的孤岛，而应该多给孩子创造一个与他人接触的机会和条件，让孩子在与他人相处中感受对方的关心和帮助，同时也学会避免自我中心主义，培养乐于为他人着想的优秀品质。父母要明白，孩子是需要在人群中生活、学习、工作的。父母要让他从小学会宽容、忍让，懂得理解和尊重，知道倾听和沟通的重要，明白合作和协商的分量，学会让大家认可、让大家接纳。这是孩子迈向成功的很关键的一步，关系到他一生的发展。

　　如果把孩子封闭起来，孩子不会与同性和异性交往，到了30岁他仍然是一个单纯的儿童，这样的孩子很纯很乖很可爱，但这是我们做父母的真正希望的结果吗？

没有学会"与人共处"的人，不善交往的人，是心理疾病的高发人群，他们生活的幸福指数也较低。与人共处，是人的天性需要。我们的祖先正是依靠集体的协作才生存下来，才得以战胜各种险恶的自然环境。在今天这个时代，一个人的个人魅力和性格更能决定一个人的成败。人际交往能力差的孩子，很难有大的作为。

所以鼓励孩子交朋友，支持孩子交朋友，是每一位家长都应该做的事。

初中阶段的孩子，已经算是进入社会了，交朋友就是他们在社会生活中的一个重要的技能。一般情况下，同学之间能玩得来的，多数是因为两个人兴趣接近，有共同爱好，在他们的交往中，可以培养孩子的协作能力，减轻他们的孤独感。基本上没有什么朋友的孩子，很容易形成消极情绪，容易导致和同学、和父母的冲突。

当然，支持孩子交朋友并非怂恿孩子胡乱交朋友，父母是孩子的引路人，给他们一些恰当的忠告还是必要的。

父母的责任是引导孩子，让他们明白积极和消极的社会行为，知道哪些行为社会赞许，哪些行为社会不赞许。孩子和同龄小伙伴交往的时候，要注意吸收他们的优点，摒弃他们的缺点，达到互相学习，共同进步的目的。

以"早练"的眼光看待"早恋"

十三四岁到十六七岁的时候，人生经历了"第二次诞生"，心理接受了第二次"断乳"。对两性关系感到神秘、敏感、奇妙。情绪情感变得热烈而又脆弱，再加上分析判断能力欠缺，自我克制能力不强，因此，有些青少年学生易受社会上某些不良影响的侵袭和不良意识的诱惑。有的学生看了有关异性生理的书刊，由此浮想联翩；有的男生为博得女生好感，热衷于扮演"保护人"角色，显示自己的"英雄气概"。从这些现象可以看到学生由于进入青春期，不但产生了青春期的新奇感，他们开始注意异

243

性，亲近异性，容易产生爱慕和追求的情感，出现了一系列的思想问题。如果这个时期得不到家长和教师的引导，产生早恋现象就不足为奇。

一说到"早恋"，人们自然就与"不应该""不好""影响学习"等词联系在一起。"早恋"这个概念本身就不科学，误导人们作出简单的对错判断。

少男少女到了一定的年龄，由于身体的发育和体内激素的作用，就会产生对异性朦胧的好感，这是很正常的一种现象。比如，班里的一个女生长得漂亮一点，就会有男生多看她几眼，班里的一个男生说话很风趣、知识面很广，就会有女孩子喜欢和他在一起聊天；或者是男孩女孩之间有共同爱好，偶尔一块骑车上学或放学回家。这些本是正常现象，怕就怕在家长们疑神疑鬼乃至好言相劝、严刑逼供，将无事化有，小事化大。

面对此类问题，教育不当，会使"早恋"成真恋，孩子从此无心学习，与家长、老师作对。教育得当，会使孩子变得更加懂事，变得自制力更强，更有生活的热情和学习的积极性。

一位15岁各方面很不错的初三男孩，认真地与同班一位女孩"相恋"了，男孩的父亲与儿子进行了一次属于两个男人间的谈话。

父：儿子，你是不是觉得她是最好的女孩？

子：我觉得我认识的女孩里她最可爱。

父：爸爸相信你的眼光。但是，你才上初三，你认识的女孩有多少？

子：我心里只有她。

父：你说你要上大学，将来还要出国深造，想成为一名律师或金融家。你知道你将来会遇上多少好女孩？爸爸并不反对你现在谈女朋友，但是，爸爸最反感的是见异思迁。这女朋友是你到目前为止认识的最好的女孩，可是，你将来会有更多的机会，到那时你该怎么办？你会不会后悔？

子：可是，现在让我离开她，我很痛苦。

父：你初一时买的"随身听"呢？

子：前两天，您给我买了个高级的，我觉得音质比原来那个好，就把

培养完美**男孩和女孩**的方法

它给人了。

父：这就叫一山更比一山高。你如果把握好每一个属于你的机会，你以后的成就只能比今天大，你面对的世界只会比今天更宽阔，到时候你的选择只会比今天更好，更适合你。如果你现在与这女孩真有那份情缘，到时候再让它开花结果多好。儿子，一个人一生不可能不做些让自己后悔的事，但是，人生大事只有几件，后悔了，就遗憾终生。

子：爸爸，我懂了……

从此以后，男孩把对女孩的特殊感情像一颗种子般深埋心里，生命的乐章却弹奏得更欢快了。

这个男孩无疑是幸运的。首先父子之间存在着信任——朋友式的信任，男孩才敢把深藏内心的秘密告诉爸爸；其次，爸爸知道后，没有训斥，没有居高临下的"教育"，而是对儿子的恋情娓娓道来，有理解，有启发，有暗含规劝的比喻，最后使儿子心服。

孩子不是在说教中长大的，而是在生活体验中长大的。体验是孩子一种自我教育的成长过程。家长过多的担心和限制，对孩子的成长是不利的。

作为家长，对孩子出现的"早恋"现象，要端正态度，不能一概否定、一概禁止，要具体情况具体处理，给予必要的引导和限制。最重要的是尊重孩子的感情和人格，如果真的有"早恋"现象，但是没有不良倾向，只是两个孩子接触的多一些，关系好一些，这没有什么可去管教的。家长们尽可以放松态度，把"早恋"当成"早练"，也就是说，这是孩子的一种正常的成长历程。

那么，父母要如何做才是正确的呢。下面这些方法，大可试上一试。

1. 以"理解"孩子为前提

家长不要刻意的控制孩子与异性的交流。因为人的本性都是越得不到的，越想得到；越是在身旁的反而倒觉得不足为奇。孩子对异性的感觉也是这样的。所以，家长要对孩子与异性交往的事情采用客观、积极的态度，这样才有利于孩子形成正确的异性交往观。并且可以有效地消除孩子对异性的神秘感。

2. 异性朋友要不止一个为好

聪明的家长不是铆足了劲把一个异性朋友从孩子的身边赶走，而是让孩子交到更多的异性朋友。父母要告诉孩子不要仅仅只从一个异性朋友身上找寻优点，优秀的人处处都是，鼓励孩子去交更多的同性朋友及异性朋友。别让孩子做了井底之蛙，而是要把眼光放得远一些，孩子才会学到更多的东西。

3. 多关心孩子的心理发展

"早恋"的原因往往是多方面的、复杂的，作为父母必须理性地分析孩子"早恋"的原因。通过与孩子真诚、平等的沟通，让孩子知道，他们的身心发育均不成熟，自制力差，很难驾驭这种感情，因此会影响学习。同时，父母要在生活、学习等方面给予孩子更多的关心，让孩子感受到父母真实的爱，而不是到家庭以外去寻找异性的温暖。

孩子的感情如同水流，治水的根本，不是"堵截"，而是"疏导"，不给孩子扣上"早恋"的帽子，理解孩子的感情需求，是家长处理"早恋"问题的切入点。

保护童心，不培养"假绅士"和"假淑女"

绅士一词最早出现在英国，它的原意是指出身高贵的人。一般来说，男人彬彬有礼往往可以表现文明社会男士的道德风范，也可以看出一个男士的受教育程度。《诗经》中"窈窕淑女，君子好逑"则是中国"淑女"最早的出处。

在现代社会，那些彬彬有礼、待人谦和、衣冠得体、谈吐高雅、知识渊博、有爱心、尊重女性、举止文明，具有绅士风度的男性，人际关系往往良好，更易受到大家的欢迎和喜爱。与此同时，他们也更易收获成功！而一位举止文雅、行为端庄，待人接物不卑不亢的女性则拥有无穷的魅力。

培养完美**男孩和女孩**的方法

于是，让孩子拥有"绅士淑女"的气质便成了众多妈妈的心愿。然而"小绅士"、"小淑女"的种种标准却成为束缚孩子们的桎梏。小孩子本应是天真活泼，无拘无束，可是过多的标准使得他们不得不小心翼翼地走路，以符合"姿势优雅"的标准；即使遇到有趣事，也不能笑得前仰后合。这不仅不利于孩子的身心发展，也遏制和破坏了孩子童年的快乐。

　　所谓的"绅士淑女"气质是一种现代人文精神。外在的仪表、举止固然是一方面，而更主要的是内涵和修养。古诗云："腹有诗书气自华。"要想使孩子气质高雅，谈吐得体，应该在提高知识涵养和品行修养方面下工夫。

　　于帆是家里的独生子，爸爸妈妈经营着一个工厂，家庭的经济条件非常优越。可是于帆的父母却很"苛刻"，从来不给于帆搞特殊待遇，家里条件那么好，却不见于帆穿名牌、大手大脚花钱。从上小学开始，于帆的父母从来不开车接送他，于帆上学和放学总是跟同学骑自行车结伴而行，平时还要帮妈妈做家务。

　　每年的假期时间，于帆父母不管多忙，都要带他去旅游，而且随着于帆年龄的增长，父母还要他规划旅游路线甚至管理旅游经费。父母对于帆的爱好也很尊重。于帆喜欢弹琴，父母就在于帆生日时送了他一架钢琴；于帆喜欢足球，世界杯期间父母就允许于帆在不影响休息的情况下收看比赛。其实于帆最喜欢的还是英语，这得益于于帆跟父亲的外国朋友打交道的经验。在这样宽松自由的家庭中长大，于帆说自己的童年和少年生活留下了很多美好的回忆。

　　于帆的学习成绩在班里一直居中等水平，老师说于帆很聪明，如果努力学习，成绩会好一些。奇怪的是父母对此并不十分在意，他们更在意的是孩子是不是成长得健康快乐，是不是学到了很多有意义的东西。于是高中毕业的时候，于帆考上了一所省里的二流大学，专业经济学，是他自己选择的。

　　丰富多彩的大学生活也为于帆的生活更增添了活力。他参加了校足球队，还成为校园的钢琴王子，出色的英语，使他在一家英语培训学校当口语老师。毕业以后，于帆没有回到父母的工厂，而是一个人去了深圳。最终由于于帆流利的英语和丰富的经验，他被一家实力雄厚的外资企业招聘。而且于帆也是那家外资企业有史以来招聘的第一个外地大学生。

见过于帆的人，都说他是一个真正的绅士，风度翩翩，更关键的是他的性格，自信、开朗、达观、积极，跟他相处的人，无一不被他身上的阳光气息所感染。在公司里，具备优秀业务能力的不只于帆一个人，可于帆却是最受欢迎的一个，同事们都愿意跟他合作，因为他真诚、坦率，总能给同事们带来好心情；老板也喜欢把工作交给他，因为他热情、稳健，总能赢得别人的信任。

在一些国外名著中经常有人提到，"贵族不是一代能做成的。"这句话的意思是，贵族气质要注重精神内涵，而非简单模仿。如果没有了这份内涵，那些风度翩翩的表面功夫就会显得没有重量，内心世界空乏的人往往会在细节处将粗俗不经意地暴露出来，而内心的丰盈与智慧却可以让一个平凡的人大放异彩。一个手势、一个眼神，甚至是外在的衣着，都会表现出一个人的追求和存在方式，"绅士"、"淑女"，其实是一种生活态度，是思维和行为的定式，是做人的根基，是生命的底色。

孩子小小年纪就要让他们受各种行为举止的约束，这不符合孩子的天性。"玩乐才是孩子的天性"，任由孩子嬉闹才是最符合孩子天性的，也是最该让孩子去做的。其实，礼仪也不是繁文缛节能真实形容的，一旦孩子掌握了绅士淑女的真正内涵，他们就会成为有品位、有创造力、有思想、有影响力、生活得体的人，也许在物质上并不富有，但他们却是精神的贵族。